Mathias Wallner

STREIFZUG DURCH DIE GESCHICHTE MÜNCHENS

Die Landeshauptstadt zwischen
Herzog Heinrich dem Löwen und König Max I. Joseph

TEIL I
VOM HEINRICHSEI ZUR KÖNIGSSTADT

© 2019 Dr. Mathias Wallner
Satz / Umschlaggestaltung: Franziska Gumpp, Buch&media GmbH, München
Druck und Vertrieb: BoD – Books on Demand, Norderstedt
ISBN 978-3-7481-1595-3
Printed in Germany

Zueignung

*Für Helene, meine Nichte,
die dereinst München lieben lernen möge,
vielleicht auch mit Hilfe dieses Buches.*

Danksagungen

Wolfgang Giese, meinem verehrten Doktorvater, schulde ich Dank für seine treue Begleitung während des Schreibens, seine vielen wertvollen Hinweise und seine Ermunterungen.
Dasselbe gilt für meinen Onkel Michael Kruse.
Marion Schomer nahm das Lektorat auf sich, was mich sehr gefreut hat.
Ludwig Hübl machte sich um die Bebilderung verdient.
An sie alle denke ich mit tiefgefühlter Dankbarkeit.

INHALT

1. Die Entstehung der Stadt: das Ei des Herzogs 8
2. Die ersten Jahrzehnte 20
3. Die Residenzstadt 24
4. Kaiser Ludwig der Bayer und München in seiner Zeit 30
   4.1. Von der Kaiserkrönung in Rom, der Denkfabrik
        in München und dem Jahr 1328 35
   4.2. Stadterweiterung: der zweite Mauerring 39
   4.3. Sankt Peter 44
5. Die Zeit zwischen Ludwig dem Bayern und
   dem Neubau der Frauenkirche 61
6. Der Bau der neuen Frauenkirche und
   der Triumph der Münchner Wittelsbacher-Linie 65
7. Von der Reformation, der Gegenreformation,
   den Jesuiten und einem merkwürdigen Drechslermeister 74
   7.1. Jakob Sandtners Stadtmodell 79
   7.2. Wie München zu seinem Stadtpatron kommt –
        eine Episode der Gegenreformation 84
8. Die Zeit Wilhelms V., des Frommen 87
   8.1. Der Kölner Krieg und
        die Wittelsbachische Stimme im Kurkolleg 88
   8.2. Das Hofbräuhaus 90
   8.3. Sankt Michael 91
9. München unter Maximilian I.:
   Absolutismus und Dreißigjähriger Krieg 102
   9.1. Amtsantritt und Vorabend des Dreißigjährigen Krieges . . . 103

9.2. Der Dreißigjährige Krieg	108
9.3. Letzte Bemerkungen zu Maximilian I.	115
10. Die Zeit nach dem Dreißigjährigen Krieg	117
10.1. Benvenuto a Monaco, Henriette	118
10.2. Die Theatinerkirche: Kirchenpolitik und italienische Baukunst in München	121
11. Irrungen, Wirrungen: der Blaue Kurfürst zwischen Triumph und Selbstüberschätzung	126
11.1. Blutige Weihnacht	134
11.2. Die späteren Jahre des Blauen Kurfürsten	138
11.3. Bilanz	143
12. Et Caesar et Nihil – Kaiser Karl VII.	145
13. Kurfürst Maximilian III. – der letzte bayerische Wittelsbacher	164
14. Von Karl Theodor, einem zu Unrecht Ungeliebten	177
14.1. Der Bayerische Erbfolgekrieg	180
14.2. Gegenseitige Demütigungen	184
14.3. Welcome to Munich, Benjamin Thompson!	190
15. München wird königliche Residenzstadt – Bayerns Schritt in die Moderne	204
15.1. Die territoriale Neuordnung zu Beginn des Jahrhunderts	214
15.2. Das Bündnis mit Napoleon, die Königskrone und die innere Neuordnung Bayerns	216
15.3. Die Säkularisation und ihre Folgen für die Residenzstadt	224
15.4. Russlandfeldzug und Bündniswechsel	232
15.5. Die Biergartenverordnung von 1812	240
15.6. Ausklang	244
15.7. Abschluss des ersten Teiles	248
Verzeichnis einiger erwähnter oder zitierter Schriften	250
Bildnachweise	253

1. DIE ENTSTEHUNG DER STADT: DAS EI DES HERZOGS

Irgendwie lag es wohl einfach in der Luft.

Im zwölften, also dem Entstehungsjahrhundert Münchens, sprossen die Städte aus dem Boden Nord-Mitteleuropas wie die Krokusse an einem warmen Vorfrühlingstag. Wo immer eine Flussmündung geographisch günstig gelegen, eine Burg strategisch bedeutsam, ein Erdgemenge an Schätzen vielversprechend oder eine Straßenkreuzung gut besucht war, entstanden Städte oder stadtähnliche Siedlungen. Und dann jene Familie, deren Chef gerade im oberbayerischen Raum den Ton angab: die welfische – sie war berühmt für ihre Stadtgründungs-Passion. Einem besonders prominenten Sprössling dieser Sippe wurde nachgesagt, er ziehe am Schweif seines Pferdes stets eine Siedlung hinter sich her; der Gründer Münchens, Herzog Heinrich der Löwe, hatte es also im Blut.

Es verhält sich mit Städten nicht anders als mit allen anderen Dingen, Phänomenen und Erscheinungen. Für alles, was entsteht, passiert, erscheint oder sonstwie wahrnehmbar ist, gibt es gute Gründe. Die Frage ist, ob man dahinterkommt. Wäre kein guter Grund vorhanden, handelte es sich um ein Wunder. Selbst die fanatischsten München-Liebhaber werden die Entstehung ihrer Stadt nicht als ein solches deklarieren wollen. So völlig über jeden Zweifel erhaben ist die Entstehung der Stadt allerdings nicht, und sie kann es auch gar nicht sein. Die historische Wissenschaft, in deren Zuständigkeit die Sache fällt, befindet sich in stetem Fluss. Vollkommene Objektivität und damit feststehende Wahrheit sind ihrem Wesen fremd.

Die Ersterwähnung der Stadt fällt ins Jahr 1158. Dies gilt auch als das Stadtgründungsjahr. Das lassen wir so stehen und schmunzeln nur leicht über die offensichtliche Tatsache, dass eine Siedlung, die in einer Urkunde erwähnt wird, zuvor ja erbaut worden sein muss. Und da das wiederum unmöglich im Halbjahr zwischen Januar und Sommer 1158 passiert sein kann, ganz einfach, weil das für einen Siedlungsbau zu kurz wäre, ist offensichtlich, dass die eigentliche Gründung irgendwann vor 1158 geschehen sein muss; allerdings auch nicht allzu weit vor diesem Jahr. Weshalb aber ist sie gebaut worden, diese Siedlung oder Anlage, Kleinstadt oder wie man da schon sagen will? Darin liegt das Problem, denn in der urkundlichen Ersterwähnung wird die Existenz des Benannten als bekannt vorausgesetzt, etwa im Tenor: »*München [eigentlich «»Munichen«», um's genau zu zitieren] – ist eh klar, was das ist, nicht?*« Aber genau das ist es eben nicht, da es sich, wie gesagt, um die Ersterwähnung handelt. Fahnden wir also nach Erklärungen.

Ganz im Zentrum der Stadt, am heutigen Marienplatz, befand sich im 12. Jahrhundert, und auch schon vor der Stadtgründung, eine Straßenkreuzung. Beide Straßen waren mehrere hundert Kilometer lang und recht bedeutend. Es waren Handelswege – und nicht nur irgendwelche. Einer der beiden Wege war eine Straße für Weinhändler. Diese Weinstraße kam aus dem Süden, aus Italien, und führte in die nördlichen Gebiete Bayerns und des Reiches. Der Wein wurde also in Italien gemacht und in den Städten, die es damals nördlich von München schon gab, gehandelt und getrunken. Nun war Wein damals ein sehr wichtiges Produkt. Wer mit Wein handelte, konnte es leicht zu Wohlstand bringen, denn das Wasser in den Städten war gefährlich, mitunter richtiggehend giftig. Da war es gesünder, sich an den Wein zu halten. Man darf sich das aber nicht allzu bacchantisch vorstellen. Es war nicht etwa so, dass das damalige Leben schon gegen Mittag zum Erliegen kam, weil die Menschen stockbetrunken vom Wein nur mehr herumlagen, lallten oder schnarchten. Der Alkoholgehalt des Weines (und übrigens auch des Bieres) lag damals weit unter dem heutigen Niveau. Man denke an gegorenen Traubensaft. Immerhin wollen wir festhalten, dass Alkohol bei der Entstehung Münchens mit im Spiele war. Das kommt nicht ganz überraschend, wenngleich man darüber staunen mag, dass es sich dabei nicht ums Bier handelte.

Zurück zu unsrer Weinhändlerstraße: Sie verlief nicht schnurgerade, sondern passte sich den örtlichen Gegebenheiten an. Wer mag, kann jetzt gerne einen Stadtplan nehmen und den Verlauf der Weinhandelsstraße im heutigen München mitverfolgen, denn es gibt sie sozusagen noch. Kommend aus Innsbruck beginnt sie im Süden der Stadt als Wolfratshauser Straße, dann macht sie eine Biegung nach Norden und heißt heute Lindwurmstraße, es folgen die Sendlinger Straße, der Marienplatz und – die Weinstraße. So heißt jener kleine Teil der städtischen Süd-Nord-Achse, der, am Marienplatz beginnend und westlich am Neuen Rathaus vorbeiführend, in die Theatinerstraße mündet. Das hat eben jenen historischen Grund, dass auf dieser Achse in den Anfangsjahrhunderten der Stadt der Wein transportiert wurde. In der heutigen Weinstraße befanden sich damals entsprechend viele Lokale, in welchen man den Wein bekommen konnte. Heute nennt man so was eine Partymeile (denn ein bisschen Alkohol hat der Wein ja doch gehabt).

Unsere Weinstraße ist also lax formuliert ein Wurmfortsatz des Brennerpasses.

Der weitere Verlauf der Straße wäre nach der Theatiner- die Ludwigsstraße, darauf folgend die Leopoldstraße und dann über das Dorf Fröttmaning (das es damals schon gab) zur heutigen Stadt hinaus.

Eine Weinstraße alleine macht aber noch keine Stadt. Es kommt ein zweiter und noch wichtigerer Handelsweg hinzu. Suchen wir ihn zunächst im Stadtbild, so verlief er auf folgenden Straßen, die damals selbstverständlich noch nicht so geheißen haben: Im Osten beginnt er mit der Einsteinstraße und führt über den Max-Weber-Platz und die Innere-Wiener

Straße; weiter geht es in Richtung Isar, die an der Ludwigsbrücke beim Deutschen Museum überquert wird. Es folgen Zweibrückenstraße und Tal, an dessen westlichem Ende – heute Marienplatz genannt – dieser zweite Handelsweg die Weinhändlerroute kreuzte, die wir schon kennen.

Der Marienplatz war also ein bedeutender Verkehrsknotenpunkt. Dazu gleich mehr. Erst verfolgen wir den zweiten Handelsweg noch auf seiner Spur hinaus aus der Stadt. Es geht weiter nach Westen, und zwar über die Kaufinger-, die Neuhauser- und die Arnulfstraße Richtung Pasing mit Fernziel Augsburg.

Was wurde auf dieser Straße geführt? Es war Salz. Der eine oder andere mag auf Bedeutenderes gehofft haben, etwa Gold. Aber gerade, wer tatsächlich an Gold gedacht hat, sollte jetzt nicht zu enttäuscht sein. Man nennt das Salz das »weiße Gold des Mittelalters«. Die Bedeutung von Salz – und damit sein ökonomischer Wert – im Mittelalter kann gar nicht überschätzt werden. Wie kann man ohne Kühlschrank die Lebensmittel, insbesondere das Fleisch, haltbar machen? Eben mit Salz. Die Menschen im Mittelalter hatten einen viel höheren Salzverbrauch als wir heute. Das war bestimmt nicht allzu gesund, und besonders geschmeckt wird es auch nicht immer haben, aber was will man machen? Irgendwie mussten die Lebensmittel haltbar gemacht werden, und das Pökeln – also das Einlegen in Salz – war nun mal die beste Methode. Und was den Geschmack betrifft: Wenn etwas eben immer so ist, fällt es irgendwann gar nicht mehr auf. Oder anders: Es ist sehr gut möglich, dass sich die Menschen der Zukunft fragen, wie es sein konnte, dass wir Heutigen ohne Ekel so furchtbar viel Zucker zu uns genommen haben. Oder warum wir denn nicht viel, viel mehr unter dem Gestank der Autos gelitten haben, als es einige wenige ja tatsächlich schon tun; und so mag den Menschen vor 800 Jahren nicht bewusst gewesen sein, wie versalzen ihre täglichen Speisen waren.

Das Herkunftsgebiet des Salzes liegt in der Region rund um Salzburg. Sprechender könnte der Name dieser Stadt nicht sein. Im nahe gelegenen Bad Reichenhall wird bis auf den heutigen Tag Salz gewonnen, und es ist das »weiße Gold« dieser Region, dem die Stadt München ihre Entstehung verdankt. Daran sollte jeder Münchner kurz denken, wenn er sich zu einem Besuch des Bad Reichenhaller Salzbergwerks entschließt – was hiermit wärmstens empfohlen sein soll.

Ein Salzhändler war ein gemachter Mann. (Frauen arbeiteten damals nicht als Händler, daher man das schon so ausdrücken kann). An unsrer Straßenkreuzung treffen also Wein- und Salzhändler aufeinander, die Beutel sind gefüllt, die Mägen leer, und das Gefährt vielleicht ein wenig reparaturbedürftig ... sagen wir es rund heraus, an dieser Kreuzung stinkt es nach Geld. Da entstehen dann Herbergen (also Hotels), Wirtshäuser, in welchen wichtige und reiche

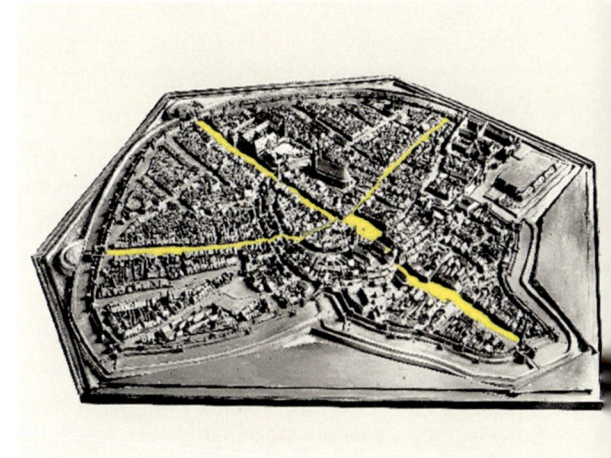

(Abb. 1) Die zwei Handelsstraßen in der Altstadt

Leute, die in vielem Bescheid wissen, ihre Informationen austauschen; Werkstätten für die Fuhrwerke haben gut zu tun. Eine kleine Kapelle wird dem Heiligen Nikolaus geweiht – wem sonst als dem Schutzheiligen der Reisenden, der Händler und der Fuhrleute ...? Hatte man den richtigen Riecher, so konnte man aus dieser Kreuzung etwas machen. Die entsprechend gute Nase hatte damals ein Mann, der überaus mächtig war und als Gründer der Stadt München gilt: der bayerische Herzog Heinrich, genannt der Löwe.

Dieser umtriebige Herr war nicht nur Herzog von Bayern, sondern auch von Sachsen und obendrein noch der Cousin des regierenden Kaisers. Ein ziemlich hochgestellter Bursche, eigentlich der zweitwichtigste Mann im Reich nach dem Kaiser selbst und bei Gott nicht jedem Zeitgenossen sympathisch. Heinrich der Löwe fiel den meisten anderen Fürsten und Würdenträgern des Reiches gewaltig auf die Nerven. Sein Doppelherzogtum, seine Selbstdarstellung und die aufdringliche bis gewalttätige Durchsetzung seiner Machtansprüche erregten Misstrauen und Neid. Schon der Beiname, mit dem er sich unbescheidener Weise zu Lebzeiten schmückte: der Löwe … Er also entschloss sich, die kleine Siedlung rund um unsere Straßenkreuzung zu ummauern, die Verkehrswege auszubauen und zu sichern (wie etwa den Flussübergang beim heutigen Deutschen Museum) und sich diese Infrastrukturmaßnahmen mit entsprechend erhobenen Abgaben entlohnen zu lassen. Ferner errichtete und unterstützte er einen Markt. Dieser erste Münchner Markt war am Marienplatz, und er sollte dort lange, lange bleiben. Erst im 19. Jahrhundert zog der Markt ein paar hundert Meter um an die Stelle, wo er heute noch ist. Heinrichs Vetter, Kaiser Friedrich Barbarossa, hat ihm dieses Vorgehen gestattet und in einer Urkunde das kaiserliche Placet gegeben. Diese Urkunde stammt aus dem Juni 1158. Sie wurde in Augsburg ausgestellt und es handelt sich dabei eben um die erste erhaltene Erwähnung der Stadt.

Einige Bemerkungen müssen aber noch dazu, um die Geschichte der unmittelbaren Stadtentstehung abzurunden. Erstens ist es leicht denkbar, dass sich der eine oder die andere Münchnerin an Grundschulzeiten erinnert, genauer an das, was damals über Münchens Entstehung gelernt werden musste. Das mag vom hier Berichteten etwas abgewichen sein. War da nicht von einem Bischof von Freising die Rede, dem das Ganze so gar nicht passte, weil er selbst eine Salzstraße durch sein Gebiet samt Markt und allem, was dazu gehört, bereits besaß? War nicht die Gründung Münchens ein Gewaltstreich, um die rechtmäßige Freisinger Salzstraße überflüssig zu machen und die bisher bischöflichen Einkünfte ins herzogliche Säckel zu lenken? Gab's nicht Radau, Zores, brennende Brücken und am Ende gar Krieg?

Da ist schon was dran. Aber eben doch wohl nicht allzu viel. Fest steht, dass es 1158 eine konkurrierende Salzstraße samt Isarübergang durchs Freisinger Gebiet gegeben hat. Der Bischof Otto von Freising zog aus ihr den Profit. Er hat sich folgerichtig beim Kaiser Friedrich Barbarossa über den Löwen beschwert. Der Kaiser hat ihn allerdings einigermaßen abblitzen lassen. Bischof Otto konnte nämlich anscheinend keinerlei Dokumente vorweisen, aus welchen die »Rechtmäßigkeit seiner Salzstraße«, wenn man so will, hervorging. Solche Dokumente wären aber nach damaliger Rechtsauffassung bitter nötig gewesen, und ganz besonders beim aktuell regierenden Kaiser Friedrich Barbarossa. Wenn dieser eines wirklich gehasst hat, dann die Anmaßung irgendwelcher Rechtstitel durch ein Reichsmitglied ohne beweisende Dokumente, sprich ohne Rechtsgrundlage. Otto trat also mit leeren Händen vor seinen Kaiser (übrigens sein Neffe, die Hohen des Reiches waren damals alle immer irgendwie verwandt), als er Heinrich verpetzte.

Andererseits wird niemand etwas dagegen haben können, wenn ein Herzog in seinem Land an strategisch oder ökonomisch wichtiger Stelle eine Siedlung errichtet, respektive entscheidend fördert. Das wird wohl noch erlaubt sein. Auch der Kaiser hatte nichts einzuwenden, sofern, wie in diesem Falle ja geschehen, der Herzog nachfragt und um Genehmigung für sein Vorgehen bittet. So weit ist also alles in Ordnung. Die Händler haben offensichtlich die herzoglichen Wege gerne benutzt. Sie scheinen praktisch, schnell und sicher gewesen zu sein; und die neue Siedlung wurde als Station auf dem Weg angenommen. In dieser Tatsache, nämlich dass die Sache bei denen, auf die es hier ankam, auf Beifall stieß, scheint mir ein wichtiges Argument für die Rechtmäßigkeit des herzoglichen Gründungsaktes zu liegen. Das prompte Funktionieren der Maßnahmen verbürgt deren Berechtigung. Eine gewaltsame Verlegung der Handelswege gegen den Wunsch aller Betroffenen liegt hier eben nicht vor. Die Geschichte über den lieben Bischof Otto, der vom bösartigen Bayernherzog brutal aus dem Geschäft mit dem Salz verdrängt worden sei – die stimmt nicht so ganz. Freimut Scholz hat die Sache jüngst klug in anderes und wohl besseres Licht gerückt, und der Stadtgründer Heinrich der Löwe steht seitdem wesentlich besser da, während das Ansehen Ottos von Freising ein paar Kratzer abbekommen hat. Wer jetzt noch immer nicht genug vom Thema Münchens Entstehung hat, dem sei Herrn Scholz' Büchlein hierzu dringend empfohlen (F. Scholz: Die Gründung der Stadt München. Eine spektakuläre Geschichte auf dem Prüfstand. München, 2. Aufl. 2008).

Die erste Stadtmauer, die auf Initiative des Löwen gebaut worden ist, war im Umriss rundlich. Es gab nur eine einzige wirkliche Ecke im nordöstlichen Mauerteil. Daher hat die erste Siedlung den liebenswerten Namen Heinrichs-Ei bekommen. Die Mauer ist verschwunden. Dennoch kommt man dem Heinrichs-Ei noch heute leicht und auf verschiedene Weise auf die Spuren.

Die Straßenverläufe haben sich seit den Ursprungsjahren der Stadt kaum verändert, ungeachtet der enormen Veränderungen in der Gebäudelandschaft. Das ist der Grund dafür, dass das Heinrichs-Ei so schön zu erkunden ist; und selbst ausgesprochen hässliche Stellen in der Altstadt gewinnen aus dieser Perspektive einen Reiz, nämlich einen historischen. Ein Beispiel: Wer die Fürstenfelder Straße Richtung Kaufinger Straße geht, wird kaum von den hiesigen Gebäuden angetan sein. Bemerkt man jedoch den gebogenen, eiförmigen Straßenverlauf? Die Fürstenfelder Straße folgt der Biegung der Stadtmauer Heinrichs des Löwen, ebenso wie der Färbergraben einige Meter weiter stadtauswärts. Zwischen beiden heutigen Straßen wird sich die Mauer befunden haben. Wir kommen also aus der Fürstenfelder in die Kaufinger Straße, wenden uns nach links (sprich westlich) und gehen ein paar Schritte. Haben wir die Augustinerstraße erreicht, wird es vollends deutlich. Diese Straße vollzieht genau jene Biegung, welche die erste Stadtmauer aus dem 12. Jahrhundert an dieser Stelle hatte. Wir sind erkennbar an der Grenze des Heinrichs-Eis, auch wenn von der damaligen Bausubstanz nichts mehr zu finden ist.

Dieselbe Erfahrung macht, wer im Rosental steht und den Viktualienmarkt im Rücken hat. Der eiförmige Schnitt des Gebäudekomplexes zwischen der Geo-Buchhandlung und dem Kustermann ist nicht zu übersehen. Auch hier müssen wir uns die gebogene erste Stadtmauer vorstellen.

> *Kasten zur Entdeckung*
> **Die erste Stadtgrenze im heutigen Stadtbild**
>
> Das ist schon so ein ganz spezieller Punkt, diese Kreuzung Färbergraben, Kaufinger, Neuhauser und Augustinerstraße. Es gibt hier drei weitere Zeichen, die uns zeigen, dass wir an der uralten Stadtgrenze stehen. Da ist zum einen der Namenswechsel auf der alten Salzstraße, also der Übergang von der Kaufinger zur Neuhauser Straße. Der scheint zunächst etwas sinnfrei, denn es handelt sich ja doch offensichtlich um ein und dieselbe Straße. Er wird jedoch verständlich, wenn wir bedenken, dass sich die Kaufingerstraße innerhalb der alten Stadt befunden hat, während die Neuhauser Straße bereits jenseits der Stadtgrenze von 1158 verläuft. Genau dieselbe Ursache haben übrigens auch folgende Straßennamenswechsel in der Innenstadt: Jeweils beim Austritt aus dem Heinrichs-Ei wird aus der Wein- die Theatinerstraße, die Diener- wird zur Residenzstraße und im Süden der Rindermarkt zum Oberanger.
> Dann das zweite Zeichen: der Turm. Doch ja, das hat schon seine

Richtigkeit – hier gibt es einen Turm. Sie finden ihn, respektive eine modellhafte Nachbildung, an der Westecke des Hirmer-Hauses. Zu einer gescheiten Stadtmauer gehört an den besuchten Toren ein anständiger Turm, möglichst repräsentativ, also schön. Der Turm, der hier einst stand, war derart schön, dass man ihn auch so nannte: den »Schönen Turm«. Umso dümmer, dass man ihn Anfang des 19. Jahrhunderts abgerissen hat. Er stand im Weg. Auf dem alten Salzweg, heute Fußgängerzone, war halt immer schon ein Mordsbetrieb. Riesenpech: Nur ein paar Jahrzehnte später begann der sogenannte Historismus in der Architektur. In dieser Epoche scheute man keine Kosten, um möglichst aufwändig gestaltete und ans Mittelalter angelehnte Gebäude zu errichten. Das ist die Neugotik, eine Unterabteilung des Historismus, von der es in München nur so wimmelt. Kein Stadtplaner hätte es da noch gewagt, einen Schönen Turm aus dem Mittelalter wegzureißen, bloß weil er ein bisserl zweckfrei im Weg rumsteht. Aber Anfang des 19. Jahrhunderts war das Mittelalter halt noch nicht so »in«, und so fiel der Turm Nützlichkeitserwägungen zum Opfer. Wer sich ein ungefähres Bild des Turmes machen will, sieht sich die erwähnte Ecke des Herrenausstatters an.

(Abb. 2) Der Schöne Turm am Hirmerhaus

Das dritte Zeichen bezieht sich ebenfalls auf den Schönen Turm. Man hat seine präzise Position ermittelt und die Umrisse im Boden nachgezeichnet. Ein paar Schritte von unsrer Kreuzung Richtung Marienplatz genügen, um diese quadratische Markierung im Straßenpflaster zu finden.

Wir sagten schon, dass der Gründungsakt des Löwen ungeachtet der Quengeleien Bischof Ottos von Freising durch sein offensichtliches Funktionieren legitimiert wurde. Heinrichs Verkehrsplanungen und Neuordnungen prägen Oberbayerns ökonomische Infrastruktur. Die Wirkmächtigkeit seines Konzepts kann nicht schöner verdeutlicht werden als mit folgendem Hinweis: 800 Jahre nach der Gründung stemmt die Stadt ein gigantisches Verkehrsprojekt. Die S-Bahn-Stammstrecke wird gebaut und zeitgleich die erste U-Bahn, die Linie 6 (die Nummerierung orientierte sich an der Trambahnlinie 6, die zuvor oberirdisch in etwa den gleichen Streckenabschnitt bedient hatte und durch die U-Bahn ersetzt wurde – dies zur Klärung der Frage, weshalb die U6 nicht U1 heißt, was chronologisch ja näher läge). Selbstredend orientierten sich die Planer dieses Projekts an den aktuellen Bedürfnissen und scherten sich keinen Deut um Heinrich den Löwen. Doch siehe da: Die Stammstrecke der S-Bahn verläuft auf vielen Kilometern exakt unter Heinrichs altem Salzweg, nämlich vom Gasteig bis etwa nach Pasing. Und die erste U-Bahn, eröffnet am 19. Oktober 1971? Angefangen vom Harras bis (mindestens) nach Fröttmaning deckt sie sich mit der mittelalterlichen Weinstraße (bzw. und richtiger: Sie wird meist von jener gedeckt).

In diesem Kapitel war bisher viel von Straßennamen die Rede. Es sei Besserung gelobt, aber zu hundert Prozent mag der Autor nicht für sich einstehen. Wer mitunter auch taxlert, entwickelt wohl zwangsläufig einen gewissen Straßennamen-Spleen. Eine »Weinstraße« mitten in unsrer Bier-Stadt, die allerdings keine »Bierstraße« hat, schreit doch nach einer Erklärung! Eine »Salzstraße« gibt es übrigens tatsächlich, wenngleich leider nicht im Zentrum, sondern im äußersten Nordosten der Stadt (zu ihr nur so viel: Der neue Salzweg Heinrichs des Löwen ist das schon mal auf gar keinen Fall …).

Ein eigenes Kapitel wäre über kuriose Straßennamen zu schreiben, es erfordert Beherrschung, es nicht wirklich zu tun.

Eine Landschaftsstraße gleich hinter dem Neuen Rathaus, warum das, wo doch weit und breit nichts von Landschaft zu sehen ist? Deshalb: Landschaft ist auch die Bezeichnung für die frühneuzeitlichen Stände, wie hoher und niederer Adel, Bürger und Geistlichkeit. Das Haus der Ständevertretung, eben der Landschaft, befand sich einst hier.

Die »Innere Wiener Straße« – weshalb die »Innere«, und wo ist demnach die »Äußere«? Bis in die 1950er- Jahre gab es die »Äußere Wiener Straße« tatsächlich. Sie heißt heute Einsteinstraße. Damit ehrt die Stadt jenen Einstein, der als Schüler und Ferienjobber im Schottenhamel-Zelt Glühbirnen einschraubte und später behauptete, Energie entspreche der Masse mal der Lichtgeschwindigkeit im Quadrat (und das Ganze wohl auch irgendwie bewies). Die Wiener Straßen führten tatsächlich gen Wien, aber die Attribute bedürfen genauerer Erklärung. Die Innere Wiener Straße gehörte bis zur Eingemeindung Haidhausens 1854 ebenso wenig zur Stadt wie die Äußere, hieß aber trotzdem schon so. Begründung: Der Rechtsbezirk der Stadt endete nicht unmittelbar an ihren Grenzen, sondern bezog einige wenige vorgelagerte Quadratkilometer mit ein. Im Osten erstreckte sich dieser Rechtsbezirk bis etwa zum heutigen Max-Weber-Platz, was erklärt, warum sich hier die Attribute der Wiener Straße änderten. Die Innere Wiener Straße gehörte, wiewohl bis 1854 nicht auf Münchner Grund gelegen, so doch zum Münchner Rechtsbezirk; die Äußere nicht.

So führen viele Straßennamen direkt in einzelne Aspekte der Stadtgeschichte; oft, aber nicht immer. Bei der Gelegenheit: Wissen Sie, warum die Kreuzstraße eben nicht im Kreuzviertel, sondern im benachbarten Hackenviertel liegt? Nicht? Ich weiß es auch nicht.

Kasten zur Entdeckung
Der Heilige Onuphrius

Es gibt so viele Stellen, die man mehr-weniger achtlos passiert, vielleicht sich mitunter fragt, was es damit auf sich habe, das dann aber sofort wieder vergisst und niemals wirklich nachprüft. So mag es den meisten Passanten gehen, die das große Fresko eines merkwürdigen Herren an der Wand südlich gegenüber von Ludwig Becks Kaufhaus zwar kurz zur Kenntnis nehmen, aber sich nicht weiter den Kopf darüber zerbrechen, was das denn eigentlich bedeute.

Die Darstellung zeigt den chronologisch ersten Patron der Stadt, den Heiligen Onuphrius. Der Stadtgründer Herzog Heinrich brachte Reliquien dieses, na sagen wir: etwas obskur-abseitigen Heiligen nach München, das eben wie alle Orte einen Patron benötigte, aber noch nicht hatte. Die Reliquien des Onuphrius waren die ersten Heiligenreliquien, die nach München kamen; einen weiteren Bezugspunkt gibt es durchaus nicht. Wie sollte es auch? Der Mann kam aus Äthiopien, war ein Wüstenheiliger – also eine Art Radikal-Eremit – und lebte im 4. Jahrhundert (wenn überhaupt …). Fazit: Der Hlg. Onuphrius als Münchens Stadtpatron wirkt ein wenig wie der Pontius im Credo.

Das Bild ist offensichtlich ein Werk aus der Nachkriegszeit. Es hat aber, wie ein alter Stich beweist, an dieser Stelle schon immer eine Darstellung des ersten Stadtheiligen gegeben. Es heißt und hieß schon immer: Wer dem Heiligen Onuphrius beim Talburgtor in die Augen schaue, bliebe bis zur nächsten Mitternacht vorm jähen Tod gefeit.

Das hat tiefere Zusammenhänge, als man zunächst denken mag. Unschwer zu erkennen ist, dass sich hier einst der Eingang zur Stadt befand. Der Turm beweist es, die Bögen im Alten Rathaus weisen darauf hin. Es ist aber nicht nur der Eingang, sondern auch der Ausgang. Der Reisende, also der Händler, der Pilger oder sonst wer verlässt hier die Stadt und macht sich auf den Weg. Dieser ist im Mittelalter gefährlich. Das offene, unbeschützte Land birgt viele Risiken, vom Unwetter übers Gebirge bis zum Wegelagerer. Da ist es schon besser, man versorgt sich mit himmlischem Schutz durch einen Fürsprecher. Der Heilige Onuphrius beschützt also den Reisenden (wenn auch nur bis zum nächsten Morgen).

Zu diesem Schutz-Zweck gab es in vielen und speziell in vom Handel geprägten Städten eigene Kapellen am Ortausgang, mit wieder ganz eigenen Reise-Heiligen. Der Reise-Heilige schlechthin ist der Heilige Nikolaus, übrigens und praktischerweise auch Schutzpatron der Händler. Daher wimmelt es in den Hansestädten nur so von Nikolauskirchen und gleichnamigen Kapellen. Auch München hatte seine Nikolauskapelle, natürlich am wichtigsten Handelsweg, der Salzstraße. Sie stand präzise dort, wo heute der Salome-Brunnen steht, und fiel im 16. Jahrhundert dem Bau des Jesuitenkollegs zum Opfer.

Im Mittelalter wird also viel gereist. Die einzige Reiseform, die es damals so nicht gab, ist die Vergnügungsreise. Es reisen die Händler und die Bischöfe, die Könige und Pilger und wer nicht sonst noch alles. Der Reisende trifft verschiedene Schutzvorkehrungen: Abends in den Herbergen sucht man nach Reisebegleitung für die nächste

(Abb. 3) Der Reiseheilige am Marienplatz

Etappe, denn gemeinsam ist es sicherer. Da man mit (lateinisch cum) diesen Begleitern das Brot teilt (lateinisch panis), entsteht aus dem Reisebegleiter das Wort Kumpan, resp. Compagnon. Man bemüht sich ferner, die Nacht in Städten oder mindestens Pilgerherbergen zu verbringen, der Sicherheit halber. Da Städte mit dem Sonnenuntergang ihre Tore schließen, bekommt, wer noch weit entfernt, die Torschlusspanik.

Die unumgängliche Vorkehrung schlechthin ist freilich die Anrufung eines Schutzheiligen und die Versicherung des göttlichen Beistands. Denken wir an Christoph Kolumbus, der das wichtigste seiner drei Schiffe, übrigens jenes, auf welchem er selber fuhr, »Santa Maria« nannte. Das ist schon sehr vergleichbar mit dem Heiligen Onuphrius an diesem seinen Ort beim Stadttor, wo die gefährliche (Weiter)Reise beginnt.

Vielleicht erinnern Sie sich ja vor ihrem nächsten Urlaub, für den in der Stadt noch Einkäufe gemacht werden müssen, an den ersten Patron der Stadt und jenen alten Brauch, ihm reiserückversichernd in die Augen zu schauen. Schaden kann es jedenfalls nichts.

Wer darüber hinaus mehr übers mittelalterliche Reisen im Allgemeinen wissen will, dem sei Norbert Ohlers schönes Buch darüber empfohlen, welchem auch einige der hier gegebenen Fakten entnommen sind (N. Ohler: Reisen im Mittelalter. München o. J.).

2. DIE ERSTEN JAHRZEHNTE

Was wurde eigentlich aus Münchens Gründer? Das ist wirklich eine Erzählung wert. 1158 stand der Löwe am Anfang seines Wirkens. Er hatte knapp vierzig Jahre Zeit, das Gedeihen »seiner« Stadt zu beobachten. Für einen Menschen im 12. Jahrhundert ist das eine biblische Zeitspanne, denn so ganz jung war Heinrich ja auch schon nicht mehr, als er den Marktflecken anlegen ließ. Sein Geburtsjahr ist übrigens nicht exakt zu ermitteln.

Die enorm lange Regierungszeit hatte er mit seinem kaiserlichen Vetter Friedrich Barbarossa gemeinsam, der seinerseits knapp vierzig Jahre an der Reichsspitze stand. Das ist ein selten erreichter Wert unter den Kaisern von Karl dem Großen bis zum letzten Kaiser Franz II.

Mit Barbarossa verband den Löwen allerdings viel mehr als die lange Regierungszeit und die enge Verwandtschaft. Das Wort »Vetternwirtschaft« trifft das Verhältnis der beiden voll, zumindest für die ersten Jahrzehnte bis etwa Mitte der Siebziger Jahre. Die beiderseitigen politischen Interessen ließen sich mühelos in Einklang bringen, und Konkurrenzen entstanden zunächst kaum; wo doch, wurden sie schiedlich friedlich beigelegt. Heinrich der Löwe war Doppelherzog von Sachsen und Bayern. Dabei bildete Sachsen den Schwerpunkt seiner Herrschaft. Bayern lief eher nebenher. Daher war übrigens auch das Interesse an München nicht sonderlich groß. Stellen wir uns vor, jemand hätte – sagen wir im Jahr 1172 – den Löwen auf München angesprochen, darf man sich die Antwort in etwa so vorstellen: »München? München sagt Er? Ach ja richtig. Erinnern Uns. Haben wir mal gegründet. Gott was wir da gelacht haben mit dem Kaiser über den alten Tölpel Otto aus Freising. Mit dem Salz und dem Zoll kann man übrigens ganz schön verdienen. Kleinvieh macht auch Mist.«

So etwa denke ich mir seine Antwort, ohne das irgendwie beweisen zu können. 1172 war der Mann übrigens in Jerusalem, das ist auch schon wieder so eine Geschichte; was der rumgekommen ist …

Fest steht, Sachsen war das leonidische Machtzentrum (leonidisch wegen leo, also Löwe). Das traf sich insofern günstig, als dass sich Cousin Friedrich mehr auf die süddeutschen und die transalpinen Reichsteile konzentrierte.

So kam man sich kaum in die Quere und konnte die Interessen leicht aufeinander abstimmen. Hilft Heinrich dem Kaiser mit Truppenkontingenten beim soundsovielten Italienzug, unterstützt jener ihn beim Ausbau der Herzogsmacht auf Kosten anderer lokaler Gewalten. Im norddeutschen Raum erreichte Heinrich der Löwe damit eine Machtposition, die den einen oder anderen an eine Art Vizekönigtum denken ließ, und diese Ahnung passte den meisten gar nicht. Es wurde schon gesagt, dass Heinrich bei den meisten Fürsten des Reiches gelinde formuliert unbeliebt gewesen ist, und je nördlicher die Interessensphären dieser Potentaten waren, desto mehr gilt das. Dem Kölner Erzbischof etwa, vielen bayerischen oder noch mehr den sächsischen Adeligen und Magnaten schoss bei der Erwähnung Heinrichs die Zornesröte ins Gesicht, und sein gutes Einvernehmen mit dem Kaiser war ein allgemeines Ärgernis. Da kam schon alles zusammen: Heinrichs Machtgeprotze, sein königsgleiches Gebaren in Sachsen – auch seine Frau war eine englische Königstochter –, seine Rücksichtslosigkeit gegenüber Lokalgewalten und die schon erwähnte Tatsache des Doppelherzogtums.

Kann man damalige Herrschaftspraxis und damalige Ämter mit heutigen vergleichen? Man kann nicht; gar zu verschieden sind die Kompetenzen, die Herrschaftsinhalte und Ziele, die Legitimationen. Dennoch, und nur für einen winzigen Augenblick zwecks Veranschaulichung eines einzigen Aspekts, sei Folgendes imaginiert: Der bayerische Ministerpräsident hat eine zweite Staatskanzlei in Hannover, denn dort regiert er zeitgleich ebenfalls als niedersächsischer Regierungschef. Das wäre verfassungsrechtlich schon mehr als bedenklich, wenngleich wohl auch nicht explizit verboten; es bedeutete eine kanzlerähnliche Machtansammlung, denn ohne diesen doppelten Ministerpräsidenten ginge wirklich gar nichts in der Bundesrepublik; und es trüge ganz gewiss eher wenig zur Beliebtheit dieses Herrn oder dieser Dame unter den übrigen Ministerpräsidenten der Republik bei; es braucht wenig Phantasie, sich das vorzustellen. Die sozusagen psychologische Situation des Löwen ist damit umrissen. Freilich, der Vergleich hinkt schwer, aber warum nicht einmal stolpernd sein Ziel erreichen?

Zurück ins hohe Mittelalter, genauer ins Jahr 1176. In diesem Jahr tat Heinrich das Falscheste, was er in seiner Situation tun konnte: Er verscherzte es sich mit dem Kaiser, seinem Vetter. Jahrzehnte war er mit dem gut ausgekommen, und nun kam's zum Zerwürfnis, und zwar so:

Kaiser Barbarossas langjähriger Lebensinhalt hatte darin bestanden, sich mit den oberitalienischen Städten und zeitgleich mit dem Papst herumzuzanken und mitunter auch zu prügeln. Um 1176 roch es wieder einmal schwer nach Krieg, und der Kaiser brauchte dafür Unterstützung in Form von Geld und Truppen. In ähnlichen Situationen war früher stets auf Heinrich den Löwen Verlass gewesen. Anders diesmal: Der Herzog ignorierte Friedrichs Bitten oder verknüpfte sie mit Forderungen, die an Erpressung grenzten. Schließlich kam es zum Versuch einer Aussprache zwischen den beiden Vettern nahe der Stadt Chiavenna. Wenn nicht alles täuscht, hat der Kaiser den Löwen im Verlauf dieser Unterredung wortwörtlich bekniet, um doch noch Waffenhilfe zu erreichen – umsonst. So zog Friedrich Barbarossa ohne Heinrichs Hilfe in die Schlachten und verlor sie prompt.

Ein Kaiser, der vor seinem Herzog kniet – das wäre im mittelalterlichen Ritual- und Ehrenkodex vielleicht noch irgendwie durchgegangen; ein Kaiser allerdings, der vor dem Herzog kniet und dennoch abblitzt, ist ein perfekter Skandal. Damit war Barbarossas Ohr ab sofort höchst offen für die Nörgeleien und Einflüsterungen der vielen Neider und Konkurrenten Heinrichs des Löwen.

Irgendwie gelang es dem Kaiser, trotz der militärischen Niederlagen in Oberitalien seine dortige Herrschaft einigermaßen unbeschadet aufrecht zu erhalten. Daraufhin zog er zurück über die Alpen, und nun war Herzog Heinrich fällig.

Man überzog den Löwen mit Prozessen. An deren Ende hatte er seine beiden Herzogstitel eingebüßt und war zum Exil verdonnert worden. Diese »Löwenprozesse« hatten für Bayern und München eine folgenschwere Bedeutung. Die nun vakant gewordenen Herzogtümer mussten ja irgendwie neu besetzt werden, das heißt, ein neuer Herzog musste her. Bei solchen Neubesetzungen hatte der Kaiser das entscheidende Wort. Kanzlerin Merkel muss blass vor Neid bei dem Gedanken werden, dass Barbarossa im Jahr 1180 einfach einen anderen an die Spitze des bayerischen Herzogtums setzte.

Er erwählte sich einen gewissen (Pfalz)Grafen Otto. Dieser nicht mehr ganz taufrische Herr hatte seine Treue zum Kaiser in den vergangenen Jahrzehnten oft bewiesen. Zwei Aktionen kamen zu besonderer Berühmtheit: Bei den Veroneser Klausen hatte er 1155 den kaiserlichen Alpenübergang in militärisch spektakulärer Aktion gesichert. Zwei Jahre später hätte er in seinem Eifer für den Kaiser ums Haar einen zukünftigen Papst erschlagen, welcher damals noch als päpstlicher Legat fungierte. Der spätere Papst Alexander III., Orlando Bandinelli, fiel beim Reichstag von Besançon durch äußerst ungebührliches Verhalten gegenüber dem Kaiser auf. In der allgemeinen Empörung der Kaisertreuen zog Otto wutentbrannt das Schwert und stürmte auf den päpstlichen Legaten los. Ausgerechnet Friedrich Barbarossa selbst stellte sich zwischen den Tobenden und Bandinelli. Hätte er in Besançon schon gewusst oder auch nur leise geahnt, wieviel Ärger ihm der spätere Alexander III. machen würde, er hätte Graf Otto wer weiß wirklich zuschlagen lassen ...

Otto selbst herrschte nur etwa drei Jahre als Herzog in Bayern, dann starb er. Seine Erhebung im Jahr 1180 machte trotzdem Epoche, denn seine Nachkommen regierten noch über 800 Jahre. Ottos Familienname war: von Wittelsbach.

Und Heinrich, der stolze Löwe? Ob er seine Schuld, die reichsrechtlich sicher bestand, einsah? Jedenfalls machte er auf seinem Weg ins englische Exil einen großen Umweg, und zwar über Santiago de Compostella. Das war nach Jerusalem und Rom der drittwichtigste Pilgerort der Christenheit, und Heinrich gehörte zu den eher wenigen, die nun alle drei besucht hatten; er wird schon gewusst haben, warum.

Im englischen Exil ist er dann nicht sehr lange geblieben. Irgendwie war der Löwe wohl unvermeidlich. Mitte der Achtziger ist er schon wieder im Reich nachweisbar und dabei kregel wie eh und je. In Sachsen versuchte er, seine alte Machtposition zurückzugewinnen. Das Herzogtum Bayern war allerdings unwiederbringlich verloren.

Zurück nach München, wir waren lange genug weg: im Zuge der Prozesswelle, die 1180 über den Löwen schwappte, war offensichtlich auch versucht worden, im Konflikt zwischen dem herzoglichen Markt und den bischöflich-Freisinger Interessen einen Status quo ante 1158 zu reinstallieren. Ein in Regensburg erlassenes kaiserliches Edikt aus dem Jahr 1180 lässt diesen Schluss zu. Da heißt es etwas nebulös: »*Wir* [also Kaiser Friedrich Barbarossa] *widerrufen* [...] *die Übertragung des besagten Marktes und stellen eben diesen Markt* [...] *dem Bischof von Freising und seinen Nachfolgern zurück.*« (Die Urkunde WA in: Scholz, Gründung [wie oben], S. 134).

München selbst wird hier gar nicht namentlich erwähnt. Es hat den Anschein, dass Albert, der mittlerweile Bischof in Freising war, sich der Niederlage seines Amtsvorgängers Otto aus dem Jahr 1158 erinnerte und nun, da der Löwe die kaiserliche Gunst verspielt hatte, das Rad zurückdrehen wollte. Zweifelsfrei richtet sich das zitierte Blatt von 1180 irgendwie gegen München. Hier zeigte sich nun aber die Wirkmächtigkeit der Gründungstat Heinrichs ganz deutlich: Salzstraße, Zoll und Markt blieben, wo sie seit 1158 waren, des kaiserlichen Urteils von 1180 völlig ungeachtet. Und die neue Herzogssippe sorgte bald für einen weiteren Entwicklungsschritt des Ortes: Ludwig der Strenge, Urenkel des ersten Wittelsbacherherzogs Otto, machte München etwa hundert Jahre nach dem Stadtgründungsakt des Löwen zu einer bayerischen Residenzstadt.

3. DIE RESIDENZSTADT

Die Entscheidung Ludwigs des Strengen, München zu einer der bayerischen Residenzen zu erheben, fiel etwa Mitte des 13. Jahrhunderts und war äußerst folgenreich. Es sei zwecks Veranschaulichung einmal ganz drastisch und vielleicht tatsächlich übertrieben formuliert: Diese Weichenstellung mag einer der (vielen) Gründe dafür gewesen sein, dass sich im München der 1920er-Jahre beklagenswert wenig freiheitlicher Bürgergeist fand, um sich dem aufkommenden braunen Mob entgegenzustellen. Dieser machte folglich die Stadt zu seiner Ausgangsbasis und ganz wörtlich zu seiner Hauptstadt, während das Bürgertum entweder mitgröhlte, sich abwandte oder schlief. Freilich, wer solche Thesen raushaut, ist in Erklärungsbedrängnis. Dazu Folgendes:

Im hohen und späten Mittelalter lassen sich ganz grob zwei Stadttypen unterscheiden. Da ist einmal die Handels- oder Bürgerstadt. Dieser Typus verdankt seine Entstehung und Entwicklung ökonomischen Erwägungen und Ursachen. Hiervon zu unterscheiden ist der Typus der Residenzstadt. Ihrer Gründungsgeschichte nach hätte die Stadt München übrigens durchaus zum erstgenannten Typus gehören können. Vergessen wir allerdings nicht, dass es ein Herzog und damit Höchstadliger war, der hier gründete. Die Entwicklung solcher Städte zu Freien Städten, die in München dann eben genau nicht einsetzte, verläuft stets nach folgendem Muster: Lokale Gewalten, etwa nahe Grafen oder Vögte, Bischöfe oder Herzöge, werden mehr und mehr aus der Stadt gedrängt. Sie verlieren ihren Einfluss auf die Stadtgeschicke. Das passiert nicht immer konfliktfrei, mitunter fließt bei solchen Verdrängungsprozessen sogar Blut. Am Ende steht eine von Patriziern dominierte Stadtgesellschaft, die als Herrschaft nur den König resp. Kaiser über sich anerkennt. Und der ist weit. Man verwaltet sich selbst. Kein Bischof, kein Herzog und keine sonstige adlige Gewalt haben da noch mitzureden. Das ist der Ursprung des Bürgerstolzes lange vor dem 19. Jahrhundert. Man nennt solche Städte reichsunmittelbar, da sie eben unmittelbar – also ohne Zwischeninstanz – dem Reichsoberhaupt unterstellt sind. Zu diesem Stadttypus gehören etwa die Hansestädte, Frankfurt am Main als alter Königsort, Köln, wo der Bischof in blutigen Zwisten seinen Einfluss in der und auf die Stadt immer mehr verliert, oder, auf heutigem bayerischen Boden, Augsburg, Nürnberg, Regensburg und andere.

München gehört seit dem 13. Jahrhundert zum Typus der Residenzstadt. Der Fürst ist hier vor Ort, im Mittelalter häufig und ab der beginnenden Neuzeit dann fast immer. Er wirkt in der Stadt, ihrem Erscheinungsbild, ihren Geschicken. Er wirkt als Politiker und Machthaber, als Mäzen, im architektonischen Bereich ... Die Folgen sind vielschichtig, und auf die Gefahr hin, mir's mit allen Seiten gründlich zu verderben, sei Folgendes bemerkt: Bürgerstolz und seit dem 19. Jahrhundert bürgerlicher Freiheitssinn haben es in Residenzstädten mag sein ein bisschen schwer. Andererseits: Mäzenatentum ist Fürstenpflicht. Residenzstädten eignet meist ein heiterer, der Kunst zugewandter, zum Prunk und zur Repräsentation neigender Charakter. Wenn Charles de Gaulle 1962 beim Anblick von Odeonsplatz und Ludwigsstraße von einer »*wirklichen Hauptstadt*« spricht, dann ist das vielleicht nicht nur die Begeisterung des Franzosen über die offensichtliche Nachahmung der Pariser Stadtplanung, sondern auch eine Ahnung des hier Gesagten (G. Reichlmayr, Gesch. d. St. M., S. 100, zitiert »*Voilà une capitale*« und übersetzt das mit »*großer Stadt*« – »*Hauptstadt*« trifft es aber wohl besser). Die vom Hof alimentierten Künstler prägen Bild und Geist der Stadt. Die Politik geht ebenfalls exklusiv vom Hof aus und kümmert den Residenzstadtbürger viel weniger als jenen der Freien Stadt.

Natürlich sind das Klischees. Man bedenke aber, dass es kaum möglich ist, über dieses Thema anders als verallgemeinernd zu sprechen. Wir bleiben bei der These, dass München eine Residenzstadt par excellence ist, im Guten wie im Schlechten. Dafür gibt es im Stadtbild ein in seiner Offenheit schon beinahe komisches Symbol. Es ist die Rede von der Fassade des Neuen Rathauses. Hat man je die vielen Figuren bemerkt, welche die Schaufassade schmücken? Lauter Wittelsbacher; alles Fürsten – du liebe Zeit, das ist das Haus der Bürgerschaft! Der zur Bauzeit regierende Fürst, Prinzregent Luitpold, ist in besonderer Herrscherpose noch eigens hervorgehoben. Ein Hanseat, ein Bremer zumal, wendet sich kopfschüttelnd ab. Ein Adeliger als Schmuck an der Fassade eines Hauses der Bürgerschaft kommt für ihn nicht in Frage.

Das Münchner Stadtbild unterstützt unsere These in vielen Aspekten: Man denke an die Ludwigsstraße, an Karolinen- und Königsplatz, wie überhaupt an die ganze Achse zwischen den beiden jüngeren Residenzen, schließlich an jene selbst, sowie an die chronologisch älteste Fürstenbehausung, den Alten Hof. Mit welchem wir schließlich wieder bei der Gründung der Residenz wären.

KAPITEL 3

In der dritten Generation nach jenem Otto, der 1180 vom Kaiser mit dem bayerischen Herzogstitel beglückt wurde, begegnet uns ein rechter Finsterling namens Ludwig, genannt der Strenge. Man muss wissen, dass in seiner Zeit die ungeteilte Vererbung eines Landes an den Erstgeborenen, also die sogenannte Primogenitur, nicht überall verbreitet war. In Bayern und im Haus Wittelsbach war sie's nicht. Die Folge: Landesteilungen beim Tode eines Herrschers; für jeden, der früh-wittelsbachische Geschichte zu pauken hat, ein Graus, denn bis zur Einführung der Primogenitur im frühen 16. Jahrhundert wimmelt es nur so von zeitgleichen Herzögen in Ober-, Nieder- und Sonstwo-Bayern, von regierenden Brüdern, Onkeln und Cousins, alle den Herzogstitel führend und sich nicht selten spinnefeind.

Auch Ludwig der Strenge musste sich mit einem Bruderherzog rumärgern, Heinrich mit Namen und den Herzogstitel in Niederbayern führend. Ludwig selbst hielt Oberbayern und die Pfalz. Ja, die Pfalz – auch sie gehörte seit 1214 zum wittelsbachischen Machtkomplex. Warum, gehört nicht hierher, aber man sieht schon: Jene Sippschaft, die Wittelsbacher-Gang, welche da 1180 völlig überraschend ins bayerische Herzogsamt gekommen war, ist fortan kaum mehr zu bremsen und will hoch hinaus.

Auf Oberbayern verwiesen konzentrierte sich Herzog Ludwig auf den Ausbau der dortigen herzoglichen Machtposition. Er erkor München zu einem neuen Zentrum. Damit war die Stadt eine bayerische Hauptstadt. Wohlgemerkt »eine«, nicht etwa »die«, denn da gab es noch andere, etwa Landshut oder Straubing. Bis zur alleinigen Hauptstadt gehen noch ein paar Jahrhunderte, gefüllt mit innerbayerischen Bruderkriegen, ins Land.

Wenn ein Herzog in der Mitte des 13. Jahrhunderts einen bis dato eher unbedeutenden Marktflecken zum Regierungszentrum erwählt, was baut sich der dann dort als erstes? Eine Burg. Das ist der Alte Hof in der Innenstadt: eine Anlage, die auf die erste Herzogsburg zurückgeht. Sie war in sich recht abgeschlossen. Sie befand sich, wie die meisten Residenzen, am Rand der Stadt und schottete sich von dieser misstrauisch ab. Denn wer wusste schon vorherzusagen, ob die Münchner stets so folgsam und lammfromm sein würden, wie sie's dann ja doch meistens waren? Ein Beispiel: Betreten wir den Alten Hof über die Burgstraße, also kommend vom Stadtkern, durchschreiten wir einen Turm. Nun ist ein Turm immer eine Verteidigungsanlage, ein Beobachtungsposten. Ganz offensichtlich sind es die Bürger der eigenen Stadt, die von hier aus beobachtet werden sollen, denn ein Turm wird immer gebaut, um sehen zu können, wer sich der Anlage nähert – und in welcher Absicht.

Sollten da einige hundert Untertanen heranstampfen, angetan mit Sensen und Dreschflegeln, brüllend in Wut über die jüngst erneut angehobene Bier-Steuer und deren sofortige Rücknahme fordernd – dann Tor zu, die Mauern besetzt und bewehrt und mit Turmes und Gottes Hilfe das Toben überstehen!

Abgesehen davon taugt ein Turm natürlich auch zum Angeben: Seht her, hier sind wir (eine Macht). Da unterscheidet sich der Turm des Alten Hofes in nichts vom »O zwo«, jenem Vierkantbolzen am Georg-Brauchle-Ring, mit dem ein Telekommunikations-Konzern auf seine weltweite Stellung aufmerksam machen will.

Mit der Authentizität dieses Hofturmes ist es freilich nur so so. Im Mittelalter gab es einen Turm, der dem heutigen stark ähnelte. Abbildungen und das Holzmodell der Stadt, welches Jakob Sandtner 1570 gebastelt hat, bezeugen dies. Wir wissen aber bereits, dass das Abreißen historischer Türme eine seltsame und beklagenswerte Manie des frühen 19. Jahrhunderts gewesen ist. Damals traf es neben dem Schönen Turm auch den hier in Rede stehenden. In den 1960er- Jahren entschloss man sich zur Rekonstruktion; sieht einfach netter aus.

Andere Teile der alten Burg sind erstaunlich gut erhalten und haben sogar die Katastrophe des Zweiten Weltkriegs überstanden. Das gilt besonders für jenen Teil, welcher sich im Süden und im Westen an den Turm anschließt. Hier haben wir es mit historischer Bausubstanz zu tun, während der gegenüberliegende östliche Teil aus dem 21. Jahrhundert stammt.

Das Zusammenspiel von tatsächlich uralten und sehr modernen Elementen im Alten Hof muss man nicht mögen, aber man kann. Bei der angestrebten Wiedervervollständigung des Hofkomplexes zu Beginn unsres Jahrhunderts ist nicht historisch gearbeitet worden in dem Sinne, dass die Neubauten das Aussehen mittelalterlicher Gebäude haben sollten. Stattdessen sollten sich die durchaus modern aussehenden Bauten ins historische Umfeld eingliedern und in einen Dialog mit der Geschichte treten. Ein Beispiel: Die Hofkapelle, 1816 verloren gegangen, befand sich nordwestlich des Ausgangs, durch welchen man heute in den Hofgraben gelangt. Das moderne Gebäude, das heute dort steht (Hausnummer 4), zitiert im Dachteil ein Kirchendach. Anderes Beispiel: Der große östliche Durchgang mit abführender Treppe bei Hausnummer 8 gibt den Blick aufs Hofbräuhaus frei. Tatsächlich begann die Geschichte des Münchner Hofbräu im Jahr 1589 just an dieser Stelle, denn wie es der Name sagt, kam das Bier vom (Alten) Hof. Die ursprüngliche Braustätte befand sich im südöstlichen Trakt der alten Burg. Heute braut HB übrigens wie fast

KAPITEL 3

(Abb. 4) Der Alte Hof in Jakob Sandtners Modell

alle anderen Münchner Brauereien am äußersten Stadtrand, in diesem Fall ist es Riem, gerade mal noch so auf Münchner Grund. An der Tatsache, dass es sich um Staatsbier handelt, hat sich allerdings nichts geändert. Bis 1918 ließen die Wittelsbacher das Hofbräu brauen und erfreuten sich an den Einnahmen, seit 1918 tut das der Freistaat. Letztes Beispiel: Die Edelwohnungen im Osttrakt haben keine Balkone. Die würden einfach nicht in ein Gesamtensemble passen, dessen Ursprung in einer mittelalterlichen Burg liegt.

Der Gründer des Alten Hofes, Ludwig, hat einen euphemistischen Beinamen: der Strenge. Er hätte einen ärgeren verdient gehabt. Der Mann ließ seine erste Frau Maria hinrichten, weil er sie – übrigens auch noch vollkommen zu Unrecht, aber das nur am Rande – der Untreue bezichtigte. Diese furchtbare Sünde hat er später offenbar bitter bereut und keinem Geringeren als dem Papst brieflich gebeichtet. Der ließ wissen, dass er in ernster Sorge ums herzogliche Seelenheil den Bau eines Sühneklosters empfehle. Das ist Kloster Fürstenfeld: eine Stiftung, mit welcher Ludwig der Strenge die Reue über den Justizmord an seiner ersten Frau dokumentieren wollte.

Nun musste der noch kinderlose auf Brautschau gehen, wollte er das Weiterleben seiner Linie sicherstellen. Und das wollte er unbedingt, es handelt sich hier um eines der Hauptanliegen so ziemlich jedes mittelalterlichen Fürsten. Man darf getrost vermuten, dass seine Werbungen bei den in Frage kommenden Damen und deren Vätern auf äußerste Bedenken gestoßen sind. Es gelang aber sogar noch zweimal. Seine zweite Frau Anna starb eines natürlichen Todes. In dritter Ehe vermählte sich Ludwig mit Mathilde, der Tochter König Rudolfs, der seinerseits der erste Habsburger auf dem Thron gewesen ist. Hier beginnt eine Jahrhunderte dauernde Tradition. Wenn die Häuser Wittelsbach und Habsburg nicht gerade gegeneinander Krieg führen, vermählen sie ihre Kinder miteinander; um daraufhin sofort wieder mit Soldaten übereinander herzufallen. Das klingt nicht nur schwachsinnig, sondern das ist es auch, und trotzdem die reine Wahrheit.

Ludwig der Strenge hatte mit Mathilde von Habsburg einen nach ihm benannten Sohn. Dieser sollte als Erwachsener dafür sorgen, dass sowohl die Stadt München als auch die heute als Alter Hof bekannte Residenz eine wahrhaft glänzende Zeit erlebte: eine Kaiserzeit!

4. KAISER LUDWIG DER BAYER UND MÜNCHEN IN SEINER ZEIT

Um uns auf die Zeit Kaiser Ludwigs des Bayern einzustimmen, kann ein Besuch des Isartors nichts schaden. Und das aus zwei Gründen: Erstens geht dieses Tor so wie die gesamte Stadterweiterung, zu welcher es gehört, ganz wesentlich auf Ludwigs Initiative zurück. Zweitens sehen wir ihn selbst im Fresko auf der Ostseite abgebildet. Das Fresko stammt zwar aus dem 19. Jahrhundert und ist damit in keinem Sinne als historisch relevant zu betrachten, denn Ludwig der Bayer lebte ja 600 Jahre früher. Aber die Darstellung zeigt ihn auf einem seiner Höhepunkte, nämlich im Triumph nach der Schlacht von Mühldorf, in welcher er 1322 seinen Vetter und Rivalen Friedrich den Schönen, einen Habsburger, besiegt hatte. Doch der Reihe nach.

Ans Herzogtum Bayern kam Ludwig nach dem Tod seines düsteren gleichnamigen Vaters. Als Ordnungszahl im Herzogsamt führte er die römische vier. Da sein Vater Ludwig der Strenge als »der zweite« Herzog dieses Namens geführt wird, stellt sich ganz ernsthaft die Frage, wo denn nun »Ludwig III.« geblieben sei? Der ist so unbedeutend geblieben, dass auch wir ferner einfach schweigen – gegeben hat es ihn immerhin. Ludwig IV. war von gegenteiligem Kaliber. Er ist aus der Geschichte Bayerns nicht wegzudenken. Und aus jener Münchens ebenso wenig: Ein Platz seines Namens, mehr als nur ein Reiterstandbild, zahlreiche bildliche Darstellungen und nicht zuletzt die Stadtfarben künden von ihm. Kein Wunder, der Mann war Kaiser; wenngleich dieser Titel nie so ganz ohne Beanstandungen geblieben ist. Daher eben auch die Münchner Stadtfarben: Schwarz-gelb sind die kaiserlichen Farben, sie färbten das Banner Ludwigs des Bayern. Seine Residenzstadt erinnert mit ihren Farben an diese Zeit.

Wie wird man eigentlich Kaiser in jenem von Karl dem Großen geschaffenen Reich oder besser gefragt, wie wird man es zu der Zeit, als Ludwig der Bayer lebte, also Anfang des 14. Jahrhunderts? Die Frage ist so berechtigt wie simpel, die Antwort dagegen schwer. Man muss sich zunächst klar machen, wie es nicht war: Das Reich war kein Erbreich, und daher folgte nicht oder zumindest nicht automatisch der Sohn dem Vater ins Kaiseramt, anders als in den meisten anderen Reichen oder Herrschaftsgebieten. Es war vielmehr ein Wahlreich. Im frühen und hohen Mittelalter lag das Königs-Wahlrecht grundsätzlich bei allen Reichsfürsten. Das ändert sich dann im späten Mittelalter, etwa in der zweiten Hälfte des 13. Jahrhunderts. Wir wissen bis heute nicht bündig zu erklären, weshalb dieser Prozess der Verengung des Wählerkreises einsetzte und wie genau er vonstattenging. Das Ergebnis jedoch ist klar: Sieben Fürsten blieben auf dem Recht, den König und damit Kaiseranwärter zu wählen, sitzen. Nach dem Tod eines Amtsträgers schritten sie zur Wahl, also zur Kur; daher heißen sie Kurfürsten. Zur Zeit Ludwigs des Bayern ist das zwar noch recht neu, hat sich aber schon durchgesetzt. Das Wahlrecht hatten damals die drei Erzbischöfe von Trier, Mainz und Köln, ferner folgende vier weltliche Herren: der Herzog von Sachsen, der Markgraf von Brandenburg, der Pfalzgraf bei Rhein und der König von Böhmen. Warum ausgerechnet sie, warum nicht zum Beispiel die Habsburger als (Erz) Herzöge in Österreich? Oder die Bayernherzöge? Warum statt diesen der damals wirklich völlig unbedeutende Brandenburger Popel-Graf, der da weit ab vom Reichszentrum in seinem märkischen Sand vor sich hinwurschtelte? Man weiß es nicht – zumindest nicht genau.

Das wäre ja nun schon kompliziert genug, denn wer weiß, ob immer genug Zaster vorhanden ist, um vier, besser noch fünf Kurfürsten zu schmieren, damit sie sich gefälligst auf einen Kandidaten einigen – was oft genug nicht geschah. Es kommt aber folgendes hinzu: Seit Karl dem Großen selbst hat der gewählte König des Reiches die Option, nach Rom zu ziehen, sich dort vom Papst zum Kaiser krönen zu lassen und dann auch in Italien Herrschaftsrechte auszuüben. Solange sich der Papst dazu anstandslos bequemt, wäre es weiter kein Problem. Die Päpste tun genau das aber schon seit weit über hundert Jahren nicht mehr. Stattdessen lassen sie die Reichsfürsten wissen, dass schließlich nicht jeder Dahergelaufene so eine Kaiserkrönung beanspruchen dürfe; man wolle da schon sehr genau hinsehen, mit wem man es zu tun habe; und das Beste sei überhaupt, die Reichs- oder Kurfürsten mögen doch bitte schön einen Herren zum König wählen, von dem bekannt sei, dass der Papst ihn wolle.

So steht also der Königstitel auf zwei wackligen Beinen, erstens auf einer möglichst unanfechtbaren Stimmenmehrheit im Kurfürstenkollegium und zweitens auf der Zustimmung des Papstes, wie immer gerechtfertigt dieser Anspruch auch gewesen sein mag (es gab natürlich einen Haufen Leute, die dem Papst das Recht auf Einmischung in die deutsche Königswahl bestritten. Um das kurz zu machen, die Päpste haben dieses Recht im ganz späten Mittelalter dann tatsächlich de facto verloren; doch in der Zeit Ludwigs des Bayern sind wir noch nicht ganz so weit).

Die Königswahl Ludwigs fand 1314 statt. Leider war es nicht die einzige in diesem Jahr. Es gab zeitgleich eine weitere, die auf einen Konkurrenten fiel. Dieser war Ludwigs Vetter Friedrich von Habsburg. Beide Kandidaten konnten mit gewissem Recht das Königtum beanspruchen; keiner jedoch war wirklich zweifelsfrei dem anderen an Legitimation voraus. Das war keineswegs die erste Doppelwahl im Reich. Die einzige Lösung war hier ein Gottesurteil, und man war damals überzeugt, dass Gott sein Votum ausgerechnet und hätten Sie's gedacht in Kriegen und Schlachten abgab. Gewiss aus unsrer Sicht eine merkwürdige Vorstellung vom Weltenrichter, aber so war es halt. Es roch somit nach Krieg. Der schleppte sich bis 1322 recht lustlos dahin. In diesem Jahr kam es dann bei Mühldorf zum Showdown zwischen den beiden Doppel- oder eigentlich ja Halbkönigen, und Ludwig gewann. Seinen Einzug in München nach gewonnener Schlacht sehen wir am Isartor dargestellt. Der habsburgische Gegner war kaltgestellt. Ludwig nahm Friedrich gefangen. Man einigte sich unter Rittern auf Verlierer und Gewinner, der Verlierer wurde mehr so pro forma in Haft gesetzt, und Ludwig ließ durchblicken, dass bei guter Führung sowie Anerkennung des wittelsbachischen Königtums übers Reich mit baldiger Entlassung und ungetrübter Herrschaftsausübung in Österreich zu rechnen sei; was dann auch eingehalten wurde.

Damit war eigentlich die Möglichkeit gegeben, im Reich königlich loszuregieren. Und Ludwig tat es auch – allerdings kam nun ein nicht unbedeutendes Veto. Nicht etwa von Friedrich dem Habsburger. Der saß in ehrenvoller Haft auf einer Burg und fügte sich nolens volens in sein Schicksal als Verlierer der Entscheidungsschlacht. Das Veto kam aus Avignon, denn dort residierte damals der Papst (offenbar war Rom Anfang des 14. Jahrhunderts ein gar zu heißes Pflaster).

Es trafen bittere Briefe im Alten Hof und in anderen Fürstenresidenzen des Reiches aus Südfrankreich ein. Was denn in den Herzog von Bayern gefahren sei? Sich da einfach den Königstitel anzumaßen, ohne in Avignon um Erlaubnis hierzu gebeten zu haben? Ob der Bayernherzog wohl von allen guten Geistern verlassen sei; und überhaupt: Wenn das so weitergehe, werde man Ludwig exkommunizieren und zum einfachen »bavarus« herabstempeln! Ja, man muss das leider festhalten: Der Titel »bavarus«, aus dem »der Bayer« wurde, war vom Papst keineswegs als Ehrentitel gemeint gewesen. Vielmehr und ganz im Gegenteil sollte damit ausgedrückt werden, dass hier von einem rechtmäßig geführten Königstitel gar keine Rede sein könne. Ludwig war in den Augen der Kurie eben der »bavarus« und sonst gar nichts.

Er kümmerte sich nicht groß um das Gezeter und »königte« weiter; schrieb Urkunden, Reichsprivilegien, reiste auf Inspektion nördlich der Alpen umher, führte Gerichtsvorsitz, beglückte reichsunmittelbare Städte mit seiner Anwesenheit, kurz: Er tat eben alles das, was ein spätmittelalterlicher König so treibt. Damit setzte es prompt die angedrohte Exkommunikation. Der Papst, es war Johannes XXII., verschätzte sich dann allerdings doch etwas in der Wirkung dieses Aktes. Als etwa 145 Jahre zuvor erstmals ein Papst einen König gebannt hatte, hatten die damaligen Zeitzeugen noch vermeint, das *Zittern des Erdkreises* zu spüren. Mittlerweile war diese Übung jedoch derart in Mode gekommen, dass sie genau dadurch ihren Schrecken verloren hatte. Die päpstliche Exkommunikation verbreitete 1324 kaum noch mehr als Ennui. Das Schwert war stumpf. »Wieder mal ein König vom Papst exkommuniziert – kennt man ja«. So etwa darf man sich die gähnende Reaktion der politisch Interessierten im 14. Jahrhundert vorstellen.

Ludwig hatte wohl ganz richtig vorausgesehen, dass es den Reichsfürsten nördlich der Alpen mit derlei Einmischungen nun endgültig langte. Selbst die gar nicht Wenigen, die seinem Königs-Anspruch bisher eher skeptisch gegenübergestanden waren, scharten sich nun um den Wittelsbacher und verteidigten dessen Legitimität gegenüber der Kurie.

Der Streit wuchs sich aus und gewann schnell theoretischen Charakter. Wer legitimiert einen König, oder wodurch wird er legitimiert? Darf der Papst sich das anmaßen, und was ist eigentlich das Papstamt? Der Papst ist der Nachfolger Petri, das ist klar – aber was folgt daraus? Hatte nicht Jesus selbst gerade Petrus oft gemaßregelt, war nicht Petrus derjenige gewesen, der, immer wieder schwankend, keine drei Hahnenschreie zugewartet hatte, ehe er den Gottessohn verriet? Fragen dieser Art stellten viele, allen voran der bedeutendste Literat seiner Zeit, Dante Alighieri, sowie William von Ockham, der als der berühmteste Philosoph dieses Jahrhunderts gilt.

Der Zwist zwischen Ludwig und dem Papst wurde von einer zeitgleich ausgefochtenen Auseinandersetzung überlagert, in welcher ebenso theoretische und machtpolitische Aspekte ineinander verwoben waren. Es tobte der Armutsstreit. Nicht wenige Angehörige des Franziskanerordens gingen von der völligen Besitzlosigkeit Jesu' und seiner Jünger aus. Die Franziskaner waren damals ein bedeutender und einflussreicher Orden. Es barg eine Menge Sprengkraft für die Kurie, wenn deren führende Vertreter die Armut Christi in die Welt hinausposaunten. Das stand in krassem Widerspruch zum Auftreten des Papstes und seinem weltlichen Herrschaftsanspruch, den wir im Falle Ludwigs ja schon kennengelernt haben. Die an sich theoretische Frage hatte damit einen politischen Aspekt.

Die Vertreter der Armutslehre wurden nach Avignon vor Johannes XXII. zitiert. Sie erschienen dort auch. An deren Spitze standen der franziskanische Ordensgeneral Michael von Cesena und sein scharfsinniger Philosoph William von Ockham. Ein Kompromiss mit den Vertretern der Kurie war nicht zu erzielen. Man bezichtigte sich gegenseitig des Abfalls vom wahren Glauben. Die franziskanische Prominenz ging von der These aus, dass alle päpstlichen Verlautbarungen zum Thema »Armut Christi« ketzerisch seien und dass daraus zu folgern sei, ein Häretiker sitze auf dem Papststuhl. Mit vertauschten Vorzeichen sah Johannes XXII. das genauso. Damit waren die Vertreter der Armutslehre, die franziskanische Ordensspitze und namentlich Michael und William in akuter Lebensgefahr.

Sie mussten fliehen. Doch wohin? Nun, der Feind meines Feindes ist mein Freund. Also auf, unter die Fittiche jenes Ludwig, den der Papst nur noch »den Bayern« nannte und nicht mal mehr als Herzog in Bayern akzeptieren wollte (allerspätestens hier fragt sich, was den Papst das alles eigentlich angeht). Der Bayer weilte gerade in Pisa und hatte große Pläne. Er wollte nach Rom, um dort sein Kaisertum zu begründen. Da an päpstliche Mitwirkung nicht im Ernst zu denken war, musste und würde es irgendwie anders gehen. Und da kamen ihm die Flüchtlinge aus Avignon gerade recht. Er nahm sie in sein Gefolge auf, gewährte ihnen seinen Schutz und bekam dafür theoretische Schützenhilfe bei seinem Plan, sich ohne päpstliche Krönung zum Kaiser ausrufen zu lassen. Ludwig der Bayer und seine Intellektuellen stehen vor Rom – wir schreiben das Jahr 1328...

4.1. VON DER KAISERKRÖNUNG IN ROM, DER DENKFABRIK IN MÜNCHEN UND DEM JAHR 1328

Seit vielen Jahrhunderten war es der Brauch gewesen, dass der gewählte deutsche König nach Italien zieht, dort mit dem Papst Kontakt aufnimmt und nach mal schwereren und mal leichteren Verhandlungen schließlich eine Kaiserkrönung in der Stadt Rom bekommt. Dann kann er auch in Italien bestimmte Herrschaftsrechte ausüben – allzu viele waren es allerdings im späten Mittelalter nicht mehr – und hat einen bedeutenden Prestigezuwachs. Der Kaiser ist nominell der wichtigste weltliche Herrscher der Christenheit und ihr Beschützer. Was nun aber, wenn der Papst erstens schon seit vielen Jahren gar nicht mehr in Rom residiert, sondern im sichereren Südfrankreich, und zweitens den Kaiserkandidaten radikal ablehnt? Vor dieses Dilemma sah sich Ludwig gestellt; und dies just in jenem Jahr 1328, das im Spaß immer wieder als das wichtigste Jahr der Münchner Stadtgeschichte bezeichnet wird, allerdings nicht wegen Ludwigs Kaiserkrönung. Während seiner Abwesenheit geschah in München Dramatisches und Bedeutendes, doch dazu später.

In Rom war das Machtvakuum, welches der Papst hinterlassen hatte, von den ortsansässigen Patrizierfamilien ausgefüllt worden. Diese dienten sich dem nahenden Wittelsbacher als Kaisermacher an. Das wäre dann eine Begründung des Kaisertums im Willen des römischen Volkes oder Senats gewesen. Man berief sich auf derlei Begriffe aus der römischen Antike, ohne wesentliche Ahnung davon zu haben, was die alten Römer damit genau gemeint haben mochten. Die theoretische Begründung lieferte ein weiterer Intellektueller, der sich im Gefolge Ludwigs befand, und zwar schon etwas länger als die erwähnten Franziskanermönche. Er hieß Marsilius von Padua und darf getrost als radikaler Denker und Autor bezeichnet werden.

Marsilius hatte einen antiklerikalen Wälzer mit dem Titel »Der Verteidiger des Friedens« verfasst. In diesem stänkerte er gegen alles, was Kutten trug, und je höher, desto schärfer. Am widerwärtigsten war ihm das Papsttum und dessen Anspruch auf weltliche Macht. Wenn Marsilius hierüber schreibt, geht ihm der Gaul in der Regel durch. Der ganze Schinken kann bei Gott keine große Originalität für sich beanspruchen. In der beißenden Kritik am Hochklerus steht der »Verteidiger des Friedens« ja alles andere als alleine in seinem Jahrhundert; Dante und die Minoriten, also die Vertreter der Armutslehre, wurden schon genannt. Hierher gehört als weiterer prominenter Autor noch Boccaccio. In dessen berühmter Novellensammlung steckt hinter so ziemlich jeder Schurkerei entweder ein zynischer Kleriker oder ein weibstoller Mönch. Dante und später Boccaccio hatten Stil und Humor; Marsilius hatte grimmigen Hass. Seine Folgerungen waren entsprechend radikal: Dem Papst ist jegliche Mitwirkung an der Kaisererhebung, und sei es nur im Zeremoniellen, abzusprechen (und übrigens auch jegliche exponierte Stellung innerhalb der Kirche – dies nur am Rande). Man darf bezweifeln, dass Michael von Cesena und William von Ockham derartigen Hooliganismus billigten, denn der Ausgangspunkt ihrer Überlegungen war ja die These, dass der aktuelle Papst ein Ketzer sei. Damit ist grundsätzlich noch nichts über die Papstkompetenzen gesagt. Marsilius von Padua dagegen postuliert: Ketzer oder nicht, der Papst hat im weltlich-politischen Raum absolut nichts verloren.

Der Wittelsbacher Ludwig inmitten dieser Gelehrtendebatten dürfte das Wenigste davon begriffen haben. Ihm ging es um eine Kaiserkrönung, und so viel hatte er zumindest raus: Dass nämlich die Ideen des Marsilius und die Angebote des stadtrömischen Adels hier einen Weg öffneten; gewiss einen abenteuerlichen Weg, völlig neu, und das »Neue« per se stand im Mittelalter, auch noch im späten, unter einem gewissen Generalverdacht. Aber wo er nun schon mal in Rom war, sei's drum. Er ließ sich von den hiesigen Lokalmatadoren zum Kaiser ausrufen, scherte sich einmal mehr einen Dreck um das zu erwartende Geblök aus Avignon und setzte noch einen drauf: Es fanden sich ausreichend Kleriker, die mit Johannes XXII. derart über Kreuz waren, dass sie einen Gegenpapst namens Nikolaus V. kreierten.

Man kann bilanzieren, dass es Ludwig ordentlich krachen hat lassen dort unten im Süden. Eine Kaiserausrufung durch den Senat, der behauptete, an Volkes statt zu handeln, plus eine Gegenpapsternennung – saubere Leistung, kaum zu toppen. Freilich, mit der Erhebung eines »Nikolaus V.« war der Bogen dann doch überspannt. Der versuchte einige Monate nach der Abreise des, nun ja, Kaisers, ein Papstregiment in Rom und Italien zu errichten, um dann bald einzusehen, dass er damit, auf sich alleine gestellt, zum Scheitern verdammt war. Schließlich ließ er frustriert in Avignon ausloten, ob bei reuevoller Unterwerfung mit schonender Behandlung zu rechnen sei. Johannes XXII. zeigte sich ein einziges Mal großmütig. Aus »Nikolaus V.« wurde wieder Pietro Rainalducci, und der verbrachte seinen Lebensabend nach getaner Unterwerfung fortan unbehelligt in Avignon.

Ludwig dagegen blieb Kaiser, zumindest in seinen Augen und auch in jenen der meisten und tonangebenden Reichsfürsten. Und darauf kam's ja schließlich an. Was kümmerte es ihn, wenn die Päpste – auf Johannes XXII. folgten zwei weitere – vom »bavarus, dem Bayern also, der sich selbst einen Kaiser nennt« sprachen! Auch als Kaiser war er der vierte seines Namens, das kannte er ja schon von seinem Herzogstitel; man kann also skurrilerweise von Ludwig IV./IV. sprechen.

Der Alte Hof war folglich seit seiner Rückkehr nach München im Jahr 1330 eine Kaiserburg. Die Reichsinsignien wurden über Jahrzehnte in der Hofkapelle aufbewahrt. Und die Stadt war dank Ludwigs Entourage ein intellektuelles Zentrum von europäischem Rang. William von Ockham war wohl einer der bedeutendsten Scholastiker, die es je gab. Eine Straße in Schwabing ist heute nach ihm benannt. Er diente übrigens als Vorbild für »William von Baskerville«, jenen gewitzten und modern anmutenden Mönchs-Detektiv in Umberto Ecos Roman »Der Name der Rose«. Ockham verbrachte den Rest seines Lebens in der Stadt und wohnte im Franziskanerkloster, das die Säkularisation nicht überstand. Es befand sich präzise an der Stelle des heutigen Nationaltheaters. Ein Überrest aus dieser Zeit ist der Name der schräg gegenüberliegenden Wirtschaft »Zum Franziskaner«. Hier ist allerdings zu bemerken, dass in diesem Fall nicht die Mönche das Bier brauten, sondern die stets kommerzielle Brauerei, die ebenfalls hier ansässig war, leitete ihren Namen aus der Nähe zum Kloster ab. Das war bei den Paulanermönchen anders. Die brauten tatsächlich selbst, ebenso wie die Augustiner; womit wir wieder beim Jahr 1328 wären, das heute so manches TShirt überzeugter Lokalpatrioten ziert, weil es als Gründungsjahr der Augustiner-Brauerei gilt; und Augustiner ist und bleibt nun mal das Lieblingsbier der Münchner.

(Abb. 5) Das Franziskanerkloster, Ockhams Wohnort. Heute ist an dieser Stelle das Nationaltheater.

Das eigentliche Hohelied dieser Brauerei sei an anderer Stelle gesungen. Hier geht es nur um die Frage, ob das Jahr 1328 wirklich ihr Gründungsjahr gewesen ist. Um es gleich zu sagen, einen Beweis dafür gibt es nicht. Im

19. Jahrhundert gab es in den nun kommerzialisierten, ehedem oft klösterlichen Brauereien eine Tendenz, aus Werbungsgründen das Entstehungsjahr möglichst weit in die Vergangenheit zu legen und dann damit zu prahlen. Das verhieß den Trinkern Tradition und uraltes Wissen um richtiges Brauen. In dieser Zeit legte sich die jüngst säkularisierte Augustiner-Brauerei das Gründungsjahr 1328 zu. Sie tat dies unter Zuhilfenahme einer Randnotiz in einer recht zweifelhaften Quelle. In der wird kurz erwähnt, dass die Berufsinnung der Bäckersknechte ihren Stammtisch in die Bierstube der Augustinermönche verlegt habe, weil die bisherige Wirtschaft abgebrannt sei. So geschehen im Jahr 1328. Eine wirkliche urkundliche Erwähnung der klösterlichen Brauerei finden wir dagegen erst Anfang des 15. Jahrhunderts. Was spricht nun für das Jahr 1328? Es ist gar nicht so wenig. Zunächst ist völlig klar, dass die Augustiner seit Ende des 13. Jahrhunderts in der Stadt ansässig waren, oder noch genauer: vor der Stadt. Sie hatten ihr Kloster »auf dem Haberfeld«. Das Areal umfasste in etwa das heutige Polizeipräsidium, also das Gelände zwischen Löwengrube, Augustiner-, Neuhauser- und Ettstraße. Dem aufmerksamen Leser entgeht nicht, dass dieses Gelände knapp außerhalb der ersten Stadtmauer liegt und erst mit dem Bau des zweiten Mauerrings eingemeindet wurde. Die Klosterkirche ist noch vorhanden, aber entweiht, und beherbergt heute das Jagd- und Fischereimuseum. Ferner ist davon auszugehen, dass die Augustinermönche recht bald mit dem Brauen begonnen haben. Dann ist da die Notiz über den Umzug der Bäckersknechte nach dem Brand ihres Stammlokals. Das ist schon recht glaubwürdig, denn 1327 war eine Katastrophe über die Stadt hereingebrochen: der größte Brand ihrer bisherigen Geschichte. München muss damals ziemlich verwüstet gewesen sein, und zahlreiche Edikte aus der Kanzlei Ludwigs des Bayern für die Stadt, erlassen unmittelbar nach 1327, kümmern sich um Brandprävention. Plausibel klingt auch, dass die Anwesen außerhalb des Mauerrings vom Stadtbrand verschont geblieben sind. Da war das Augustinerkloster nicht das einzige, auch das Heilig-Geist-Spital (heute Viktualienmarkt) und der Franziskanerkonvent befanden sich 1327 noch »extra muros«. Wenn die Geschichte mit dem Stammtisch-Umzug wahr ist, dann handelt es sich tatsächlich um die erste Erwähnung der Münchner Brauerei der Augustiner. Damit keine Missverständnisse aufkommen: Heute hat die Brauerei, vom Namen einmal abgesehen, nichts mehr mit den Augustinern zu tun. Doch das ist eine andere Geschichte. Bis zur Auflösung des Klosters im 19. Jahrhundert machten die Mönche das Bier. Und wir drücken ein Auge zu und sagen: Sie taten es seit 1328.

4.2. STADTERWEITERUNG: DER ZWEITE MAUERRING

Um 1300 muss man sich die Stadt München etwa so vorstellen: Das Heinrichs-Ei gibt es noch, mit seinen Stadtmauern und seinen Vierteln, welche durch Wein- und Salzstraße gebildet werden. Das ist aber nicht alles. Da der Ort florierte und mittlerweile auch Residenz geworden war, siedelten viele Menschen außerhalb der Mauern. Damit sind nicht etwa die umliegenden Dörfer gemeint, die natürlich auch schon existierten, oft auf -ing endeten und meist älter waren als München selbst, wie etwa Schwabing, Pasing, Trudering, Harlaching oder Fröttmaning. Nein, auch unmittelbar vor den Mauern gab es Ansiedlungen und Bautätigkeit. So wie das Augustinerkloster im Westen der Mauern, war eine bedeutende Stiftung östlich der Stadttore entstanden: das Heilig-Geist-Spital. Es befand sich präzise dort, wo heute der Viktualienmarkt steht, und gehört somit nicht ins Heinrichs-Ei. Einzig erhaltener Rest dieses Spitals ist die Kirche. Folgende Fragen drängen sich hier auf:

Wie erklärt sich die selbst für Münchner Verhältnisse unfassbare Kirchendichte an dieser Stelle? Wenn der Pfarrer in Sankt Peter predigt (im Ostteil seiner Kirche), ist er der nächsten Kirche (nämlich der Heilig-Geist-Kirche) schon näher als seinem eigenen Pfarrheim!

Was ist das Wall-artige Gebäude aus Ziegelsteinen zwischen dem Markt und Sankt Peter, und warum sind die Geschäfte in diesem Gebäude fast ausschließlich Metzgereien?

Und warum in aller Welt sehen wir eine Brücke, wenn wir den Blick nach Norden richten? Sie verbindet das Alte Rathaus mit der heutigen Stadtsparkasse und scheint von erhabener Sinnlosigkeit zu sein …

Die erste Frage ist am einfachsten beantwortet: Beide Kirchen haben völlig unterschiedliche Funktionen, und dazu kommt noch, dass sich Sankt Peter innerhalb der alten Mauern befand, die Heilig-Geist-Kirche dagegen in ihren ersten etwa fünfzig Jahren außerhalb. Sankt Peter ist eine der beiden ältesten Pfarrkirchen. Die Heilig-Geist-Kirche dagegen war die Kirche der Spitals-Stiftung, und diese muss man sich durchaus als eine eigene kleine Stadt vorstellen. Innerhalb des Spitals wurde gewohnt, gebacken, gebraut, geschlachtet und übrigens auch beerdigt; und so eben auch die Messe gesungen. Die Verbindungen dieser Insel mit dem Rest der Stadt darf man sich eher lose vorstellen.

Kommen wir nun zum wallartigen Ziegelbau: Das ist eine Reminiszenz an die Mauer Heinrichs des Löwen. Das Bauwerk soll durch das Münchner Baumaterial schlechthin, den Ziegel, sowie durch seine Gestaltung an eine Stadtmauer erinnern. Es handelt sich dabei um ein historisierendes Gebäude Arnold Zenettis, errichtet Ende des 19. Jahrhunderts. Der Name dieser Abgrenzung zwischen Petersbergl und Markt lautet Metzgerzeile. Die Metzger waren schon seit dem 14. Jahrhundert an dieser Stelle. Ganz ursprünglich hatten sie ihren Ort am alten Markt, und das war der Marienplatz. Dort nervten sie allerdings gewaltig, Schlachtabfälle blieben liegen, der Dreck und die Belästigung nahmen überhand. Ludwig der Bayer hat sie schließlich vom Markt verbannt. Er wies ihnen eine Stelle an der alten Stadtmauer zu, und das aus hygienisch-praktischen Gründen: Zu einer gescheiten Stadtmauer gehört selbstverständlich ein Wassergraben, und den gab es hier viele Jahrhunderte lang. Der Sinn des Platzverweises, den der Kaiser den Metzgern erteilte, lag darin, dass sie am neuen Ort die Schlachtabfälle leichter entsorgen konnten: Das Zeug kommt in den Stadtbach, der schwemmt es in die Isar und ab mit dem Mist Richtung Freising! Die Metzger stellten also die erste Händlergruppe dar, die sich vom alten Markt – dem Marienplatz – in Richtung des kommenden bewegte; der restliche Markt folgte erst viele hundert Jahre später, als das Heilig-Geist-Spital der Säkularisation zum Opfer fallen sollte und abgerissen wurde … Die etwas älteren Münchner erinnern sich noch an einen weiteren Namen für die Metzgerzeile (die übrigens verwaltungstechnisch zum Viktualienmarkt gehört): die »Apostelmetzger«. Es waren anscheinend viele Jahre lang zwölf Geschäfte; heute sind es nur noch elf, und der Name passt nimmer so recht.

En passant haben wir auch schon die Erklärung für die etwas nördlich gelegene Brücke geliefert. Sie stammt noch aus der Zeit des Stadtgrabens, welchen sie überspannte. München war einst durchzogen von Bächen, zum Teil sind sie unterirdisch noch vorhanden und es gab jüngst sogar Vorschläge, einige wieder offenzulegen. Beim Köglmühlbach ist das so geschehen. Das ist der Bach vor der Staatskanzlei, der tatsächlich historisch ist; einige hundert Meter nördlich wird er zum Schwabinger Bach und durchfließt den Englischen Garten.

Man sieht, so ein mittelalterlicher Kaiser hat ein weites Aufgabenfeld: von großer Politik bis zum Platzverweis für Metzger in der Residenzstadt; vormittags ein bisserl mit dem Papst zanken, nachmittags Korrespondenz mit den Reichs- und Kurfürsten, abends eine weitere Brandschutzverordnung für München. Die Flammen von 1327 müssen ein großer Schock gewesen sein, was aus der großen Anzahl der diesbezüglichen Kaisererlasse für die Residenzstadt ersichtlich wird. Zusätzliche Arbeit verursachte dem Kaiser ein ausgiebiges Stadterweiterungs-Konzept. Die Anlage Heinrichs des Löwen erwies sich als nicht mehr zeitgemäß. Das Ei war zu klein. Gerade mal 400 lumpige Meter vom Talburgtor (Eingang Ost) bis zum Schönen Turm (Ausgang West) – das passt nicht für eine Kaiserstadt. In der Zeit Ludwigs des Bayern wurde die Stadt daher erheblich erweitert und mit einem zweiten Mauerring umgeben.

Damit erhielt München seine Form für die nächsten gut 400 Jahre, denn so lange standen die neuen Mauern. Nun ist es doch schon eine ganze Strecke Wegs zwischen dem neuen Eingang Ost, dem Isartor, bis zum entsprechenden Ausgang West, dem Neuhauser Tor (seit dem späten 18. Jahrhundert »Karlstor«).

Drei Eingangsportale, das weiß jedes Münchner Kind, sind von dieser Befestigung noch erhalten: neben den zwei genannten noch das Sendlinger Tor. Von den Stadtmauern gibt es kaum noch Spuren, aber ihr Verlauf ist jedem Autofahrer klar: Es ist der Altstadtring. Wer ihn im Uhrzeigersinn befährt – oder je nach Tageszeit eigentlich eher »besteht« – hat stets zu seiner Rechten den Ort des zweiten Mauerrings. In dieser neuen Stadt finden zu Hochzeiten etwa 40.000 Menschen Platz. Die Einwohnerzahl variierte in den kommenden Jahrhunderten stark; mehr als 40.000 waren es aber wohl nie. Das ist nun auch nicht so besonders groß, da gab es größere Städte in Zentraleuropa und sogar auf dem Gebiet des heutigen Bayern. Aber auf die Größe kommt's ja gar nicht an ...

Auch für den zweiten Mauerring gilt, dass die heutigen Straßenverläufe noch so ziemlich jene aus der Zeit Kaiser Ludwigs sind. Erstaunlich immer wieder, dass nur wenige Münchner, und seien sie noch so fanatisch, die Namen der alten Stadtviertel hersagen können, die von den beiden alten Handelsstraßen sowie dem Altstadtring segmentiert werden. Auf einer Uhr vorgestellt, wobei die Weinhandelsstraße eine Achse zwischen 6.00 Uhr und 12.00 Uhr bildete, und der Altstadtring die äußere Umrandung wäre, befände sich das Graggenauer Viertel zwischen zwölf und drei Uhr. Daran schließt sich nach der Salzstraße, sprich dem Tal, das Angerviertel an (jetzt wäre es zwischen drei und sechs Uhr); dessen andere Begrenzung bildet die Weinhandelsstraße, sprich also die Sendlinger. Das Hackenviertel wird umschlossen von Altstadtring, Sendlinger Straße und Salzhandelsweg, auf einem imaginiertem Zifferblatt zwischen sechs und neun Uhr; bleibt schließlich noch das von der Marienkirche geprägte Kreuzviertel zwischen neun und zwölf Uhr. So!

41

Komplizierter ging es beim besten Willen nicht. Falls irgendein München-Begeisterter das dennoch tatsächlich begriffen haben sollte und nicht sowieso längst wusste, möge er es bitteschön auswendig lernen! Es wäre natürlich auch einfacher gegangen, etwa so:

Graggenauer Viertel: nordöstlicher Teil, Begrenzungen: Wein- resp. Theatinerstraße, Altstadtring und Tal (allerdings ohne neue Residenz)

Angerviertel: südöstlicher Teil, Begrenzungen: Tal, Altstadtring und Sendlinger Straße

Hackenviertel: südwestlicher Teil, Begrenzungen: Sendlinger Straße, Altstadtring und Kaufinger/Neuhauser Straße

Kreuzviertel: nordwestlicher Teil, Begrenzungen: Kaufinger/Neuhauser Straße, Altstadtring und Wein- resp. Theatinerstraße

… freilich, so geht's auch; aber erstens, arg trocken; und zweitens, warum einfach, wenn's auch kompliziert geht?

Durch die neuen Stadtmauern wurden die klösterlichen und weltlichen Betriebe, welche sich außerhalb des Heinrichs-Eis befunden hatten, der Stadt inkorporiert. Halten wir nochmals fest: In den nächsten rund 450 Jahren bis etwa um 1790 fand kein flächenmäßiges Wachstum mehr statt. Der Rechtsbezirk der Stadt dehnte sich allerdings etwas weiter aus, man muss ihn sich wie eine Bannmeile rund um die Stadt vorstellen. Das war der Bereich des sogenannten Burgfriedens. An den Wegen, die in die Stadt führten, markierten Säulen den Eintritt in den Rechtsbereich Münchens. Diese Burgfriedenssäulen sind zum Teil noch erhalten, befinden sich jedoch meist nicht mehr an ihrer originalen Stelle; das gilt beispielsweise für die Burgfriedenssäule, die Sie heute am Elisabethmarkt sehen können.

Im Zusammenhang mit der Vergrößerung bescherte Ludwig seinem Residenzort auch ein Stadtrecht. Der unbestimmte Artikel hat hier seinen tieferen Sinn, denn ein einheitliches Stadtrecht hat es im Reich nicht gegeben. Der Umfang der Privilegien, welche einer Stadt kaiserlicherseits verliehen wurden, variierte. Um das nochmals stark hervorzuheben: Durch sein Stadtrecht ist München nicht reichsunmittelbar geworden. Die Wittelsbacher behielten starken Einfluss, schon allein dadurch, dass sie vor Ort gewesen sind.

Münchens Kaiserzeit dauerte bis zum Tod Ludwigs des Bayern 1347. Dessen Ära war ein Meilenstein in der Stadtgeschichte: München war ein geistiges und politisches Zentrum Mitteleuropas und vergrößerte sich bedeutend. Danach setzte sowohl in der Residenzstadt als auch im wittelsbachisch dominierten Bayern eine Art Dornröschenschlaf ein. Das hatte viele Gründe. Die Hauptsache war, dass eine Fortsetzung des wittelsbachischen Kaisertums im Wahlreich nicht in Frage kam. Die Wahlfürsten hatten ohnehin eine latente Abneigung gegen Sohneswahlen, die immer einen Beigeschmack von Erbmonarchie besaßen und somit ihre Rechte gefährdeten. Ferner waren sie mit den Wittelsbachern, die mittlerweile so ziemlich durch die Bank mit dem päpstlichen Bann belegt und also exkommuniziert waren, einigermaßen durch. An die Wahl eines Sohnes Ludwigs des Bayern nach dessen Tod war daher nicht ernsthaft zu denken. Dazu hatte es der Bayer speziell in den letzten Jahren seiner Herrschaft denn doch zu bunt getrieben. Aus Avignon setzte es einen Bannstrahl nach dem anderen gegen den Kaiser, seine Söhne und seine intellektuelle Entourage minoritischer Provenienz. Da eine Versöhnung mit dem Papst irgendwann völlig außer Reichweite war, handelte Ludwig mehr und mehr nach dem Motto: »*Ist der Ruf erst ruiniert, regiert sich's völlig ungeniert.*«

Die ganze Affäre rund um Margarete von Tirol verdeutlicht das: Diese Dame mit dem ekligen Beinamen Maultasch war Erbin eines schönen und nahe bei Bayern gelegenen Gebietes. Da wäre es doch erstrebenswert, einen Sohn mit ihr zu verheiraten und auf diese Art Tirol unter die wittelsbachische Fuchtel zu bringen (übrigens geradezu ein Leitmotiv bayerischer Politik auch in den folgenden Jahrhunderten, wobei sich der endgültige Erfolg nie recht einstellen wollte). Nun ist die Maultasch aber bereits verheiratet, und zwar ausgerechnet mit einem Sprössling der konkurrierenden Sippschaft der Luxemburger namens Johann Heinrich. So etwa vier, fünf Mass Edelstoff aus der bereits gegründeten Augustiner-Brauerei mag der Kaiser schon intus gehabt haben, als er sich zu folgendem Vorgehen entschied: Da bekannt war, dass Margarete sich sehr schlecht mit ihrem derzeitigen luxemburgischen Gatten vertrug, streute man das Gerücht, jener sei impotent, und die Ehe somit zu annullieren. Margarete selbst wurde für das doch recht niederträchtige Spiel gewonnen, und ihre Verheiratung mit Ludwig V., einem Sohn des Bayern, anvisiert. Ein einigermaßen angesehener Geistlicher, der Scheidung und Neuverheiratung der Margarete auf sein Gewissen nehmen wollte, war jedoch nicht aufzutreiben. Der Papst raste, die Reichsfürsten gingen mehr und mehr auf Abstand zu ihrem Kaiser, aber egal – die Sache wurde auf »zivilrechtlichem Weg« durchgezogen. Wozu hat man schließlich in den Klöstern der Residenzstadt wortgewandte Minoriten vom Schlage eines William von Ockham, eines Marsilius von Padua, beide immer bereit, gegen die Rechte des Papstes und des Klerus ein gepfeffertes Pamphlet oder »Gutachten« vorzulegen. Mit kaiserlichem Segen, aber ohne jenen des Papstes oder eines bedeutenden Geistlichen wurden Margarete und Ludwig V. verheiratet, nach erfolgter Zivilscheidung vom ersten Gatten. Die Sache ist gewiss nicht sehr sympathisch. Das Rausgesoffen-sturschädelige der Vorgehensweise wollen wir dennoch nicht ganz ungewürdigt lassen, anders gesagt: den zur Politik gewordenen Stiernacken par excellence. Wahrhaftig, hier werkelt der vorausgeahnte Geist von Wildbad Kreuth.

Die Reichskrone ging nach dem Tode des Bayern geräuschlos an die luxemburgische Konkurrenz über; zwar nicht an Johann Heinrich, jenen glücklosen Ex der Margarete von Tirol, aber doch immerhin an dessen Bruder Karl. Die Wittelsbacher dagegen verfielen in ihre angestammte Kleinstaaterei. Die Söhne des Kaisers filetierten das verbliebene Herzogtum Bayern wie gehabt. Das hatte natürlich auch auf München Rückwirkungen: Es macht halt einen Unterschied, ob eins Kaiserresidenz ist – oder nur der Wohnort eines Provinzfürsten, wie man die ungezählten gleichzeitigen Herzöge von Bayern schon nennen dürfen wird. Die Teilung Bayerns in verschiedene, gleichzeitig regierte Teilherzogtümer dauerte noch bis 1506, endete also einenhalb Jahrhunderte nach Kaiser Ludwigs Tod; dann erst begann Münchens Geschichte als alleinige Residenzstadt des vereinigten bayerischen Herzogtums.

4.3. SANKT PETER

Klingt kompliziert, ist aber ganz einfach: Die älteste Münchner Kirche ist keineswegs dieselbe wie die älteste Kirche auf Münchner Grund. Für letztere lohnt es sich, ein eigenes Kasterl aufzumachen, erstere, also die erste Münchner Kirche, ist Sankt Peter im Angerviertel. Neben der Frauenkirche ist Sankt Peter eine der beiden Stadtpfarrkirchen. Die Grenze zwischen beiden Pfarreien ist der Salzhandelsweg, zunächst zwischen Talburgtor und Schönem Turm, später zwischen Isartor und Neuhauser Tor. Zur Pfarrei Sankt Peter gehören also das Anger- und das Hackenviertel. Maria hat das Patrozinium über jene Pfarrkirche, welche das Kreuzviertel und die Graggenau versorgt. In allen Vierteln gibt es noch weitere Kirchen, und es kommen im Lauf der Zeit immer mehr hinzu, aber sie haben andere Funktionen, etwa als Klosterkirche oder als Hofkapelle. Die beiden Stadtpfarreien bleiben bis zum Einreißen der Stadtmauern Ende des 18. Jahrhunderts St. Peter und St. Maria.

Kasten zur Entdeckung
Heilig Kreuz in Fröttmaning

An den zwei letzten Tagen im Mai 2005 war die Stadt in nicht ganz ungeteilter Freude und allgemeiner Aufregung: Die Allianz-Arena wurde offiziell eröffnet. Für einige bedeutete das den Triumph des Kommerzes über die Stadionkultur, andere bejubelten den Fußballtempel der Zukunft, und ganz sicher garantierte die neue Arena München Weltmeisterschaftsspiele im folgenden Jahr, denn die hätten gemäß der Statuten des Ausrichters FIFA nicht im Olympiastadion stattfinden dürfen.

Eine Skurrilität wurde über all dem kaum beachtet: Das jüngste und das älteste Gebäude innerhalb Münchens lagen sich unmittelbar gegenüber! Das älteste Gebäude auf Stadtgrund ist aber, völlig im Gegensatz zur prominenten Nachbarschaft, klein, unauffällig-bescheiden und daher meistens unbeachtet. Es ist das Kirchlein Heilig Kreuz.

(Abb. 6) Kommerz und Kunst in Fröttmaning.

Wie kommt es nun aber, dass die älteste Münchner Kirche, St. Peter, nicht auch die älteste Kirche auf Münchner Boden ist? Sehr einfach: Der Stadtteil Fröttmaning, wie so ziemlich alle Stadtviertel, die auf -ing enden, ist älter als München selbst, und zwar gar nicht unwesentlich älter. Heilig Kreuz wird erstmals im Jahr 815 erwähnt – da dauert es bis zum Heinrichs-Ei noch knapp 350 Jahre. Die Eingemeindung Fröttmanings erfolgte übrigens 1931.

Die Kirche selbst geht auf karolingische Zeiten zurück und wird im 9. Jahrhundert erstmals erwähnt. Was heute an Bausubstanz von außen zu sehen ist, ist zwar weitgehend hochmittelalterlich, aber Spuren uralter und frühmittelalterlicher Zeiten sind durchaus noch vorhanden. Bei

Ausgrabungen fanden sich sogar Objekte, die auf vorchristliche Kulthandlungen an eben diesem Ort schließen lassen.

Zur Einstimmung könnte man sich auf einem Stadtplan die Zufahrt der Nord-Spur der A9 auf die Ost-Spur der A99 ansehen. Bemerkt man die auffallende Straßenführung? Diese Zuleitung umfährt Heilig Kreuz und hat daher gegen Ende eine starke Krümmung, welche barbarischerweise ursprünglich gar nicht vorgesehen war. Heilig Kreuz sollte nämlich für diese Trasse abgerissen werden; eine Bürgerinitiative verhinderte das.

Als vor einigen Jahrzehnten eine Re-Romanisierung des Innenraums begonnen werden sollte, stellten sich die Deckenfresken, offensichtliche Rokoko-Arbeiten, als Werke der Asam-Schule heraus. Man traute sich daher nicht, eine Entfernung vorzunehmen. An den Seitenwänden sind jedoch Spuren aus archaisch-christlichen Zeiten vorhanden. Dazu gehört die mutmaßlich älteste erhaltene Darstellung Jesu' auf bayerischem Boden – wenn das kein beachtlicher Rekord ist! Es sei trotzdem eingeräumt, dass den Liebhaber außerordentlicher künstlerischer Darstellungen in Heilig Kreuz eher eine Enttäuschung erwartet. Der Reiz eines Besuches liegt vielmehr in folgendem: Wer würde schon in einem Dreieck, das aus zwei Autobahnen und einem Müllberg gebildet wird, ferner in unmittelbarer Gegenwart eines Radau-Tempels für mehr als 70. 000 potentielle Schreihälse (den Autor durchaus inbegriffen), einen verwunschenen Ort vermuten; einen Ort, der kaum mehr vernehmbar von uralten Zeiten wispert, in welchen es München noch längst nicht gab, und in welchen ein Adeliger namens Situli dem Freisinger Bischof – den gab's schon – das Kirchlein überschrieb. Das ist über 1200 Jahre her … Und jetzt wissen wir also ganz nebenbei auch, weshalb die Landstraße Richtung Freising auf einem kurzen Stückerl »Situlistraße« heißt.

Der klassische Ausflügler nach Fröttmaning beschäftigt sich fast immer mit dem Fußball. Nur wenige der Besucher, die sich westlich der A9 befinden, haben ein Auge für die gegenüberliegende Seite; und wenn doch, kann man, besonders an winterlichen Tagen bei kahlen Bäumen, einem lustigen Schauspiel beiwohnen. Die Sehenden reiben sich nämlich ungläubig die Augen. Was in aller Welt ist hier los?! Manch einer mag sich sogar fragen, wie tief er gestern tatsächlich ins Glas geschaut hat. Er sieht die Kirche nämlich doppelt. Aber das hat schon seine Richtigkeit und ist keinem alkoholischen Exzess geschuldet. Der Künstler Timm Ulrichs hat eine eins-zu-eins Kopie der Außenmauern des Kirchleins nahe dem Fröttmaninger Berg, einem ursprünglichen Müllberg, errichtet, etwa fünf Gehminuten südlich des Originals. Ulrichs Objekt titels »Versunkenes Dorf« wird gleichsam vom Müllberg verschüttet. Wer also von der Arena-Seite hinübersieht, hat links das Original und rechts die zeitgenössische Kunst. Das Projekt wurde im Rahmen der Aktion »Kunst am Bau« in der Zeit der Entstehung der Allianz-Arena realisiert und es trägt ganz entschieden dazu bei, unsrem beschriebenen Dreieck den Charakter eines verwunschenen Kleinods mitten im Großstadt-Gewimmel zu verpassen.

Solang der Alte Peter am Petersbergl steht ...« Es ist nicht möglich, sich der ältesten Münchner Pfarrkirche ohne Sentimentalität zu nähern. Insbesondere katholischen Stadtbewohnern gilt sie als das emblematische Gebäude Münchens schlechthin, noch vor dem Dom, dem Olympiazentrum oder irgendeinem anderen Bauwerk der Stadt. Sankt Peter ist so alt wie die Stadt selbst und möglicherweise sogar noch etwas älter. Das Petersbergl war in der Tat der erste nachweisliche Siedlungsraum an der Kreuzung von Wein- und Salzstraße. Der Name der Stadt – in der Ersterwähnung heißt es »*apud* [= bei] *Munichen*« – lässt auf eine Mönchssiedlung nahe der Kreuzung schließen, die wohl schon einige Zeit zuvor bestanden hatte, und als Siedlungsraum kommt eigentlich nur das Petersbergl in Frage. Leider wissen wir recht wenig über die näheren Umstände. Erste gesicherte Nachrichten über die Existenz der Kirche erreichen uns aus dem ausgehenden 12. Jahrhundert. Die offizielle Tafel an der Außenmauer vermerkt etwas lakonisch: »*Sankt Peter / Älteste Pfarrkirche Münchens. Frühester Bau wohl 12. JH. Gotischer Neubau geweiht 1294*«.

Sankt Peter begleitete die Stadt auf ihrer Reise durch die Geschichte von den ersten Jahren an. Das macht die Kirche so emblematisch. Frohe Botschaften wie etwa die erfolgreiche Wahl eines neuen Papstes oder das Ende von Epidemien, Katastrophen, beispielsweise Brände oder anrückende Österreicher, wurden der Stadtbevölkerung per Glockengeläut angekündigt. Dann strömte sie zusammen und wurde informiert. In Krisen suchte man hier Schutz. Von Kriegen künden St. Peters Mauern, so etwa – noch vergleichsweise harmlos – jene Kanonenkugel, die in der Nordostflanke steckt, abgefeuert von einem Belagerungsheer in den Napoleonischen Kriegen.

Als am 25. Februar 1945 der letzte von sechs Luftangriffen für die völlige Zerstörung der Kirche gesorgt hatte, da dachten wohl nicht wenige, nun sei mit dem Ende Sankt Peters auch das Ende der Stadt besiegelt. Ebenso symbolträchtig war dann der vergleichsweise rasche Wiederaufbau: Anfangs war angesichts des enorm hohen Zerstörungsgrades an eine Beseitigung der letzten Reste des Mittelschiffes gedacht worden. Man hatte dafür sogar schon Bohrlöcher in den letzten Überresten angebracht, um sie mit Dynamit zu füllen. Der Chor wäre demnach als liturgischer Raum erhalten geblieben, der Kirchturm wäre – ähnlich wie bei der Kaiser-Wilhelm-Gedächtniskirche in Berlin – ein Mahnmal gegen den Krieg geworden. Zwischen Kirchturm und Ostchor hätte es ein Café mit Blick auf das Stadtzentrum gegeben – unvorstellbar …

»*Für den Alten Peter gibt a jeder.*« Unter diesem Motto formierte sich der Widerstand gegen die Pläne mit dem Ziel eines rekonstruierenden Wiederaufbaus. Und tatsächlich: Selbst aus den Vereinigten Staaten kamen namhafte Summen für diesen Zweck, meist von Familien, deren Ahnen einst aus dem Münchner Raum ausgewandert waren. Das Projekt wurde zum Symbol für die Wiederauferstehung der gesamten Stadt. Jeder autofahrende Radiohörer in Bayern kann, so er darauf achtet, noch heute ein Überbleibsel aus jenen Tagen des Wiederaufbaus der Kirche bemerken: das Jingle des bayerischen Rundfunks, heute meist bei Verkehrsdurchsagen gespielt. Ganz offensichtlich ist das die Anfangszeile des Liedes »*So lang der Alte Peter*«. Dies ist seit seinem Gründungsjahr 1949 die Erkennungsmelodie des BR. In den ersten Jahren wurde sie allerdings nicht völlig zu Ende gespielt, sondern endete auf der sechsten Silbe des Satzes (*Pe-*), respektive es fehlte der siebte Ton, dem die Silbe *-ter* entsprochen hätte. Der Alte Peter stand ja damals eben noch nicht. Die Rundfunk-Verantwortlichen versprachen, sie würden den siebten Ton spielen, sobald der Text wieder voll zuträfe, und so geschah es dann auch. Seit dem Abschluss des ersten Wiederaufbau-Abschnitts in den frühen Fünfzigern ertönen alle sieben Noten des Pausenzeichens auf den Kanälen des BR – bis auf den heutigen Tag.

So sind wir von den ersten Tagen Sankt Peters sehr schnell zu den dunkelsten gekommen, die viele Jahrhunderte später, aber viel näher an unsren

(Abb. 7) Kanonenkugel im rechten Teil.

liegen. Die Kirche ist derart mit der Stadtgeschichte verwoben, dass sie uns in Münchens Historie spazieren führt, dabei eher auf Wichtigkeit als auf Chronologie achtend. Wir werden also wieder zurückgehen müssen und uns dabei vor allzu großer Verwirrung hüten; jedoch noch nicht sofort, denn einige Bemerkungen zur Zerstörung im Zweiten Weltkrieg gehören unbedingt noch hier her.

Durch die Bombardierungen der Alliierten ist vielen Menschen und vielen Unschuldigen großes Leid zugefügt worden. Aber kann im Zusammenhang mit München von Unschuld gesprochen werden, kann die damalige Stadtgesellschaft dieses Wort für sich beanspruchen, so viele einzelne Unschuldige sich auch in ihr befunden haben mögen? Unsrer Meinung nach kann sie das nicht. Das Thema ist ausführlich an seiner Stelle zu behandeln, aber so viel soll schon gesagt sein, dass die Stadt München noch mehr als andere deutsche Kommunen Grund hat, sich äußerst aufwändig mit ihrer niederträchtigen Rolle im Nationalsozialismus auseinanderzusetzen. Sie tut das übrigens, nach vielen und viel zu langen Anlaufschwierigkeiten, mittlerweile recht überzeugend (auch dies eine persönliche Bewertung, zur Diskussion gestellt).

Thomas Mann, der einstige Wahlmünchner, kommentierte eine besonders wüste Bombennacht in München: »*Der alberne Platz hat es geschichtlich verdient.*« Das tut weh. Was daran schmerzt, ist die Tatsache, dass der Nobelpreisträger allermindestens aus seiner Sicht berechtigt war, dies zu notieren. Es gibt zahllose Beispiele für das werbend-liebende Verhältnis, in welches sich der gebürtige Lübecker zu seiner Wahlheimat gesetzt hatte, kaum dass er blutjung dorthin gezogen. Da ist die Einleitung der Novelle *Gladius dei* mit ihrem Leitmotiv »*München leuchtete*«, da sind die einleitenden Absätze des *Tod in*

(Abb. 8) Die kriegszerstörte Peterskirche

KAPITEL 4

Venedig und die Spaziergänge in *Herr und Hund*, da ist vor allem eine seiner (nach eigener Aussage) persönlichsten Arbeiten, *Tonio Kröger*, in dem uns München als ein Ort begegnet, über dem gleich dem Föhn eine Atmosphäre des permanenten Kunstfrühlings liegt, durchzogen mit einem Schuss heiterer Frivolität. In den Zwanzigern kämpfte Mann einen heroischen Kampf gegen die geistige Verrohung und den moralischen Bankrott seiner Wahlheimat. Da stand der eigentlich unpolitische Bürgerssohn auf dem ihm nicht gemäßen Podium, sprach von Münchens Kunsttradition und bürgerlicher Tugend und ließ sich dafür von grölenden Nazibanden ausbuhen. Es half nichts, München war endgültig an die Barbaren verloren. Wie tief getroffen muss er gewesen sein, als er sich 1933 mit Grausen abwandte ... Dies alles nur zur Erläuterung des Satzes vom *albernen Platz*.

Vom Alten Peter ausgegangen und relativ prompt bei Thomas Manns Kampf gegen die Nationalsozialisten gelandet – »sauber! ...«, mag sich da mancher denken, » ... Themaverfehlung, setzen, sechs.« Vielleicht doch nicht ganz. Er führt uns eben kreuz und quer in Münchens Geschichte spazieren, der Alte Peter, und Ausgangspunkt unsrer Bemerkungen waren ja jene fürchterlichen Nächte im Zweiten Weltkrieg, die ihm beinahe für immer den Garaus gemacht hätten. Apropos »Alter Peter« – einige meinen, puristisch darauf hinweisen zu müssen, mit diesem Namen sei nur der Turm gemeint. Das korrigierte Otto Fischer einst. Der war Kirchenpfleger in Sankt Peter und wollte im Begriff »Alter Peter« durchaus die ganze Kirche einbezogen haben. Er hat ein Buch über dessen Geschichte(n) geschrieben und wird's daher wohl schon wissen.

Auch die äußere Erscheinung der Kirche erzählt fast nichts von ihrem mittelalterlichen Ursprung. Die allererste Kirche aus dem Münchner Ursprungsjahrhundert ist völlig verschwunden; es gibt da allerdings einen Kellerraum unter dem Altar, von dem nur klar ist, dass er uralt ist. Einige wollten einen Lagerraum oder eine Kultstätte aus antiken Zeiten ausgemacht haben, die meisten gehen von einem Salzlager- oder Zollraum der ersten Tage aus – beweisen kann niemand irgendwas. Der Raum ist nicht öffentlich zugänglich.

Das Langhaus geht grundsätzlich auf den 1294 geweihten gotischen Bau zurück. Allerdings gab es in ihm ursprünglich keine Seitenkapellen. Dort, wo heute die Säulen stehen, muss man sich eine Mauer vorstellen, welche typisch gotisch von außen angebrachten Strebepfeilern gestützt wurde. Nach den Arbeiten an den Beschädigungen durch den Brand von 1327 sind diese Stützpfeiler selbst zum Mauerwerk ausgebaut worden, so dass die nun innere

Mauer überflüssig war und abgerissen wurde. So gab es Platz für die Seitenkapellen.

Der Turm erhielt sein heutiges Aussehen im Jahr 1607. Er hatte zuvor in der Bekrönung zwei Spitzen. Ganz ursprünglich hatte es wohl sogar zwei Türme gegeben; man bekommt einen Eindruck davon, wenn man sich die Basis des Turms genauer ansieht: Wirkt es nicht, als ob hier zwei Turmsockel in einem Turm verschmelzen?

Die letzte große äußere Umbaumaßnahme ist ganz leicht zu erkennen. Sie betrifft den Chor im Osten. Man hat den alten Chor im 17. Jahrhundert komplett abgerissen und durch einen damals zeitgemäßen, sprich also barocken, ersetzt. Schon das Baumaterial, der rötliche Ziegel, zeigt den neuen Abschnitt an. Auch die Formensprache der Fenster hat mit Gotik nichts mehr zu tun, das ist der Barock.

Nun zum Inneren. Die Raumgestaltung des Langhauses lässt noch etwas Gotik erahnen: Unser Blick geht steil nach oben. Das gilt jedoch nicht für den Chor, der rein barock ist, wie eben gesagt. Die Ausschmückung stammt größtenteils aus dem 18. Jahrhundert. Folgende Elemente dieser meist, aber eben doch nicht ausschließlich spätbarocken Schmuckelemente seien hervorgehoben: die Reihe der Apostel an den Säulen (a), der Petrus und die Kirchenväter im Hochaltar (b), das Fresko im Langhausdach (c) und einer der Seitenaltäre: der Schrenk-Altar (d).

Zu (a), die Apostel an den Säulen:

Die Apostel, die an den Säulen stehen, geben dem Raum Rhythmus. Sie führen zu Petrus, dem wichtigsten Jünger Jesu' und Patron der Kirche hin, welcher natürlich im Zentrum, also im Hochaltar zu finden ist; zu ihm später (b). Die Besucher der Kirche sind meist ergriffen von ihrer Atmosphäre. Das ist nicht selbstverständlich, wenn man bedenkt, in welchem Sammelsurium verschiedener Kunstepochen man sich befindet. Die Apostel tragen hierzu durch ihre Taktung bei, aber das bemerkt man nicht unmittelbar. Sie üben ihre Wirkung sozusagen dezent, subtil aus.

Das Neue Testament gibt nicht allzu viele Details aus den Leben der Apostel preis. Oft vermischen sich hier Legenden mit der Autorität der Bibel, besonders, was die Todesarten und Martyrien der Schüler Jesu' betrifft. Judas Thaddäus ist hierfür ein Beispiel. Er ist ein kaum bekannter Apostel und steht links hinten, zu erkennen am Werkzeug seines Martyriums, der Keule, mit welcher er erschlagen wurde. Diese Marterwerkzeuge wurden oft zum

Identifikationssymbol der Apostel, nicht nur bei Andreas (er ist ganz vorne links), sondern zum Beispiel auch bei Simon (zentral rechts), der mit einer Säge getötet wurde. Der ungläubige Thomas (neben Simon) ist in allen Aposteldarstellungen, genau wie Andreas oder Jacobus der Ältere (neben Andreas), vergleichsweise leicht zu erkennen. Andreas hat als Beigabe fast immer das nach ihm benannte Kreuz, Jacobus der Ältere ist als Pilger dargestellt, und Thomas' Merkmal ist seine berühmte Geste: Er musste erst die Finger in die Wunden des Auferstandenen legen, um glauben zu können und dann auszurufen: »*Mein Herr und mein Gott*« (Joh 20, 19ff.); daher der ausgestreckte Finger in so gut wie allen Darstellungen dieses Jüngers.

Das bayerische Barockzeitalter und das anschließende Rokoko haben unzählige Meister hervorgebracht. Nicht alle sind heute noch so bekannt wie die beiden Asam-Brüder oder Johann Baptist Zimmermann, die natürlich alle auch an Sankt Peters Ausstattung mitgewirkt haben. Die Apostel sind allerdings nicht von ihnen, sondern von Künstlern, die man heute kaum noch kennt. Der Ehre halber seien sie genannt: Andreas Faistenberger schuf den Andreas, der gegenüberstehende Paulus kommt aus seinem Umfeld und Schülerkreis. Diese beiden Arbeiten stammen aus dem Beginn des 18. Jahrhunderts. Eine Generation später ergänzte Joseph Prötzner, der nur äußerst selten Erwähnung findet, die zehn noch fehlenden Apostel.

Zu (b), Petrus und die Kirchenväter im Hochaltar:

Die zentrale Figurengruppe im Hochaltar besteht aus fünf Herren. Petrus, der Schutzpatron der Kirche, ist flankiert von den vier klassischen lateinischen Kirchenvätern. Das sind Gregor der Große, Ambrosius von Mailand, Augustinus und Hieronymus. Die Bedeutung dieser vier Herren besteht darin, dass sie die ersten großen Gelehrten der Christenheit gewesen sind. Gregor der Große war gleichzeitig ein wichtiger Papst, also Nachfolger Petri, der zentralen Figur. Er führte die Stadt Rom im späten 6. Jahrhundert durch das Chaos der endenden Völkerwanderung. Augustinus lebte in der letzten Epoche des römischen Imperiums und starb 430. Er kann als erster christlicher Philosoph angesehen werden. Sein Werk über die *civitas dei* sowie seine zahlreichen anderen Schriften hatten das ganze Mittelalter hindurch einen ungemein hohen Stellenwert; ob er dabei immer (oder auch nur oft) richtig interpretiert und verstanden wurde, insbesondere, was seine Willenslehre betrifft, steht auf einem anderen Blatt. Gregor und Ambrosius gelten als westliche, Hieronymus und Augustinus aufgrund ihrer Herkunft als östliche Kirchenväter. Die beiden westlichen Kirchenväter befinden sich auch hier in der Kirche westlich von den anderen beiden, das heißt, es sind die beiden vorderen ganz rechts und ganz links. Die zentralen beiden Kirchenväter stehen vom Langhaus gesehen etwas weiter hinten und damit östlicher: Das sind folgerichtig Hieronymus und Augustinus. Die vier Kirchenväter haben in Egid Quirin Asam einen berühmten Schöpfer. Gemeinsam mit seinem Bruder Cosmas Damian war Egid Quirin einer der bedeutendsten Künstler des bayerischen Rokoko im 18. Jahrhundert. Das berühmteste Werk der beiden Brüder in München ist die ausschließlich auf sie zurückgehende Kirche St. Johann Nepomuk, besser bekannt als Asam-Kirche, zu Fuß keine zehn Minuten von St. Peter entfernt.

Nun sollte man erwarten, dass Meister Asam, der schon damals recht gefragt und berühmt war, auch den Auftrag für die wichtigste Figur der ganzen Kirche, nämlich Patron Petrus, bekommen habe; hat er aber nicht. Das lag nicht etwa an mangelndem Vertrauen der potentiellen Auftraggeber in seine Fertigkeiten, sondern daran, dass man bereits eine Petrus-Statue hatte, welche der Münchner Katholizität offenbar sehr ans Herz gewachsen war. Man konnte sich daher nicht dazu entschließen, diese Petrusfigur der allgemeinen Rokoisierung zu opfern. Sie stammt von Erasmus Grasser. Auch das ist ein sehr berühmter Name, allerdings aus einer früheren Epoche. Grasser gehört dem 15. und frühen 16. Jahrhundert an. Seine Kunst wird der Spätgotik zugerechnet. Man sieht schon, dass eine epochenmäßige Zuordnung im Alten Peter fast unmöglich ist, denn selbst bei dieser zahlenmäßig doch eher kleinen Figurengruppe geht es durcheinander.

Petrus befindet sich selbstverständlich im Zentrum der Fünfergruppe. Er sitzt. Oder sagen wir besser, er thront, denn er ist ja auch bekrönt – zumindest fast immer. Was er da trägt, ist eine Tiara, die Krone der Päpste. Petrus ist gemäß der Überlieferung nach Jesu' Tod und Auferstehung mit seinem Missionsauftrag nach Rom gegangen. Er gilt offiziell als der erste Bischof Roms und damit eo ipso als erster Papst der Geschichte. Seit dem frühen Mittelalter haben die Päpste, die sich allesamt als Nachfolger des Petrus betrachten und auch selbst so nennen, eine solche Tiara getragen. Sie taten das bis vor etwa fünfzig Jahren. 1963 fand in Rom die letzte Papstkrönung statt, und kurze Zeit später verschenkte Paul VI. seine Papstkrone zu wohltätigem Zweck. Damit kam in Rom der Brauch der Papstkrönung aus der Mode, es gibt keine mehr. Es ist aber aus zwei Gründen begrüßenswert, dass Grassers Petrus in unsrer Kirche seine Tiara behält. Der erste Grund ist das Größenverhältnis. Betrachtet man die Fünfergruppe genauer, so fällt ins Auge, dass

KAPITEL 4

(Abb. 9) Der Grasser-Petrus mit Tiara und Asam'schen Kirchenvätern.

die vier Rokoko-Kirchenväter den Spätgotik-Jünger doch deutlich überragen. Dieser leicht fatale Eindruck – Petrus ist immerhin die zentrale Figur – wird durch dessen Sitzhaltung noch verstärkt. Sei es, dass Egid Quirin Asam sich da etwas vertan hat, sei es, dass er ganz einfach nicht über eine geplante Fünfergruppe mit Grassers Petrus informiert worden war – es bleibt ein winziger Makel, durch wessen Schuld auch immer. Da ist nun die Tiara eine wertvolle Hilfe, denn sie ist hoch. Dadurch trägt sie dazu bei, das etwas ungünstige Größenverhältnis der fünf Figuren zu übertünchen. Es gibt aber noch einen zweiten Grund. Seit langem hat es sich in Sankt Peter eingebürgert, die römische Papstkrönung nachzuahmen; denn die Tiara unsrer Figur ist abnehmbar. Traf in München die Nachricht vom Tod des Papstes ein, nahm man dem Petrus die Tiara vom Kopf und bewahrte sie so lange in einer Seitenkapelle auf, bis die Botschaft »Habemus papam« die Stadt erreichte (das konnte früher durchaus mal ein paar Tage dauern; sowohl die Wahl in Rom als auch die Verbreitung der Nachricht). War dies endlich der Fall, ließ man die Glocken läuten, rief so die Gläubigen zusammen und zelebrierte die Papstkrönung, indem man Grassers Figur die Tiara im Rahmen einer liturgischen Feier wieder aufsetzte. Und heute? Man ahnt schon: in unsrem Alten Peter ist man päpstlicher als der Papst und sieht in dessen bescheidenem Verzicht durchaus keinen Grund, den lieb gewordenen Brauch aufzugeben. In Rom finden keine Papstkrönungen mehr statt; in München schon. So zuletzt geschehen anlässlich des Rücktritts Benedikts VXI. und der Wahl seines Nachfolgers Franziskus.

Zu (c), das Fresko im Langhausdach:
Johann Baptist Zimmermann war der Schöpfer des großen Freskos an der Decke des Langhauses. Er ist mehr oder weniger Zeitgenosse der Gebrüder Asam, gehört also zum bayerischen Rokoko und teilt sich wie jene den Namensruhm mit einem Bruder (Dominikus). Das war im Barock und im Rokoko durchaus nicht unüblich. Die Künstler entstammten damals wie die meisten anderen Berufsgruppen Familien, die sich seit Generationen demselben Metier widmeten. Denken wir an den Barockkünstler schlechthin, Johann Sebastian Bach, dessen Ahnen sich ebenso wie viele seiner Söhne der Musik widmeten. In München gibt es weitere Arbeiten Johann Baptist Zimmermanns zu sehen, etwa im Steinernen Saal des Schlosses Nymphenburg oder in der Berg am Laimer Michaelskirche.

Das Deckenfresko in Sankt Peter besteht aus drei thematischen Hauptelementen. Da sehen wir zum einen die grausige Szene einer Kreuzigung mit dem besonderen Detail, dass sie kopfüber vollzogen wird; einige Herren im Hintergrund werden Zeuge dieses barbarischen Aktes. Ferner sehen wir am nördlichen Rand des Bildes, zwischen der Kreuzigung und dem letzten Hauptelement, einen Tempel, der sich auf einem Felsen befindet. Und schließlich das dritte Thema: ein weißes Dreieck, umgeben von jubilierenden engelsgleichen Gestalten; dieses Themenelement befindet sich im westlichen Teil des Freskos.

Der Gekreuzigte im östlichen Teil ist der Namenspatron der Kirche, der Heilige Petrus. Doch Vorsicht: Die Geschichte über seine Kopfüber-Kreuzigung hat keinen biblischen Ursprung. Im Mittelalter ist folgende Sage entstanden: Petrus sei wegen seiner Mission und Verkündigung des Neuen Bundes in Rom zum Tod am Kreuz verurteilt worden und habe daraufhin ausgerufen, er sei nicht würdig, denselben Tod zu sterben wie sein Herr Jesus. In grausamem Spott sei daraufhin den Legionären der Einfall gekommen, ihn mit dem Kopf zur Erde zu kreuzigen. Diese Geschichte gehört aber, wie gesagt, zu den mittelalterlichen Petrus-Legenden, ebenso wie jene von der Begegnung zwischen Jesus und Petrus auf einer Landstraße vor Rom, bei welcher es zum berühmten Ausspruch *Quo vadis domine?* gekommen sei.

Anders verhält es sich mit dem zweiten Bildelement. Dieses hat sehr wohl einen biblischen Hintergrund. Ein Tempel auf einem Felsen – das soll die Erinnerung an folgende im Neuen Testament berichtete Begebenheit evozieren: Jesus fragt seine Jünger eines Tages, wer er selbst denn ihrer Meinung nach sei. Es war Petrus, der sich als erster mit den Worten meldete: »*Du bist Christus, des lebendigen Gottes Sohn!*« (Mt 16, 16). Und anders als bei vielen anderen Gelegenheiten setzte es für Petrus diesmal keinen Tadel, sondern großes Lob: »*Selig bist du ... Und ich sage dir auch: Du bist der Fels, auf dem ich meine Kirche bauen werde*« (Mt 16, 17-18). Im Anschluss daran überträgt Jesus seinem *Felsen* dann noch die Binde- und Lösegewalt. »Petrus«, das war ja in der Tat gar nicht der Rufname dieses Jüngers. Der lautete Simon – Petrus ist nichts anderes als das lateinische Wort für Felsen, und erst seit dieser Szene hat der ehemalige Simon seinen neuen Rufnamen weg.

Als die Päpste im Mittelalter an den Ausbau des innerkirchlichen Primats gingen, bildeten die Verse 16 bis 18 im zitierten Kapitel des Matthäus-Evangeliums einen ganz wesentlichen Grundpfeiler ihrer Legitimation. Der »innerkirchliche Primat« bedeutet den deutlichen Autoritäts-Vorsprung des römischen Bischofs vor allen anderen. Das ist ja nicht so ohne Weiteres klar, und expressis verbis wird nirgends in der Bibel davon gesprochen. Aber die Päpste sagen: Wir sind die Nachfolger Petri – dieser ist der Fels, auf dem die Kirche gebaut sein soll – ergo haben wir den Anspruch auf die Vorrangstellung unter den Bischöfen. Es gibt noch (eher wenige) weitere Stellen im Neuen Testament, in welchen Simon ein gewisser Vorrang gegenüber den übrigen Jüngern eingeräumt wird, aber unsre Stelle ist die deutlichste und wird deshalb von den römischen Bischöfen des Mittelalters am liebsten und häufigsten zitiert.

Was wir im übertragenen Sinne im Fresko sehen, ist also die Papstkirche, jene, die Jesus gemeint haben mag, als er seinen Jünger Simon den *Felsen*, den Petrus nannte.

Kommen wir zum letzten Element, dem umtanzten weißen Dreieck: Hierbei handelt es sich um eine allegorische Darstellung der ewigen Seligkeit, des Paradieses. Das Dreieck ist die symbolisch dargestellte göttliche Dreieinigkeit; sie wird von den erlösten Seelen umjubelt. Um einen ganz persönlichen Eindruck wiederzugeben: Da ist Johann Baptist Zimmermann bei der Darstellung der Qualen des Petrus mehr eingefallen. Beim irdischen Leiden wirkt er deutlich inspirierter. Merkwürdig – es geht vielen Künstlern mit der Darstellung des Grausamen, des Furchtbaren und Entsetzlichen genauso. Oft wurde festgestellt, dass in Dantes Göttlicher Komödie die Darstellung der Höllenkreise jene des Läuterungsberges und des Paradieses an Eindringlichkeit, Anschaulichkeit und Plastizität übertäfen. Zehn Minuten vom Alten Peter entfernt sehen wir an der Fassade von Sankt Michael den Erzengel mit Luzifer kämpfen – wie enorm eindrucksvoll ist hier vom Künstler Hubert Gerhard die Teufelsfratze gestaltet worden, und wie weit fällt Michaels Amen-Gesicht dagegen ab. Ein weiteres Beispiel wäre direkt hier am Ort der Schrenk-Altar, wir besuchen ihn gleich; die in die Hölle Geführten übertreffen auch in dieser Darstellung die Seligen bei weitem an Kraft der künstlerischen Gestaltung. Warum das wohl so ist ...?

Die Interpretation des Freskos drängt sich geradezu auf. Dem Jammertal der Erde, symbolisiert durch das Leiden Petri, wird die Verheißung einer ewigen Seligkeit gegenübergestellt, und zwischen beiden gibt es eine Vermittlung. Diese Vermittlung zwischen den Polen erfolgt allein und ausschließlich durch die Papstkirche, durch jene also, die im 16. Kapitel des Matthäus-Evangeliums durch Christus im Satz vom *Felsen* anvisiert wird. Darin ist durchaus eine gegenreformatorische Spitze enthalten. Es wäre ja auch ein anderer »Link« zwischen dem finsteren Erdental und dem Erlösungsort denkbar gewesen, etwa die Figur Christi, der Muttergottes oder wie auch immer. Stattdessen wird hier der Papstkirche das Attribut »allein seligmachend« zugesprochen.

Natürlich eignet jedem Kunstwerk ein gewisser Spielraum der Interpretation, aber der ist hier doch recht gering.

Nun abschließend noch zu einem ebenso skurrilen wie rührenden Detail:

Die frischen Farben im Fresko weisen deutlich darauf hin: Die Rekonstruktion von Zimmermanns Arbeit war erst um die Jahrtausendwende abgeschlossen. Anhand der Bilder vom Alten Peter aus der Zeit kurz nach dem Zweiten Weltkrieg kann man sich leicht davon überzeugen, dass das Fresko völlig zerstört gewesen ist. Es existierte nur noch auf Fotografien, und seine Rekonstruktion war aufwändig und teuer. Eine wohltätige Organisation hat sich um diese Arbeit verdient gemacht, indem sie sie finanziell unterstützte: die Edith-Haberland-Wagner-Stiftung. Die Stiftung hält über 50 Prozent der Anteile an der Augustiner-Brauerei, und die Hälfte des Firmen-Gewinns fließt in sie. Wie kam es zu dieser Stiftung? Als Edith Haberland-Wagner, die jene Mehrheit an der Brauerei besaß, kinderlos in hohem Alter stand, sorgte sich ihr Geschäftsführer Ferdinand Schmid um den Fortbestand der Brauerei als Privatunternehmen. Es standen Übernahmen durch Bierkonsortien und Großkonzerne zu befürchten, wie es den vier anderen nicht-staatlichen Münchner Brauereien bereits ergangen war. Um dies zu verhindern, wandelte

Schmid mit Ediths Einverständnis deren Mehrheitsanteil in die Stiftung um. Durch diese Konstruktion war Augustiner sozusagen fortan unantastbar. Ferdinand Schmid war zum lebenslangen Stiftungsvorstand berufen worden und widmete sich dieser Aufgabe mit gleicher Hingabe wie jener des Qualitätserhalts des in der Brauerei hergestellten Bieres. Sein persönliches Engagement für Sankt Peter und die Rekonstruktion des Zimmermann-Freskos brachte ihm eine besondere Ehrung durch die Freskanten ein. Sie wichen in einem Detail von den Vorlagen ab und ersetzten einen Kopf im Bild durch ein Gesichtsportrait Ferdinand Schmids. Man findet es in der Gruppe jener, die dem Geschehen der Kreuzigung im Hintergrund bestürzt beiwohnen. Es ist der weißhaarige Herr in blauem Gewand gleich hinter dem rotgekleideten Schergen, der an einem Seil das Kreuz aufrichtet. Diese Ehrung soll dem schüchtern-bescheidenen Mann zeitlebens etwas peinlich gewesen sein, aber sie sei nach dem Motto »Ehre, wem Ehre gebührt« dennoch erwähnt. Ferdinand Schmids unermüdlichem Einsatz ist es zu verdanken, dass man ruhigsten Gewissens zwei Mass Augustiner hintereinander trinken kann: Die erste ist eine Wohltat, und die zweite eine Wohltätigkeit.

Zu (d), der Schrenk-Altar

Noch um einen Augenblick Geduld und Aufmerksamkeit wird der Leser gebeten, ehe wir St. Peter wieder verlassen. Die Kirche beherbergt nämlich eines der bedeutendsten Kunstwerke der ganzen Stadt, und das bei immerhin zahlreicher und namhafter Konkurrenz. Es ist die Rede vom Schrenk-Altar.

Der Name des Altars geht auf die Stifterfamilie, nicht etwa auf ein Patronat zurück. Bei den Stiftern, den Schrenks, handelt es sich um eine Münchner Patrizierfamilie. Später nennen und schreiben sie sich auch Schrencks oder Schrencks von Notzing. Sie sind im 13. Jahrhundert erstmals nachweisbar und geben seither keine Ruhe mehr. Zu Reichtum kamen die Schrenks im Handel und durch Anteile am Bergbau in Tirol. Später wurden viele Sprösslinge enge Vertraute der Herzöge von Bayern. Der letzte bekannte Träger des Familiennamens nervte bis vor wenigen Jahren durch rechtsradikale Publikationen. Ein anderer Schrenck von Notzing, Albert, hielt in den 1920er-Jahren die oberen Zehntausend der Stadt mit parapsychologischem Klimbim in Atem und bei Laune. Während seiner Sitzungen waren schwebende Gegenstände noch das mindeste. Thomas Mann schilderte einen solchen parapsychologischen Abend im Palais in der Max-Joseph-Straße ausführlich und hat den ganzen Zauber offenbar tatsächlich geglaubt ... Man darf also gespannt sein, was noch so alles kommt, denn die Familie gibt es noch; langweilig wird es rund um die Schrencks von Notzing jedenfalls eher selten.

Es war in den meisten Städten und so auch in München Brauch, dass die reichen und angesehenen Familien in den großen Kirchen der Stadt eigene Kapellen besaßen und ausstatteten. Hier fließt Geltungsdrang, öffentliche Pflicht und persönlicher, tief empfundener Glaube ineinander, eine Scheidung dieser Motive ist kaum möglich. Und übrigens, warum sollte all dies nicht auch nebeneinander bestehen können?

Der Altar befindet sich in der östlichsten Kapelle der Nordseite. Man geht mittlerweile davon aus, dass das Retabel, also das Schaubild, aus dem Ende des 14. Jahrhunderts stammt. Es handelt sich um eine wunderbare und gut erhaltene Arbeit der Gotik. Sie besteht aus drei Themenkomplexen. Im untersten »Stockwerk« – das Fachwort lautet »Register« – sehen wir eine Kreuzigungsszene. Zu den Beiwohnenden gehört auch der Heilige Martin, der übrigens einer der Patrone dieses Altars ist. (»Martinsaltar« oder »Martinskapelle« für den ganzen Seitenraum wäre also der richtigere Ausdruck). St. Martin ist der berittene Herr ganz links. Das obere Register stellt ein Weltgericht dar. Die Gestaltung fasziniert. In der Mitte unten steigen die erwachten Toten aus den Gräbern; über ihnen die zwölf Apostel. Wohin geht es nun? Nach links, in Richtung jener Stadt am Horizont, die das himmlische Jerusalem ist und die Erlösung bedeutet? Oder geht es, von feixenden Teufeln abgeführt, nach rechts ins Feuer der ewigen Verdammnis …?

Der Jüngste Tag findet sich übrigens ausgesprochen selten in Altären und Kircheninneren dargestellt, viel öfter ist er am Portal oder sonst irgendwo außen. Man bedenke die Wirkung derartiger Schreckensvisionen auf die Menschen einer Gesellschaft, die einerseits Zeitungsfotos, Fernsehbilder und Ähnliches nicht kannte und andererseits viel tiefer im Glauben verankert war als die heutigen (westlichen) Gesellschaften.

Jesus ist als Weltenrichter im dritten, dem obersten Stockwerk dargestellt. Man nennt derartige spitz zulaufende Bekrönungen Wimperg. In der Gotik wird dieses Stilmittel oft benutzt, sei es in Altarbildern wie hier oder in der Architektur, etwa über Fenstern. Der Wimperg hat stets eine dreiecksartige Form. Jesus thront im Inneren einer Mandorla, einer Mandel-ähnlichen Fassung. Er wird unter anderem von Johannes flankiert, in dessen apokalyptischer Vision, der neutestamentarischen Offenbarung, die Posaunen das Jüngste Gericht ankündigen. Man sieht das ganz links und ganz rechts.

Wie konnte der Altar die Barockisierung und den Weltkrieg so unbeschadet überstehen? Um 1650 erfasste die allgemeine Modernisierung der Kirche auch die Kapelle der Familie Schrenk. Gott sei Dank entfernte man den alten Altar in diesem Fall aber nicht, wohl deshalb, weil er mit der Rückseite fest mit der Kirchenmauer verbaut war. Stattdessen stellte man ihn zu. Ein größerer barocker Altar verdeckte erst den Blick und irgendwann auch die Erinnerung. Man vergaß den gotischen Altar. 1841 wurde er im Zuge von Restaurierungsarbeiten zufällig wiederentdeckt, als man den barocken Riesen-Altar zur Seite schaffte. Die Gotik-Begeisterung hatte soeben begonnen. Der Schrenk-Altar traf den Zeitgeist voll. König Ludwig I., ein höchst kunstbegeisterter Monarch, wurde über den Fund informiert, rückte sofort zur Besichtigung an und überwachte die Ausbesserungsarbeiten, die nötig waren, persönlich. Er gab detaillierte handschriftliche Anweisungen, wobei er dafür stets die Rückseite der Anfragen, die ihn aus St. Peter erreichten, benutzte; denn König Ludwig I. war ein ausgewiesener Sparfuchs …

Das heutige Urteil geht dahin, dass die vom zweiten bayerischen König instruierten Restauratoren kenntnisreich und behutsam mit dem Kunstwerk umgegangen sind.

Im Zweiten Weltkrieg war ebenfalls nicht an eine Trennung des Altars von den Kirchenmauern zu denken. Man umgab ihn daher zu seinem Schutz mit einer Einhausung. Das ist mit Fotografien bezeugt. Wundersam genug, dass es tatsächlich geholfen hat. Der Schrenk-Altar, eines der wichtigsten Kunstwerke nicht nur der Kirche, sondern auch unsrer Stadt, hat alle Katastrophen überstanden und befindet sich in ausgezeichnetem Zustand. Schade, dass das Gatter vor der Kapelle den Blick so behindert – aber wer weiß, ob der Zustand sonst noch so hervorragend wäre …

5. DIE ZEIT ZWISCHEN LUDWIG DEM BAYERN UND DEM NEUBAU DER FRAUENKIRCHE

Wenn in die Jahre gekommene bayerische Politiker, die obendrein mindestens nach eigener Auffassung Riesenstaatsmänner sind, von München aufbrechen, um auf einen Jagdausflug zu gehen, ist Vorsicht angesagt. Das gilt nicht erst seit 1988, sondern schon seit 1347. Ludwig der Bayer, viel bewundert, anderen der reine Gottseibeiuns, streitlustig, weitsichtig, ein bayerischer Politiker von seltenem Format, starb unerwartet und plötzlich während der Jagd (doch ja, es ist die Rede vom mittelalterlichen Kaiser und von niemandem sonst …).

Die folgenden gut Hundert Jahre könnte man als Münchens *dark ages* bezeichnen. Irgendwie war nichts Bedeutendes los. Und hätten nicht wenigstens Herzog Ernst, sein Sohn Albrecht und eine Augsburger Baderstochter von seltener Schönheit für einen Topskandal allererster Ordnung gesorgt, man wüsste schier nichts zu erzählen.

Wir müssen uns für diesen Abschnitt auch von der Gewohnheit trennen, die Geschichte aus Elementen des Stadtbilds abzuleiten. Es ist fast nichts entstanden, was überdauert hätte und von jener Epoche künden könnte; die Errichtung der Neuen Veste, Ursprung der späteren Residenz, fällt zwar in jene Zeit, aber von den damaligen Bauten ist nichts erhalten; und für Schloss Blutenburg gilt in etwa dasselbe.

Kurz nach dem Tod des Kaisers brach die Pest zum ersten Mal in Europa aus und erreichte auch München. Das Grauen dieser Wellen ist kaum vorstellbar. München wurde so ziemlich von jeder europäischen Pestepidemie betroffen, und Besuche der Stadt galten sehr lange als gesundheitsgefährdend. Auch die Cholera setzte der Stadtbevölkerung immer wieder zu, und das noch im 19. Jahrhundert.

Die Familie Wittelsbach konnte sich in der postimperialen Ära nicht auf eine ungeteilte Regierung Bayerns verständigen. Gegen Ende des 14. Jahrhunderts kristallisierten sich drei Teilherzogtümer heraus, die einander befehdeten. Das waren bald nach dem Tod des Kaisers zunächst Bayern-Landshut und Bayern-Ingolstadt. Zuletzt kam nach einer weiteren Teilung des Herzogtums 1392 eben Bayern-München dazu. Bayern-Straubing gab es, um die Verwirrung komplett zu machen, auch noch, aber Gott sei Dank – um der Übersichtlichkeit willen – nicht allzu lang.

Eigentlich hatte München die schlechtesten Karten in jenem Spiel, das zu einer Wiedervereinigung unter einem alleinigen Herzog führen sollte. Die dortigen Herzöge waren finanziell eher unterbelichtet, während sich der eine oder andere der Landshuter Angeberherzöge immer mal wieder »der Reiche« nannte. Die Ingolstädter wiederum waren zeitweise engst mit Frankreich verbündet, weil seit 1385 eine Herzogstochter als Isabeau de Bavière dort Königin war. Zahlreiche Gelder aus der französischen Staatskasse flossen damals nach Ingolstadt und wurden dort im Kampf gegen die konkurrierenden Teilherzogtümer eingesetzt. Die Herzöge von Bayern-München hatten ihre liebe Not, sich gegen die anderen wenigstens mehr recht als schlecht zu behaupten.

Der Familienzwist kostete Geld. Dies führte unmittelbar zu erhöhtem Steuerdruck und damit zu Unruhen in den Städten. 1385 brach in München das erste Gewitter los. Die Stadtbevölkerung verdächtigte den Patrizier Johann Impler, dieser sei im Verbund mit Herzog Stefan III. für die hohe Steuerbelastung verantwortlich. Impler wurde geköpft. Dieser Akt hatte sich klar gegen die herzogliche Regierung gerichtet, die sich nun rächte. Die Stadt wurde belagert und bestraft. Die Bürgerschaft musste den Bau einer weiteren Herzogsburg außerhalb der Stadttore selbst bezahlen. Diese Neue Veste erschien den Herzögen sicherer als der Alte Hof, der sich innerhalb der Stadtmauern befand und in diesen angespannten Zeiten ein allzu heißes Pflaster war. Es dauerte aber noch viele Jahre, ehe die Neue Veste zur alleinigen Residenz werden sollte. Und mit dem heutigen Aussehen der Residenz hat das spätmittelalterliche Bauwerk außer der Lage schon gar nichts mehr zu tun.

Das waren aber nicht die einzigen sozialen Unruhen dieser Zeit. Kurz vor der Jahrhundertwende griffen die Zünfte nach der Macht in der Stadt und hielten diese auch kurzzeitig. Wieder mussten wittelsbachische Truppen eingreifen, aber ein völliges Zurückdrängen des Einflusses der Zünfte wurde nicht angestrebt und wäre auch nicht zeitgemäß gewesen.

Man muss die beiden Ereignisse des 15. Jahrhunderts, die es nun zu berichten gilt, durchaus vor dem Hintergrund des wittelsbachischen Familienzwistes sehen. Sowohl die Affäre Agnes Bernauer in den 30er-Jahren als auch die Grundsteinlegung der Frauenkirche 1468 stehen mit der Konkurrenzsituation der verschiedenen Teilherzogtümer in gewissem Zusammenhang. Die Frauenkirche bekommt ein eigenes Kapitel; nun zunächst zu Agnes, der schönen Augsburger Baderstochter:

Das gerade genannte Attribut *Baderstochter* ist nicht über jeden Zweifel erhaben. Wie so vieles, das wir gerne genauer über Agnes Bernauer wüssten, ist nicht ganz klar, ob sie wirklich die Tochter eines Baders war. Falls ja, wäre das ein besonders pikantes Detail. Der Bader oder Betreiber einer Badstube war nicht nur der Arzt der kleinen Leute; das schon auch – aber in den Badstuben ging es nicht selten hoch her. In den Zubern hockten mitunter Männlein und Weiblein gleichzeitig, und dabei ging es nicht primär ums Baden. Die Kinder des 15. Jahrhunderts waren keine von Traurigkeit. Ein kleines Beispiel: In München gab es damals ein offiziell von der Stadt geführtes Bordell. Der Henker der Stadt war mit der Überwachung des Hauses betraut. Es gab städtische Regeln, den Besuch betreffend, und es wurden – hoch modern – Bestimmungen zum Schutz der »*gemeinen Töchterlein*« getroffen. Ein Jahrhundert später, so etwa um 1580, war an so etwas nicht mehr zu denken, und alles in diese Richtung gehende strengstens von der herzoglichen Regierung verboten.

Die Hinzufügung *Baderstochter* ha hat also etwas entschieden Anzügliches.

Agnes Bernauer muss nach den damaligen Begriffen wunderschön gewesen sein. Ein Zeitgenosse begeisterte sich: Wenn sie roten Wein getrunken habe, habe man diesen durch ihren Hals laufen sehen (damals stand in völligem Gegensatz zu heute eine bleiche Hautfarbe hoch im Kurs). Zwischen ihr und Albrecht von Wittelsbach, dem Sohn und Nachfolger Herzog Ernsts, gab es weit mehr als nur das nicht unübliche Techtelmechtel zwischen einer Bürgerlichen und einem Herrn von hohem Stand. So etwas hätte der regierende Herzog vielleicht noch toleriert oder übersehen. Aber Agnes ließ sich nicht ignorieren. Sie lebte quasi-offiziell am Hof in München und in der neuen, von Albrecht erbauten Blutenburg. Das entscheidende Detail können wir nicht mit letzter Sicherheit angeben: Waren Albrecht und Agnes tatsächlich bereits verheiratet? Fest steht, dass Albrechts Absichten in diese Richtung gingen. Wenn er nicht schon mit Agnes verheiratet gewesen ist, so war dies doch mit Sicherheit in nächster Zukunft geplant. Es gibt keine Quelle, aus der sich die Frage nach einer bereits erfolgten Eheschließung vollkommen klar beantworten ließe; denkbar ist es.

Vater Ernst tobte. Die wittelsbachische Verwandtschaft, die seit je ein Auge auf das Teilherzogtum gerichtet hatte, rieb sich die Hände. Mit einer Baderstochter als Gattin hätte sich der verliebte Albrecht beim zentraleuropäischen Adel unmöglich gemacht. So etwas gab es tatsächlich nicht. Von Verhältnissen und Mätressen wollen wir nicht reden, aber geheiratet haben diese Herrschaften tatsächlich stets und immer »standesgemäß«.

Im Jahr 1435 kam es zum traurigen Ende. Herzog Ernst sorgte mit einem Trick für eine kurze Abwesenheit seines Sohnes vom Münchner Hofleben. Die allein gelassene Agnes wurde ergriffen und nach Straubing verschleppt. Dort machte man ihr einen Hexenprozess und ertränkte sie in der Donau.

Das ist ein ekelhafter Justizmord. Aus der Sicht des regierenden Herzogs Ernst sind aber zwei Bemerkungen zu machen: Erstens, die Sache war nach damaligen Standards tatsächlich skandalös; und zweitens, die anvisierte Vereinigung Bayerns unter seiner Linie wäre damit in hoffnungslose Ferne gerückt. Das soll nichts entschuldigen, aber es mag die Tat erklären helfen.

Und Albrecht? Er hat sich ziemlich schnell mit seinem Vater ausgesöhnt. Die beiden dokumentierten ihre wiedergewonnene Eintracht mit dem Bau einer Kirche in München. Diese Kirche war der Vorgängerbau der heutigen Damenstiftskirche. Es hat ferner auch gar nicht lange bis zu einer standesgemäßen Hochzeit des zukünftigen Herzogs gedauert. Albrecht scheint über den Verlust seiner Agnes also recht schnell hinweggekommen zu sein. Vor einer Idealisierung dieses Herrn sollte man sich trotz der rührenden Geschichte mit Agnes ohnehin hüten. Als Herzog taugte er nicht nur nichts, sondern hat sogar eine besondere Übeltat auf dem Gewissen: Er verschuldete im Jahr 1442 die erste Vertreibung der Juden aus München. Es dauerte bis ins 18. Jahrhundert, ehe sich wieder eine jüdische Gemeinde in der Stadt bildete. Das jüdische Viertel und auch die erste Synagoge bis zur Vertreibung auf Veranlassung Herzog Albrechts III. befanden sich präzise am heutigen Marienhof.

6. DER BAU DER NEUEN FRAUENKIRCHE UND DER TRIUMPH DER MÜNCHNER WITTELSBACHER-LINIE

Die Ingolstädter werkelten seit 1425 an einer Frauenkirche, dem Münster, und in Landshut waren sie schon seit dem vergangenen Jahrhundert am Bau von St. Martin, wo schließlich der höchste Backsteinturm der Welt prunken sollte. Die Konkurrenzherzöge ließen sich die Repräsentation also etwas kosten, und in München schien es angezeigt, nicht gar zu sehr ins Hintertreffen zu geraten. So stand es also auch wieder im Zusammenhang mit dem wittelsbachischen Familienzwist im zersplitterten Bayern, als Herzog Sigismund 1468 zur Grundsteinlegung der neuen Marienkirche schritt. Die alte wurde als zu klein empfunden und restlos abgerissen.

Die Wittelsbacher-Linie Bayern-Ingolstadt schied zwar Mitte des 15. Jahrhunderts aus dem Rennen, doch Bayern-Landshut hatte sich dieses Teilherzogtum unter den Nagel gerissen, und es stand zu befürchten, dass daraufhin der Griff auf Bayern-München erfolgen würde – in welcher Form auch immer.

Was ursprünglich dem Kreuzviertel und der Graggenau als zweite Stadtpfarrei gedient hatte, wurde nun in den Dienst des Repräsentationsbedürfnisses der Münchner Wittelsbacher-Linie gestellt. Bischofskirche, also Dom, war die Marienkirche damit übrigens noch längst nicht. Die Entstehung des Erzbistums München-Freising fällt erst ins frühe 19. Jahrhundert. Bis dahin stand der Dom in Freising, und München gehörte zu diesem Bistum (und übrigens bis 1817 auch nicht »Erzbistum«).

Die Frauenkirche repräsentiert durch schlichte Größe. Heimito von Doderer hat sie einmal sehr hübsch eine *»riesige Gluckhenne«* genannt. Mit ihren 100-Meter-Türmen begrüßt sie noch heute den Anreisenden und mit ihren »welschen Hauben« ist sie das Wahrzeichen der Stadt schlechthin; erst 1972 bekam sie in dieser Hinsicht ernsthafte Konkurrenz. Nun übertrifft der Sportstätten-Traum im Norden die Frauenkirche zweifelsohne an Originalität; aber auf die kam es hier gar nicht in erster Linie an. Man sollte von weitem erkennen, dass man sich einer potenten Residenzstadt näherte. Deren Regierung war offensichtlich durchaus zu ähnlichen Bauprojekten fähig wie die Herrschaften in Landshut. Diesen Zwecken genügte die Frauenkirche eben durchaus.

Damals gab es keine Kirchenbänke. Die Gemeinde stand oder kniete. So hat eine fünfstellige Stadtbevölkerung im Kircheninneren locker Platz, sofern die erste der fünf Ziffern eine eher niedrige ist, was ja bis mindestens Ende des 18. Jahrhunderts auch der Fall war. Zur Zeit der Fertigstellung der Frauenkirche geht man von einer Zahl um die 13.000 aus. Da konnten auch noch einige Besucher problemlos mit rein, falls schon welche da waren.

Die Kirche steht zwischen Mittelalter und Neuzeit. Ihr Erbauungsjahrhundert, das 15., lässt gestandene Mediävisten mit der Nase rümpfen, für sie ist das schon finstere Neuzeit. Die Formensprache der Frauenkirche ist dennoch gotisch und damit mittelalterlich. Spätgotisch, gewiss, es fehlen in dieser Sprache die unendlichen Verzierungen; es fehlen auch die auffällig angelegten Außenstützen, das Strebewerk, dessen kunstvolle Ausgestaltung so wesentlich für gotische Kirchen ist. Spitzbögen und Höhenwirkung des Raumes verweisen in der Frauenkirche aber eben doch deutlich auf die Gotik.

Bei vielen mittelalterlich-gotischen Kirchen fehlen uns Hinweise auf die Namen der Architekten. Die fürchteten den Vorwurf der *superbia*, der Überheblichkeit, und traten in den Hintergrund – ganz Werkzeug Gottes eben. Das ist hier nicht mehr so: Der Mensch an der Schwelle zur Neuzeit tritt stolz hervor und bekennt sich zu seinem Werk. Meister Jörg von Halsbach oder Halspach, manchmal auch Ganghofer genannt, hat seine Arbeit, die Frauenkirche, sozusagen selbst unterschrieben. Man findet diesen stolzen Hinweis beim Kenotaph für Ludwig den Bayern, im Südwesten des Kircheninneren. Es ist die Texttafel an der Wand westlich des Kaisermonuments (in dem übrigens weder ein Kaiser noch sonst wer liegt – das ist eben ein Kenotaph: ein Denkmal, das aussieht wie ein Grab, in welchem sich aber in Wirklichkeit gar kein Leichnam befindet). In der dritten und vierten Zeile finden wir den Namen des Architekten und ganz unten ein Zeichen, wohl das Baumeisterzeichen; eine Art spätmittelalterliches Firmenlogo. Und wieder zeigt sich im winzigen Detail, was für die ganze Kirche gilt: die Befindlichkeit zwischen Mittelalter und Neuzeit. Denn während der Charakter der ganzen Texttafel, indem ein einzelner schaffender Menschen dort hervorgehoben wird, in die Neuzeit

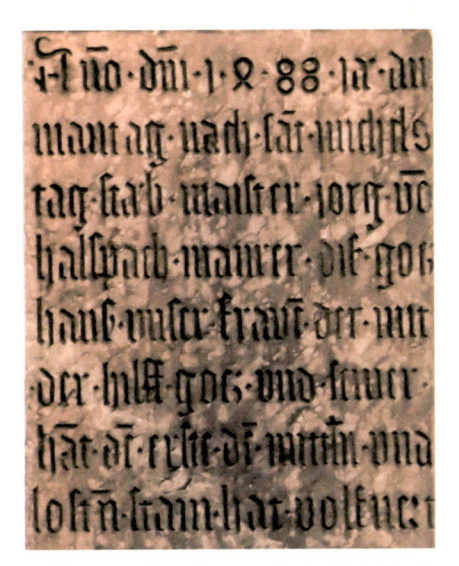

(Abb. 10) In der obersten Zeile die halbe 8

verweist, ist eine bestimmte kleine Ausgestaltung oder Verzierung des Textes noch ganz mittelalterlich. Es handelt sich um die Angabe des Jahres der Fertigstellung in Zeile 1. Die erste und die beiden letzten Ziffern bereiten absolut keine Probleme bei der Entzifferung, es sind ganz deutlich eine Eins zu Beginn und am Ende zwei Achter. Was aber hat es mit der zweiten Ziffer auf sich, einem Kreislein mit zwei herausragenden Enden, entfernt erinnernd an das »&«? Ist es nicht, als habe da jemand der Ziffer Acht ihren oberen Teil genommen? Das ist tatsächlich die richtige Spur. Das Zeichen stellt ganz wörtlich eine halbe Acht dar; macht bekanntlich vier. Diese Verzierung ist deutlich mittelalterlichen Charakters (übrigens, da wir gerade beim »&« waren, auch das ist ein mittelalterliches Zeichen und bedeutet *et*, also lateinisch »und«; es handelt sich um eine Zusammenziehung, eine Ligatur der Buchstaben *e* und *t*).

1488 meldete Baumeister Halsbach also Vollzug. Nur die welschen Hauben fehlten noch. Die hatte er selbst aber auch gar nicht im Sinn gehabt. Erst zwanzig Jahre zuvor hatte man den Grundstein gelegt. Zwanzig Jahre – die Bauzeit ist für ein derartiges Riesentrumm wie die Frauenkirche wirklich atemberaubend. Nur mal so zum Vergleich: In Köln haben sie schon etwa 200 Jahre früher mit dem Dombau begonnen und sind bis auf den heutigen Tag nicht fertig geworden!

Um das Projekt in dieser Geschwindigkeit realisieren zu können, waren folgende zwei Hauptprobleme zu lösen: die Finanzierung und die Materialbeschaffung. Die Finanzierung gelang ganz wesentlich durch die Gewährung eines Ablasses. Diesen hatte der Papst höchstpersönlich gewährt. Der Ablass begann 1480, hatte eine zweijährige Dauer und garantierte Folgendes: Wer zwischen zwei bestimmten Sonntagen des Kirchenjahrs nach München pilgerte, dort beichtete und spendete, dem waren die Sünden vergeben. Die Päpste finanzierten übrigens den Bau ihres Peterdoms im Vatikan nicht anders.

(Abb. 11) Die Frauenkirche

Die Höhe der Münchner Spende war festgelegt – ein Wochenlohn musste mindestens abgedrückt werden. Es durfte freilich auch mehr sein, aber das Mindestmaß war einzuhalten, wenn man die Sicherheit der Vergebung samt päpstlicher Paradiesgarantie haben wollte. Ob Jesus das gemeint hatte, als er Petrus zusicherte: »*Ich will dir die Schlüssel des Himmelreichs geben … alles, was du auf Erden lösen wirst, soll auch im Himmel gelöst sein.*« (Mt 16, 19)? Und selbst wenn er's gemeint hatte, durften seine selbsterklärten Nachfolger dasselbe von sich beanspruchen? Solche Fragen lagen in der Luft. Der Mann, sie laut auszusprechen, kategorisch zu verneinen und damit die Papstkirche in ihren Grundfesten zu erschüttern, wurde ein Jahr nach dem Ende des Münchner Ablasses in Eisleben geboren. Er hieß Martin Luther.

Die Materialbeschaffung löste man pragmatisch: Der Sockel besteht aus sogenanntem Nagelfluh. Das ist eine der wenigen Steinarten, die sowohl als Baumaterial zu verwenden als auch nahe bei München zu gewinnen sind. Das Hauptmaterial ist jedoch gebrannter Lehm: Ziegel. Das war über Jahrhunderte das Baumaterial der Stadt schlechthin. Im Zuge der Errichtung der Frauenkirche wurde Lehm zum ersten Mal tonnenweise abgebaut, auf Gebieten, die heute längst zur Stadt gehören: Haidhausen und Berg am Laim. Bei Berg am Laim erinnert der Name noch heute an die Lehmvorkommen. Die Methode des Ziegelbrennens war im Norden der Alpen erst seit kurzem bekannt. Italienische Wanderarbeiter hatten sie aus ihrer Heimat mitgebracht. Es gab rechts der Isar genug Lehmvorkommen für geschätzte zwanzig weitere Frauenkirchen. Für die eine nun zu bauende handelten die Münchner den Dörflern in Haidhausen ihre Lehmgründe ab und gaben sie nach deren Ausbeutung zur landwirtschaftlichen Nutzung wieder zurück. Darüber hinaus wollte man übrigens mit den Haidhausern so wenig wie möglich, am besten gar nichts zu tun haben. Das blieb noch über Jahrhunderte so. Ein Beispiel aus anderer Zeit: Als 1674 die Residenz brannte, konnte man das vom östlich gelegenen Isarhochufer aus natürlich sehen. Da versahen sich die braven Haidhauser mit Wassereimern und zogen Richtung Isartor, um den Münchnern zu helfen. Die Torwächter waren starr vor Schreck und mochten nicht glauben, dass zum Übel des Feuers nun auch noch der Haidhauser Pöbel die Stadt bedrohte. Und deshalb schlossen sie ab.

Und als es 1854 endlich zur Eingemeindung kam, lautete ein Hauptargument dafür, dass die Münchner Polizei nun besseren Zugriff auf die Haidhauser habe. Dennoch hat das Dorf den Löwenanteil des Baumaterials der Frauenkirche gestellt.

Das Innere des Doms befremdet geradezu durch seine Schmucklosigkeit. Gerade für eine katholische Kirche, noch dazu im vom Barock und Rokoko geprägten Bayern, ist das untypisch. In erster Linie mag es an den Verwüstungen des Zweiten Weltkrieges liegen, aber ein weiterer Grund sind die vielen Gestaltungs-Etappen, die die Kirche durchging. Die ursprüngliche Ausgestaltung entsprach dem Geschmack der Wende vom 15. zum 16. Jahrhundert. Dann kamen die barocke Epoche und jene des anschließenden Rokoko, in welcher kaum eine oberländische Kirche tiefgreifenden Veränderungen ihres Inneren entging – siehe etwa Alter Peter oder Freisinger Dom. Im Fall der Frauenkirche errichtete man in dieser Epoche unter anderem einen enormen Hochaltar, den es heute nicht mehr – oder besser gesagt: wieder nicht mehr gibt. Doch war es damit nicht genug. In der Epoche des Historismus kam, wir sagten es bereits, die Gotik wieder in hohes Ansehen. Man entschloss sich damals zur Purifizierung, also zur Re-Gotisierung. Dabei verfuhr man nach dem Motto »*Wir machen's wie im Mittelalter, nur richtiger*«. Nach dieser Devise hat man ja auch das Neue Rathaus gebaut. Der barocke Hochaltar verschwand wieder, und man bemühte sich um einen Eindruck dessen, was man im 19. Jahrhundert für richtiges Mittelalter hielt. Es gab damals übrigens auch Pläne für eine äußere Umgestaltung, welcher unter anderem die welschen Hauben zum Opfer gefallen wären. Man hätte sie durch spitz auslaufende Türme ersetzt. Einige zeichnerische Vorarbeiten zeugen von diesen Projekten, Gott sei Dank ist dann aber nichts daraus geworden. Als es nach 1945 um einen Wiederaufbau ging, geriet man offenbar in eine Art stilistische Identitätskrise. Das Kircheninnere repräsentiert keine Epoche in reiner Form. Das muss nichts Schlechtes sein. Die Raumwirkung ist jedenfalls eigenwillig.

KAPITEL 6

In der Phase, als ein Hochaltar den Blick auf die Ostfenster der Kirche völlig verdeckte, entstand die berühmteste Sage rund um die Kirche. Von ihr zeugt noch heute der Teufelstritt am Westeingang. Die Sage selbst kursiert in verschiedenen Versionen, deren stimmigste folgende ist: Halsbach, unser Architekt, sitzt im Jahr 1468 über seinen Plänen und gerät in Verzweiflung, weil er diesen Riesenbau gemäß seinem Auftrag in nur zwanzig Jahren zu vollenden hat. In dieser Stimmung besucht ihn eines Nachts der Teufel selbst. Der Gottseibeiuns bietet dem Baumeister seine magischen Kräfte an, dank welcher die Einhaltung des kritischen Termins wohl gelänge. Die Frage Jörgs, welche Bedingung denn an diese Mitwirkung geknüpft sei, beantwortet der Teufel so: Er bestehe auf einem Tempel völlig ohne Licht. Das macht aus seiner Sicht durchaus Sinn, denn er ist ja der Fürst der Finsternis. Der Architekt wiederum verfällt auf einen Trick, denn der Teufel ist tumb und kann nicht um die Ecke denken. »Verleihe mir deine Kräfte«, schlägt er ihm vor, »und komme 1488 zurück. Ich verspreche dir, du wirst in der erbauten Kirche keine Fenster sehen.« Auf dieser Basis kam der Deal zustande. Zwanzig Jahre später erscheint der Fürst der Finsternis zur Begutachtung des Werks. Er reitet auf seinem Freund, dem Wind, heran und er kommt naturgemäß aus dem Westen. Dort geht die Sonne unter. Halsbach hatte bereits dafür gesorgt, dass das Hauptschiff geweiht wurde, da kann der Teufel also gar nicht mehr hinein. Er betritt die Kirche durch das Eingangsportal im Westen, befindet sich im Vorraum, sieht sich um, und da wird ihm klar, dass er gelinkt worden ist: er sieht kein einziges Fenster – aber der Raum hat trotzdem Licht! Im Vorraum verdeckt nämlich jeweils eine Säule den Blick auf jedes südliche und nördliche Seitenfenster. Und der Hochaltar verdeckte in barocken Zeiten den Blick aufs östliche Fester. Halsbach hatte seinen Teil der Vereinbarung also durchaus eingehalten: Der Teufel konnte kein Fenster sehen. Der derart Geprellte geriet in rasenden Zorn, stampfte auf und fuhr daraufhin schnurstracks zur Hölle. Den Tritt im Eingangsraum sieht man noch – der Gottseibeiuns hat übrigens Schuhgröße 46. Seinen Freund, den Wind, hat er in der Wut glatt vergessen. Der pfeift und heult bis heute um den Dom. Und tatsächlich: Außer der Arabellastraße gibt es in München keinen zugigeren Ort als um die Frauenkirche herum. Und das wohl auch aus derselben Ursache – wer (bei beiden) nicht an den Teufel glaubt, halte sich an die Fallwinde bei hohen Gebäuden als Erklärung.

An dieser Version der Sage ist die Lichtsymbolik lehrreich. Der aus dem Westen kommende Teufel entspringt der Dunkelheit, dem Raum der untergehenden Sonne. Er wünscht sich einen lichtlosen Tempel, denn Gott, zu dem er sich in absoluten Gegensatz stellt, ist Licht. Christus wird in der aufgehenden Sonne symbolisiert. Daher sind die meisten Kirchen orientiert, verweisen also nach Osten. Dort kann man durch große Fenster das Licht der aufgehenden Sonne – Christus – erblicken. Im Westen dagegen finden wir meist Turm oder Türme, von welchen wir schon wissen, dass sie der Verteidigung dienen. Der größte italienische Poet des Mittelalters, Dante Alighieri, hat diese Lichtsymbolik in seiner Göttlichen Komödie ganz physikalisch durchdekliniert: Die Hölle ist bei ihm der Raum der größten Gottesferne. Gott ist Licht, und Licht ist Wärme. Daher sind die schlimmsten Sünder, diejenigen also, die sich am weitesten von Gott entfernt haben, in einem Meer aus Eis gefangen. Die Tränen, welche sie weinen, frieren an ihren Backen fest. Einen kälteren Ort als den innersten Höllenkreis gibt es nicht.

Im Jahr 1525 legte man ein letztes Mal Hand ans Äußere der Kirche. Die Türme bekamen ihre beiden »welschen« genannten Hauben. Nicht wenige behaupten, diese imitierten den Tempel in Jerusalem, in welchem Jesus gepredigt hat. Tatsächlich gibt es zahlreiche oberländische Darstellungen dieses Tempels aus der frühen Neuzeit, die verblüffende Ähnlichkeit mit den grünen Hauben haben (wenngleich natürlich nicht die geringste mit dem tatsächlichen alten Jerusalemer Heiligtum). Eine derartige Intention ist jedoch kaum nachzuweisen. Die Formensprache der Turmbedeckung hat allerdings, so viel ist offensichtlich, nichts mehr mit der Gotik zu tun, deren Zeit nunmehr abgelaufen war. Die künstlerische Anregung zur Zwiebelform kam ursprünglich wohl aus Italien nach Süddeutschland. Die Münchner Hauben sind nicht die ersten ihrer Art, auch nicht im nordalpinen Raum.

In den gut fünfzig Jahren ohne Zwiebelbedeckung dienten die Türme einmal sogar als Abschussrampe: Im Landshuter Erbfolgekrieg ballerten die eingeschlossenen Münchner von Kanonen, welche auf die Türme gebracht worden waren, auf das Belagerungsheer der Niederbayern herunter.

Womit wir wieder bei der noch immer anstehenden Frage nach der Wiedervereinigung des Herzogtums wären. In dieses Match gingen die Münchner Bayern keineswegs als Favoriten. Im letzten Drittel des 15. Jahrhunderts war den Bayern-Landshutern der Sieg eher zuzutrauen gewesen. Nochmals zur Erinnerung: Bald nach dem Tod des Kaisers Ludwig 1347 war das Herzogtum Bayern in drei Teilherzogtümer zerfallen. Aus dem eigenen Appetit auf die Nachbarterritorien konnte jeder Teilherzog ableiten, dass es um die konkurrierenden Wittelsbacher genauso stand, mit anderen Worten: Man war sich in herzlicher Abneigung zugetan, der anachronistische Zustand war durch Misstrauen und Aggression geprägt.

Um die Mitte des 15. Jahrhunderts schieden die Ingolstädter als erste aus dem Rennen. Das Teilherzogtum verschwand. Dummerweise aus Sicht der Münchner Linie landete es im Magen Bayern-Landshuts. Die dortigen Herzöge nannten sich in der Regel »die Reichen«, Heinrich der Reiche, Georg der Reiche ... man sieht schon, eine äußerst lästige Konkurrenz. Die Münchner konterten mit Weisheit. Das kommt für den einen oder anderen mag sein etwas überraschend. Herzog Albrecht IV., Bayerns Wiedervereiniger, wenn man so will, wird aber tatsächlich »der Weise« genannt. Ob er diesen Beinamen dadurch verdiente, dass er 1487 ein Lebensmittelgesetz für sein Münchner Teilherzogtum erließ, welches noch heute in Kraft und damit das älteste Gesetz dieser Art weltweit ist? Wir kommen gleich darauf zurück. Zunächst: Albrecht der Weise machte der Sache mit den Teilherzogtümern ein Ende. Die Chance bot sich ihm, als einer der Landshuter »Reichen«, nämlich Georg, 1503 ohne legitimen männlichen Nachfolger starb. Das war's, worauf man in München so lange gewartet hatte! Jetzt hieß es, die Ansprüche auf die Nachfolge Georgs geltend zu machen; man machte. In die daraus resultierende Groß-Prügelei war halb Mitteleuropa irgendwie involviert. Sie trägt den Namen »Landshuter Erbfolgekrieg«. Bayern-München obsiegte, und die Teilungen des Herzogtums hatten damit zumindest vorerst ein Ende. Dem Sieger Albrecht IV. stellte sich nun allerdings folgendes Problem: Er war selbst nicht mehr der jüngste und hatte mehrere Söhne. Würde nach seinem Tod alles wieder von vorne beginnen, mit Teilungen des Herzogtums, Zersplitterung und Familienzwist? Es mussten Regelungen gefunden werden, die genau das verhinderten und den Fortbestand des geeinten Herzogtums garantierten. Die Primogenitur musste gesetzlich verankert werden, das heißt das Recht des Erstgeborenen auf die Übernahme des gesamten Staates unter Ausschaltung etwaiger Ansprüche der jüngeren Brüder auf Mitregierung. Dies geschah tatsächlich recht bald nach dem Sieg im Landshuter Erbstreit. Albrechts Sohn Wilhelm IV. wurde per Gesetz zum alleinigen Nachfolger bestimmt, und dies sollte auch für alle Zukunft gelten. Die Sache hat nicht unbedingt völlig reibungslos von Beginn an funktioniert. Die nachgeborenen Söhne des Weisen wollten sich nicht einfach so abspeisen lassen, und insbesondere ein gewisser Ludwig unter ihnen erhob Anspruch auf Mitregierung. Aber auf die Dauer setzte sich diese Regelung durch.

Fazit: Bayern war unter der Münchner Linie der Wittelsbacher wiedervereinigt worden. Das bedeutete einen gewaltigen Machtzuwachs für das Herzogtum, dessen alleinige Hauptstadt München nunmehr war. Die Stadt ging ihren Weg als Residenzstadt weiter, den sie unter Ludwig dem Strengen 250 Jahre zuvor eingeschlagen hatte. Und das Herzogtum war gewappnet für die schweren Erschütterungen des 16. Jahrhunderts, das soeben begonnen hatte. Da konnte ein Machtzuwachs nichts schaden, und ebenso war es ratsam, für eine gut genährte Bevölkerung zu sorgen. Lebensmittelgesetze mussten her, die einen bestimmten Qualitätsstandard festschrieben. Hierfür gab es in den gewesenen Teilherzogtümern verschiedene Vorlagen. 1516 machte Wilhelm IV. sich an die Vereinheitlichung der Gesetzgebung für ganz Bayern und griff dabei in der Regel auf Münchner Vorbilder zurück – München hatte nun mal gewonnen. Eines dieser Gesetze verdient, ausschnittsweise zitiert zu werden: »*Item wir ordnen setzen und wollen ... dass ... zu kainem Pier/merer Stückh/dann allain Gersten/Hopffen/und Wasser/genommen und gepraucht sölle werden ...*«. Das ist das berühmte bayerische Reinheitsgebot, dessen 500 jähriges Bestehen im Jahr 2016 ausgiebig gefeiert worden ist. Das war eigentlich nicht vollkommen korrekt, denn das Gesetz gab es im Münchner Teilherzogtum, wie oben bemerkt, bereits seit 1487, den Tagen Albrechts des Weisen, der Wilhelms IV. Vater gewesen war und den Grundstein für dessen Alleinregierung gelegt hatte. Diese Lebensmittelbestimmung war die Vorlage für jene berühmtere, die dann seit 1516 für ganz Bayern galt. Das Reinheitsgebot ist wirklich weltbekannt. Die spanische Bierkette San Miguel nennt ihr nach eigener Aussage »*exklusivstes*« Bier ganz schlicht »*1516*« und vermerkt auf ihrer Website, dieses sei gemäß den Statuten Herzogs »*Guillermos IV de Baviera*« produziert.

7. VON DER REFORMATION, DER GEGENREFORMATION, DEN JESUITEN UND EINEM MERKWÜRDIGEN DRECHSLERMEISTER

Während wir ganz harmlos damit beschäftigt waren, den Frauentürmen ihre Hauben auf-, und die Münchner Wittelsbacher in ganz Bayern einzusetzen, geschahen im nordöstlichen Reichsteil weltumstürzende Dinge. Das kann man schon so sagen. Was der einstige Augustinermönch Martin Luther so etwa seit 1517 trieb, erschütterte den Erdkreis, wenigstens seinen christianisierten Teil. Es war eine Geistesrevolution, wie es seit eineinhalb Jahrtausenden oder zumindest seit 900 Jahren keine gegeben hatte. Diese genauer zu beschreiben oder tiefer zu bewerten, hieße mit Sicherheit, sich gründlich zu verheben. Aus dem Literaturozean zum Thema Reformation sei hier eine dringende Empfehlung gegeben, ebenso willkürlich wie überzeugt: Es ist Heinz Schillings Biographie titels »*Martin Luther. Rebell in einer Zeit des Umbruchs*«, eine höchst glückliche Kombination aus hervorragender Sachkenntnis und ebensolcher Lesbarkeit.

Da wir gerade bei Lesbarkeit sind: Die Geschichte des (Gegen)Reformationsjahrhunderts wird im Folgenden nicht streng chronologisch erzählt, weshalb an den Anfang eine Art Gerüst zum Nachschlagen gestellt sei: die Abfolge der in Bayern regierenden Herzöge bis zum Jahrhundertende. Die Frage, ob es denn einzelne Männer oder auch Frauen seien, die die Geschichte schrieben, wird damit nicht implizit bejaht. Die Reformation selbst, um die hier vertretene Ansicht zu umreißen, lag derart in der Luft, dass sie auch ohne Martin Luther in irgendeiner Form stattgefunden hätte; aber seine persönliche Rigorosität oder besser sein Extremismus, seine Ausdrucksstärke, seine immense Schaffenskraft, sein Charisma und viele andere seiner Charaktereigenschaften gaben der Reformation ihr Gepräge, und vieles an ihr wäre doch zweifellos anders verlaufen ohne den Tintenfasswerfer mit seinem »*Hier stehe ich, ich kann nicht anders. Gott helfe mir. Amen.*« (Der erste Satz ist Legende – geschenkt. Luthers Konter beim Wormser Reichstag auf die kaiserliche Mahnung, gefälligst zu widerrufen, läuft präzise darauf hinaus; der Satz passt zu ihm, und fürs Tintenfass, welches Luther nach dem Teufel warf, gilt dasselbe.). Luther schlechthin den *Reformator* zu nennen, hat schon seine Richtigkeit, wie immer ähnlich die Reformation auch ohne ihn verlaufen wäre. Die Namen der bayerischen Herzöge des 16. Jahrhunderts einleitend aufzulisten macht übrigens auch von daher Sinn, dass die Entstehung des frühmodernen Staates Hand in Hand mit dem Reformationsverlauf geht. Der Absolutismus kündigt sich an, und in ihm rückt der regierende Fürst tatsächlich stärker in den Fokus, und sei es nur, dass sein Name stellvertretend für die handelnden Figuren seiner Entourage, seiner Mitarbeiter und Berater und auch für seine Epoche steht. Eine letzte Rechtfertigung für die Auflistung: Die bayerische Herzogsnamensfolge in diesem Jahrhundert ist auf den ersten Blick ähnlich verwirrend wie die gefühlten zweitausend Friedriche, Wilhelme und Friedrich-Wilhelme der preußischen Geschichte etwas späterer Zeit. Dabei ist es doch ganz einfach: In Bayern folgt auf Albrecht IV. ein Wilhelm, dann wieder ein Albrecht, dann wieder ein Wilhelm ... Hier also zum Nachschlagen bei Zweifeln die Liste vom »Weisen« bis zum »Frommen« – gehen wir es an:

Albrecht IV. wird »der Weise« genannt und regierte von 1465 bis 1508. Wir nannten ihn oben den Wiedervereiniger Bayerns und erwähnten sein Münchner Biergesetz aus dem Jahre 1487.

Wilhelm IV. beerbte ihn und regierte bis 1550. Er war recht präzise ein Zeitgenosse Karls V., des berühmten Kaisers und Königs von Spanien, und er brachte Bayern auf gegenreformatorischen Kurs. So holte er etwa die Jesuiten ins Herzogtum.

Albrecht V. regierte von 1550 bis 1579 und war der erste herausragende Kunstmäzen unter den Wittelsbachern. Er sammelte Landkarten und Stadtmodelle seines Herrschaftsgebietes, sorgte für den ersten erwähnenswerten Ausbau der »Neuen Veste«, die nun mehr und mehr zur Neuen Residenz wurde, und ließ dort unter anderem das Antiquarium erbauen. Seine Antikensammlung, dort untergebracht, bildet den Grundstock der heutigen ständigen Ausstellung in der Glyptothek.

Wilhelm V. (1579 – 1597) ist der letzte der hier aufgelisteten Herzöge und wird »der Fromme« genannt. Er ließ die Michaelskirche bauen und beteiligte sich mit eigenen Entwürfen und Vorschlägen an diesem Werk. Auch wenn uns manchmal das Bier aus der von ihm gegründeten HB-Brauerei nicht schmeckt, wollen wir deshalb seiner in Dankbarkeit gedenken, und auch über manch anderes hinwegsehen. Er ist übrigens nebst seiner Gattin Renata im Stadtbild höchst präsent: als Fürstenpaar im Glockenspiel des Neuen Rathauses. Das Hauptelement des Glockenspiels selbst erinnert an das Hochzeitsfest der beiden, welches 1568 pompös am Marienplatz, damals noch »*Schrannenplatz*«, gefeiert wurde.

Und nun wieder zur Reformation.

Seit den »95 Thesen« Luthers von 1517 gab es kein Zurück mehr. Der Mann war auf dem Weg, die Einheit mit der Papstkirche notfalls aufzukündigen. Im Kern drehten sich die Thesen um die Frage, inwieweit der Kirche eine Vermittler-Rolle zwischen Gott und den Gläubigen zukam. Luther stellte die Christenmenschen in eine unmittelbare Beziehung zu Gott. Er begnügte sich nicht mit einer Kritik der momentanen kirchlichen und besonders der päpstlichen Ablass-Praxis (die allerdings tatsächlich mitunter absurde Formen angenommen hatte). Er bestritt ganz generell den Priestern die Kompetenz der Vermittlung zwischen Christ und Gott. Kein Sündenerlass sollte auf diesem Wege mehr möglich sein. Der Priester selbst hatte in diesem Verständnis mehr die Rolle eines Lehrers oder Predigers. Damit hatten Priester und Päpste ihre Binde- und Lösegewalt verloren, und der römische Bischof war nur mehr einer unter vielen. Das päpstliche Primat wurde durch Luthers Thesen aufgehoben.

Dank der ungeheuer schnellen und effizienten Verbreitung der Reformationsideen war die Angelegenheit binnen Kurzem eine des Reiches. Die Bürger der Städte waren elektrisiert, und nicht wenige Fürsten sympathisierten ebenfalls; die einen offener, die anderen abwartender; manche aus persönlichen Glaubensmotiven, andere wieder weil sie hier (übrigens ganz richtig) die Chance auf weitere Emanzipation vom Kaiser witterten. Und warum sollten nicht beide Motive Hand in Hand gehen? Luthers Ideen hatten also für alle Stände anziehende Brisanz, so dass bereits 1521 beim Reichstag von Worms die ganze Sache vor Kaiser und Reich kam. Dort wurden sie in persönlicher Anwesenheit des Reformators und Karls V. diskutiert. Unnötig zu sagen, dass in Rom bereits Prozesse stattgefunden hatten, aus welchen die Ideen als pure Häresie und deren Vertreter als Ausgeburten der Hölle hervorgingen. Mit Hölle und Teufel argumentierten beide Seiten. Darunter machten sie es nicht, und Luther selbst am allerwenigsten. Der Reichstag des Jahres 1521 endete mit der kaiserlicherseits verkündeten Reichsacht über den Reformator. Damit war er prinzipiell vogelfrei, aber de facto stand er unter dem Schutz

Friedrichs, seines kurfürstlichen Landesherren, der ihn nicht fallen ließ. Die Reformation konnte durch den Reichstag nicht mehr aufgehalten werden.

In den ersten Reformations-Jahrzehnten musste jeder Landesfürst in Deutschland die Entscheidung *pro* oder *contra* treffen. Ein Beiseite-Stehen war völlig ausgeschlossen, und die Entscheidung war von höchster politischer, nicht nur persönlicher Tragweite. Schon sehr bald entstanden Bündnisse auf konfessioneller Grundlage, und die Spaltung des Reiches in Protestantismus und Katholizismus, in Reformation und Gegenreformation, war um die Mitte des Jahrhunderts bereits zementiert.

Kaiser Karl V., der das Reich bis 1556 regierte, hatte genau das verhindern wollen, doch er scheiterte mit diesem Bemühen. Sein eigenes Haus Habsburg, welches Österreich und Spanien regierte, trat früh und entschieden auf die Seite der Gegenreformation. Karls bayerischer Zeitgenosse Herzog Wilhelm IV. traf dieselbe konfessionelle Entscheidung. Damit war das Kraftfeld, in welchem sich bayerische Politik zu bewegen hatte, für sehr, sehr viele kommende Jahrzehnte folgendermaßen definiert: Grundsätzlich und einerseits suchte man die Verbindung zu den anderen katholisch gebliebenen Mächten im Reich; andererseits drohte von Seiten Habsburgs eine tödliche Umarmung. Schon Karl V. hatte seine Aktionen gegen die protestantischen Bündnisse auch dazu benutzt, die Reichsstände, also die Fürstentümer, in ihrem Einfluss zu schwächen. Hier waren die Interessen der bayerischen Herzöge eher mit jenen ihrer protestantischen Kollegen im Einklang. Wenn also der Kaiser sich bemühte, den protestantischen Einfluss im Reich zurückzudrängen, konnte er prinzipiell mit bayerischer Unterstützung rechnen; sobald er aber allzu deutlich auf einen Machtzuwachs des Kaisertums auf Kosten der Reichsfürsten generell hinarbeitete, war es mit der bayerischen Zustimmung vorbei. Diese Leitlinie bayerischer Politik galt bereits im Reformationszeitalter, prägte aber ebenso die bayerische Haltung im Dreißigjährigen Krieg viele Jahrzehnte später.

Im Jahr 1555 hat man einen etwas brüchigen Frieden fürs gespaltene Reich festgeschrieben: den Augsburger Religionsfrieden. Das ist ein blitzdummes Wort, denn alle Parteien hatten ja durchaus dieselbe, nämlich die christliche Religion. Es müsste korrekterweise *Konfessions*frieden heißen. Ein bedeutendes Ergebnis dieses Friedens war das Recht der jeweiligen Landesherren, ihren Untertanen die Konfession aufzuzwingen. »*Cuius regio, eius religio*«. Wem das nicht passte, der hatte das Recht, auszuwandern, und Punktum. In der *regio* Bayern war die *religio* die katholische. Etwas zugespitzt könnte man es so formulieren: Die Gegenreformation hatte vier Zentren in Europa, als da waren Rom, Madrid, Wien und dann eigentlich schon München.

> *Kasten zur Entdeckung*
> **Die gegenreformatorische Prägung des Stadtbildes**
>
> Wilhelm IV. hatte Bayern und seine Hauptstadt auf die Gegenreformation eingeschworen. Die damit begründete streng katholische Prägung Münchens hält, so unsre These, bis heute an, wenn auch längst nicht mehr so spürbar wie unter den ersten gegenreformatorischen Landesherren. Eigentlich gab es nur zwei Epochen, in welchen München mal nicht ganz so katholisch war wie gewohnt: jene der Säkularisation zu Beginn des 19. Jahrhunderts und die nationalsozialistische. Heute kündet von der katholischen Dominanz ein intensiverer Blick in den Stadtatlas. Die protestantische Gemeinde umfasst etwas weniger als 200.000 Mitglieder: Suchen Sie nun eine evangelische Kirche innerhalb der zweiten Stadtmauer, sprich also innerhalb des Altstadtrings! Fündig geworden? Eben!
> Es gibt keine evangelische Kirche in der Altstadt. Die vier der Altstadt am nächsten gelegenen protestantischen Kirchen tragen die Namen der Evangelisten, und insbesondere St. Matthäus und St. Markus blicken geradezu sehnsüchtig zur Altstadt hinüber. Nah dran sind sie ja durchaus, aber es ist, als ob sie nicht rein dürften ...
> Dabei wäre doch Raum genug vorhanden: München darf sich zum Beispiel rühmen, das langweiligste Museum der ganzen Welt innerhalb seiner Altstadtgrenzen zu beherbergen: das Jagd- und Fischereimuseum. Dieses verfügt – man halte sich fest – über die weltweit größte Sammlung an Angelhaken; ferner über eine Reihe von Geweihen, deren Träger der einstige Reichsjägermeister und Museumsförderer Hermann Göring höchstselbst erlegt hat. Und all das findet man in einem ehemaligen Kirchenbau, nämlich der ursprünglichen Klosterkirche der Augustiner.
> Vorschlag zur Güte: Man verpacke die Angelhakensammlung samt Wolpertinger und Göring-Trophäen zwecks Umzugs in Kartons, bemühe sich bei diesem, die Geweihe irgendwie zu verbummeln, reinige die alte Augustinerkirche daraufhin gründlich durch und überlasse sie

> schließlich der protestantischen Gemeinde Münchens. Das Ganze hätte sogar noch einen weiteren humoristischen Clou: Der Name des berühmtesten Augustinermönches, den es je gab, lautet – Martin Luther.

Spanien, wo sie noch heute ihre eigene Sprache die *christliche* nennen – *hablar christiano* –, war das Herkunftsland des Jesuitenordens, der intellektuellen Speerspitze der Gegenreformation. Wilhelm IV. holte die Gesellschaft nach Bayern, an die Ingolstädter Universität. Die Bestellung der Jesuiten war ein äußerst prononcierter gegenreformatorischer Schritt. Erst später zogen sie dann auch nach München, wo sie ein prachtvolles Domizil samt Kirche bekommen sollten – doch so weit sind wir noch nicht.

Die Reformation mag in ihren Anliegen rückwärtsgewandt gewesen sein, die Art ihrer Verbreitung war hochmodern. Der eben erfundene Buchdruck erlaubte unfassbare Auflagenzahlen der Flugschriften und Pamphlete des Reformators, alles in großem Stil bebildert von namhaften Künstlern wie Lucas Cranach dem Älteren. Vieles in diesem Jahrhundert weist in die Moderne. Bei den Landesfürsten zum Beispiel wuchs das Bedürfnis nach genauerer Erfassung und Kenntnis der von ihnen beherrschten Länder. Es war die Zeit der Landkarten und der beginnenden Vermessungen. Philipp Apian bereiste im Auftrag Herzog Albrechts V. das ganze Land, vermaß es und erstellte Karten. Die größte von ihnen ist im Zweiten Weltkrieg verbrannt.

7.1. JAKOB SANDTNERS STADTMODELL

Das Bedürfnis nach Darstellungen all dessen, was zum Herrschaftsbereich gehörte, war damit aber nicht erschöpft. Derselbe Albrecht V., der Apian den Auftrag zur Kartographierung Bayerns erteilt hatte, bekam eines Tages Wind von einer Geschichte aus Straubing, die ihn aufhorchen ließ. Es gebe da, so trug man ihm zu, einen Drechslermeister, der etwas sonderlich sei und häufig Vermessungen an den Gebäuden der Stadt vornehme; dann wieder sei er wochenlang in seinem Hause verschwunden. Es stehe zu vermuten, dass dieser Drechsler – Jakob Sandtner war sein Name – an einer Art Modell der Stadt Straubing arbeite.

KAPITEL 7

(Abb. 12) Meister Sandtners Bastelarbeit

Bei seinem nächsten Besuch in Straubing sah der Herzog das Modell. Er kaufte es sofort. Ferner erteilte er Jakob Sandtner entsprechende Aufträge für alle bedeutenden Städte seines Herzogtums. So entstand im Jahr 1570, was für jeden München-Liebhaber ein Juwel und Gegenstand oft wiederholter Meditationen ist: das Münchner Stadtmodell. Es steht mit seinen vier Geschwistern Landshut, Straubing, Ingolstadt und Burghausen heute im Bayerischen Nationalmuseum. Selbstverständlich ist ein Besuch des von Meister Sandtner gefertigten Originals irgendwann absoluter Pflichttermin. Dennoch ist zur eingehenden Betrachtung jene Kopie, über die das Stadtmuseum am Jakobsplatz verfügt, fast geeigneter. Erstens ist es dort heller, denn man möchte die Originale im Nationalmuseum vor allzu viel schädlichem Licht schützen; zweitens ist die Kopie im Maßstab 2:1 gehalten.

Jeder mag sein eigenes Detail entdecken. Es ist unmöglich, hier auf alles Wichtige hinzuweisen, und liefe auf eine erneute Reise durch die Stadtgeschichte hinaus. Bemerkt man, dass der Alte Peter damals noch zwei Turmspitzen trug? 37 Jahre nach Erschaffung des Stadtmodells schlug der Blitz ein und zerstörte diese Spitzen. Erst danach erhielt der Turm seine heutige Bekrönung. Auch vom barocken Choranbau St. Peters konnte Meister Sandtner noch nichts wissen. Der heutige Viktualienmarkt war damals bebaut. Die Anlage des Heilig-Geist-Spitals wirkt wie eine hermetisch abgeriegelte Stadt in der Stadt, und ihre Kirche hat noch keinen Turm. Einzelne Straßen und Bauwerke hat Sandtner bewusst leicht überdimensioniert, um deren Wichtigkeit hervorzuheben. So teilen Salz- und Weinstraße die Stadt deutlich sichtbar in vier Teile. Als ob er die historische Bedeutung der beiden Straßen für die Entstehung der Stadt geahnt hätte.

Die ganz wachen Betrachter mögen in der Neuhauser Straße stutzig werden – Moment ... – die Michaelskirche und das Jesuitenkolleg, die Alte Akademie? 1570?? Wie kann das sein, wo doch Herzog Wilhelm der Fromme, der Initiator dieser Anlagen, in diesem Jahr noch gar nicht regiert hat? Tatsächlich hat man den Jesuitenkomplex und übrigens auch einige Teile der Neuen Residenz später hinzugefügt. Im Original kann man noch die Klebespuren des Gebäudes sehen, das Sandtner selbst korrekterweise in die Neuhauser Straße gebastelt hatte: die Kapelle St. Nikolaus, natürliche Anlaufstelle für alle Mutbedürftigen bei der Reise zur Stadt hinaus. Über diesen Eingriff ins Original kann nicht einmal tiefe Zuneigung zu St. Michael hinwegtrösten.

Diese beiden Ergänzungen sind glücklicherweise die einzigen, die man Sandtners trefflicher Arbeit von 1570 später hinzugefügt hat. Ansonsten vermittelt das Modell einen großartigen Eindruck der Stadt in dieser Zeit. Die Straßenverläufe innerhalb der Stadtmauern haben sich seit Sandtners Zeit so gut wie gar nicht geändert. Die meisten Gebäude jedoch sind verschwunden, sofern sie weder spirituellen noch repräsentativen Charakter hatten.

Es war also Herzog Albrecht V., der das Talent des Straubinger Drechslermeisters Sandtner in seine Dienste nahm. Mal verwegen formuliert: Der Fürst *mäzenierte*; und nicht nur hier. Wobei sich allerdings im Falle Sandtners bei aller Verehrung die schwere Frage stellt, inwieweit es sich bei den Stadtmodellen um Kunst handelt. Der Meister selbst hätte das möglicherweise weit von sich gewiesen. Hier geht es ja um Veranschaulichung eines Objekts in einem eher wissenschaftlich zu nennendem Sinn (die Kunstfertigkeit des Meisters steht dabei natürlich völlig außer Diskussion). Um aber beim Mäzenatentum zu bleiben: Die großartigen Leistungen der Familie Wittelsbach auf diesem Gebiet nahmen bei Sandtners Förderer Albrecht V. ihren Anfang. Nicht, dass nicht auch vorher schon einzelne Familienmitglieder hier tätig gewesen wären; ohne die Erfüllung dieser Herrscherpflicht ging es im europäischen Hochadel selten ab. Aber bis in die Mitte des 16. Jahrhunderts hat es doch den Anschein, als ob bei Wittelsbachs die Pflicht die Neigung überwog. Albrecht V. dagegen begründete eine Tradition, von der wir behaupten möchten, dass sie weit über das hinausging, was das angestammte Herrscherhaus eines ja doch höchstens als Mittelmacht zu bezeichnenden Territoriums zu leisten verpflichtet war. Die Wittelsbacher waren als Machtpolitiker stets höchstens zweite europäische Kategorie. Als Kunstmäzene gehörten sie zur Weltspitze. Mit einem Rundgang durch die Alte Pinakothek, diesem wahren Residenzstadt-Museum, mag man sich davon überzeugen; und wer je fahrlässig über König Ludwig II. gelächelt oder gelästert hat, hat dabei nicht bedacht, dass einige der Opern Wagners ohne die Hilfstaten des Königs nicht vertont und die späten womöglich noch nicht einmal angedacht worden wären; dasselbe gilt fürs Festspielhaus in Bayreuth. Damit steht Ludwig II. exponiert in einer bewunderungswürdigen Familientradition, die von Herzog Albrecht V. begründet worden ist. Es war jedoch nicht der »Märchenkönig«, sondern dessen Großvater König Ludwig I. (reg. 1825 – 1848), der die familieninternen Spitzenleistungen auf dem Gebiet des Mäzenatentums vollbrachte.

Da wir gerade bei Wagner waren: Münchens Ruf als Musikstadt beginnt 1563, in der Regierungszeit Albrechts V., mit der Berufung Orlando di Lassos zum Hofkapellmeister. Der war schon zu Lebzeiten eine Berühmtheit und gilt noch heute als einer der bedeutendsten Musiker seiner Zeit. Orlando blieb bis zu seinem Tod in München; sponsored by Wittelsbach. Der Sammelwut des Herzogs verdankt die Stadt den Grundstock zur Antikensammlung, seit dem 19. Jahrhundert in der Glyptothek beheimatet. Die ursprüngliche Heimat war jedoch ein anderes höchst apartes Gebäude, das Antiquarium. Dieses wurde extra zur Ausstellung der antiken Herrscherportraits errichtet und war (respektive ist) ein freistehender Komplex mitten in der gerade entstehenden Neuen Residenz. Die Neue Residenz selbst wurde aus zwei Gründen errichtet, einmal, weil der Alte Hof schlicht zu klein wurde, zum anderen, weil man dort doch arg nah an den Bürgern wohnte, auf deren Wohlwollen ja nicht immer und in jedem Fall zu zählen war. In der Neuen Residenz war es sicherer, bequemer und repräsentativer. Und man hatte hier Platz für Dinge wie eben das Antiquarium. Dieses wurde schließlich zu einem der größten und bedeutendsten Renaissancegebäude nördlich der Alpen (irgendeinen Superlativ samt diesem Zusatz bekommt man im Zusammenhang mit München bemerkenswert häufig zu hören und zu lesen ...).

Die Antike wurde damals zum Ideal – auch dies in Italien deutlich früher als *nördlich der Alpen*. Insofern erwies sich Albrecht V. mit seiner Sammelleidenschaft, bezogen auf die Büsten römischer Imperatoren, als Kind seiner Zeit. Dabei mischte sich Kunstsinn wieder mit Repräsentationsbedürfnis, und letzteres hatte einen überaus konkreten Hintergrund: Es konnte doch nichts schaden, möglichst viele Kaiserköpfe im eigenen Haus zu haben, da man doch selbst bedeutendes Glied eines Kaiserreiches war. Und dieses Kaiserreich verstand sich ja durchaus als in der Nachfolge des vergangenen römischen stehend. Sein Imperator wurde übrigens gewählt, und nicht etwa aufgrund von Erbrecht erhoben ... daher wehte der Wind! Die Wittelsbacher hatten nie ganz vergessen, dass einer der ihren einst zu jener höchsten Würde aufgestiegen war. Der Kaisertraum war nicht ausgeträumt. Vorerst konnte das Sammeln von Kaiserbüsten römischer Provenienz gar nichts schaden. Eine Sache wurmte die Herren in München allerdings über die Maßen: sie selbst gehörten im 16. Jahrhundert noch nicht einmal zu den Wählern, genannt Kurfürsten! Das war fatal. Kein Mensch wusste damals mehr zu sagen, wie es denn eigentlich zur Zusammensetzung dieses Siebener-Gremiums gekommen war – uns Heutigen geht es da auch nicht viel besser –, aber eines stand vorerst fest: Die bayerischen Wittelsbacher gehörten nicht zum Wählerkreis, und auf die pfälzische Verwandtschaft (die allerdings küren durfte) war in Sachen Wahlstimme, wie auch sonst, nicht zu rechnen. Das Kurfürstenkollegium war in so einer Art Reichsgrundgesetz festgeschrieben, sowohl, was seine Kompetenzen als auch, was seine Zusammensetzung betraf. Dieses Gesetz aus dem Jahr 1356 heißt »Goldene Bulle« und schloss die Bayern durch Nichterwähnung vom Kaiserküren aus.

Ob man da nicht was machen konnte? Denn auf die Dauer nur Kaiserbüsten zu sammeln und Gebäude für diese zu errichten, konnte nicht restlos befriedigen, bei aller Liebe zur Kunst; welche zu fördern und zu sammeln allerdings eine wichtige Rolle im Leben Albrechts V. einnahm. Es blieb jedoch seinen beiden Nachfolgern vorbehalten, die Zusammensetzung der Kaiserwähler-Gemeinschaft ganz entschieden im Sinne der bayerischen Wittelsbacher zu verändern.

7.2. WIE MÜNCHEN ZU SEINEM STADTPATRON KOMMT – EINE EPISODE DER GEGENREFORMATION

Es war schon vom heiligen Onuphrius die Rede, dessen Gebeine vom Stadtgründer selbst nach München gebracht worden waren. Er gilt heute nicht mehr recht als Stadtpatron. Diese Rolle hat der heilige Benno übernommen, und zwar in der Zeit Albrechts V. und seines Nachfolgers.

Auf den ersten Blick kommt die Stadt zu diesem Patron wie die Jungfrau zum Kind. Was soll der mittelalterliche Bischof von Meißen hier in München? Die Geschichte rund um die Heiligsprechung Bennos und die schließlich erfolgte Überführung seiner sterblichen Überreste – samt ausdrücklichem Echtheitszertifikat – ins gegenreformatorische München ist so reinstes und schönstes 16. Jahrhundert, dass sie etwas ausführlicher erzählt sein soll.

Benno selbst, wie gesagt, gehört ins Mittelalter. Anders als bei Onuphrius ist seine Existenz nicht nur über jeden Zweifel erhaben, sondern sogar ganz gut belegt. Er hatte das Meißener Bistum in einer der spannendsten Epochen der deutschen und italienischen Geschichte inne, nämlich im Investiturstreit. Der tobte im letzten Viertel des 11. Jahrhunderts zwischen Kaiser und Papst. Salz- und Weinstraße mag es damals im Oberland schon gegeben haben, möglicherweise sogar bereits ein reges Treiben an der Kreuzung beider Wege, heute Marienplatz genannt; aber bis zur Gründung Münchens sollte es noch etwa achtzig Jahre dauern. Den Investiturstreit, den Benno miterlebte, können wir hier (leider) unmöglich abhandeln, nur so viel: Papst und Kaiser stritten um Konkretes, wie etwa bestimmte Rechte im Reich, und auch um Abstraktes, man kann mit etwas Übertreibung sagen: um die rechte Ordnung der Christenwelt. Berühmte Höhepunkte waren der päpstliche Bann gegen Heinrich IV. und dessen anschließender Bußgang nach Canossa. Die Bischöfe im Reich mussten sich entscheiden: Hielten sie zum weltlichen Herrscher oder vertraten sie die päpstliche Seite im Reich? Benno schlug sich auf die Seite des Papstes und geriet so in Feindschaft zum deutschen König. Als sich alles einigermaßen beruhigte, übernahm Benno eine Art Mittlerrolle zwischen der weltlichen Gewalt und Rom. Er hielt sein Bistum beachtliche vierzig Jahre lang und starb erst Anfang des 12. Jahrhunderts.

Schon bald setzte ein Kult um ihn ein. Dieser war allerdings regional beschränkt. Es gab immer wieder Versuche, in Rom einen offiziellen Heiligsprechungsprozess in Gang zu setzen, aber diese versandeten, bis Anfang des 16. Jahrhunderts. Da kam dann plötzlich Schwung in die Sache – und jetzt wird's brisant!

Im Mai 1523 verkündete Papst Hadrian VI. die Heiligsprechung Bennos, also gut 400 Jahre nach dessen Tod. Seine Bischofsstadt Meißen liegt keine hundert Kilometer Luftlinie von Wittenberg entfernt. Wittenberg wiederum war das Zentrum der Reformation. Hier lebte und schrieb Luther selbst. Diese Tatsache wird bei der Heiligsprechung eine nicht geringe Rolle gespielt haben. Hier ging es um einen der Kernpunkte der Luther'schen Kritik. Die Verehrung verstorbener Heiliger, die von der Papstkirche zu solchen erklärt worden sind, ist gemäß den reformatorischen Lehren abzulehnen. Im katholischen Sinn sind Heilige »*Mittler*« zwischen Gott und den Gläubigen. In Martin Luthers Theologie gibt es nur einen einzigen »*Mittler*«: Jesus Christus.

Das Wort ist als Zitat markiert, denn es taucht tatsächlich in einer scharfen Polemik auf, mit welcher Martin Luther auf die Erhebung Bennos reagierte. Sie trägt den erhaben-schauerlichen Titel: »*Wider den neuen Abgott und alten Teufel, der zu Meissen soll erhoben werden.*« Münchens späterer Stadtpatron war also erwähltes Ziel eines Lutherischen Wutausbruchs. Und der war nicht von schlechten Eltern. Der Reformator geißelt nämlich nicht nur die Erhebung an und für sich, sondern durchaus auch den Erhobenen. Er versichert zwar eingangs: »*Ich bedinge voran, dass ich den toten Bischof Benno hie[r]mit weder verurteilt noch verdammt haben will. Er hat seinen Richter ...*«. Der Reformator hat sich an diese Klausel aber nicht gehalten. Es war ihm bekannt, dass Benno im Investiturstreit für den Papst Partei ergriffen und gegen die Königsgewalt gestritten hatte. Das verärgerte ihn zutiefst: » [...] *und war nicht so viel Geists in dem heiligen Mann, dass er hätt mögen erkennen, wie der Papst unrecht thät, sondern ist so stockblind, dass er's hält mit dem Papst [...] ei, du feiner Papstheuchler Benno*«.

So also Luther über Münchens heutigen Patron. Die Heiligsprechung sei ein »*Affenspiel*«, ja Teufelswerk, und das Fazit lautet daher, »[...] *dass der Teufel sich selbst unter Benno[s] Namen erheben lässt*«.

Der zweite Teil der Streitschrift hebt mehr auf die theologische Gegenposition ab, aber ohne die Hilfe der allwissenden Frau Käßmann wollen wir uns diesbezüglich nicht an einen Interpretationsversuch wagen. Es bleibt festzuhalten, dass unser Stadtpatron vom Reformator ordentlich Fett abbekommen hat.

KAPITEL 7

Und so geht die Geschichte nach Luther weiter: Meißen wurde gegen Mitte des Jahrhunderts protestantisch. Damit stellte sich das Problem, was mit den Reliquien des heiligen Benno geschehen sollte. Reliquienverehrung war im protestantischen Sinne, siehe oben, Teufelswerk, und mit diesen speziellen hatte es noch die besondere Bewandtnis, dass Martin Luther gegen sie gewettert hatte. Ganz gesichert ist es zwar nicht, aber der Sage nach haben dem alten Glauben treu Gebliebene die Reliquien bei Nacht und Nebel aus dem Meißener Dom entfernt, um sie, versteckt vor dem evangelischen Furor, aufzubewahren.

Zahlreiche katholische Gegenden des Reiches bewarben sich nun um den Heiligenschatz. Im Jahr 1576 gelangte er nach München, in die Reliquienkammer Herzog Albrechts V. Der Einzug der geretteten und einst von Luther beschimpften Knochen durchs Isartor gestaltete sich triumphal. Albrechts Sohn, Wilhelm mit Namen, verfügte schließlich die abermalige Überführung der Gebeine von der Neuen Residenz in die Marienkirche und darüber hinaus die Verehrung Bennos als Patron der Stadt München. Kein Wunder, dass dieser Herr den Beinamen »der Fromme« erhalten sollte.

8. DIE ZEIT WILHELMS V., DES FROMMEN

Wilhelm V., genannt der Fromme, erbte von seinem Vater Albrecht sowohl den Kunstsinn als auch jenen für die Bedeutung des Kurkollegs. Nur wer hier mitspielte, durfte ernsthaft hoffen, dereinst genügend Stimmen auf sich vereinigen zu können.

Doch zunächst kurz zu seiner Frömmigkeit: Sie war legendär. Das war einerseits wieder zeittypisch. Reformation und Gegenreformation hatten zu einer allgemeinen Intensivierung von Glaubensangelegenheiten geführt. Andererseits ist es gerade deshalb auffällig, wenn einem in solcher Zeit der Beiname »der Fromme« gegeben wird. Wilhelm V. muss folglich schon extrem tief im Glauben gelebt haben. Angeblich hat er in späteren Jahren nur mehr Büßerhemden getragen. Ob das Urgründe genealogischer Natur hatte? Ein einziger kleiner Ausflug in die Ahnenforschung sei einem alten spaniard verziehen, man wird gleich sehen, weshalb. An sich ist das Thema Genealogie wohl meist eher überschätzt, und es wird hier die Ansicht vertreten, dass im europäischen Hochadel ohnehin alle irgendwie miteinander verwandt waren; von Verwandtschaften auf Politisches zu schließen, ist in Einzelfällen sicher möglich, pauschal jedoch unzulässig. Nicht einmal Bruderschaft garantiert Eintracht, von Vetternschaft zu schweigen; und einen Krieg etwa deswegen nicht zu führen, weil der konkurrierende Fürst der eigene Onkel ist, war selten bis nie ein Hinderungsgrund. Aber in unsrem Fall wollen wir ja eher aufs Psychologische denn aufs Politische schließen. Und da gibt es in der Ahnenreihe Wilhelms des »Frommen« eine erwähnenswerte Skurrilität, die fast immer übersehen wird; hier nicht. Es ist die Mutterlinie, die es zu beachten gilt, denn über die Väterlinie gibt es nichts Außergewöhnliches zu vermelden. Sie ist so übersichtlich wie fad: Es waren halt die oberbayerischen Wittelsbacherherzöge, die im 16. Jahrhundert in der Regel entweder Albrecht oder Wilhelm hießen, so wie er selber ja auch. Sein Vater Albrecht V. hatte einst Anna, eine habsburgische Kaisertochter geheiratet. Auch das ist noch nichts Besonderes: Wenn Habsburgs und Wittelsbachs nicht gerade gegeneinander Krieg führen, dann verheiraten sie sich untereinander. Das eine wie das andere ist jahrhundertealter Brauch. Anna von Habsburg also, die Mutter Wilhelms des Frommen, war ein Kind Kaiser Ferdinands I., der seinem Bruder Karl V. im Reich nachgefolgt war, und diese beiden wiederum waren Söhne Johannas von Kastilien, genannt *la loca*, die *Wahnsinnige* (was sie übrigens mit ziemlicher Sicherheit nicht war). Im Jahr 1548, dem Geburtsjahr ihres bayerischen Urenkels Wilhelms des Frommen, war die traurige Johanna sogar noch am Leben. Und nun kommt der link, auf den das alles eigentlich hinaussoll: Die Eltern der Johanna waren Ferdinand und Isabella, die sogenannten *»Katholischen Könige«*. Die zwei waren geradezu berüchtigt für ihren Glaubenseifer. Insbesondere Königin Isabella, die im Haus der *reyes catolicos* eindeutig die Hosen anhatte, soll von annähernd manischer Frömmigkeit gewesen sein. Und diese ebenso berühmte wie kreuzkatholische Dame ist also die Urururgroßmutter unsres frommen Wilhelm. Beiden, Isabella der Katholischen wie Wilhelm dem Frommen, wird nachgesagt, sie hätten sich mitunter Büßergewänder angelegt, um sich selbst zu peinigen. Sie haben auch den Hinweis auf eine legendäre Frömmigkeit im Beinamen gemeinsam.

Man wird sich zu fassen wissen. Das war versprochenermaßen der erste und letzte Ausflug ins Genealogische, wie auch einer der letzten ins Psychologisierende. Der Hinweis auf die Urverwandtschaft Wilhelms des Frommen mag übrigens auch den interessieren, der das Argument sozusagen ererbter Frömmigkeit zurückweist. Immerhin sind die Katholischen Könige, die 1492 Granada eroberten, dadurch die *reconquista* beendeten und im gleichen Jahr Kolumbus auf seine Reise schickten, doch höchstberühmte Ahnen – man wird es also wohl noch erwähnen dürfen ...

8.1. DER KÖLNER KRIEG UND DIE WITTELSBACHISCHE STIMME IM KURKOLLEG

Zurück zum Kurkolleg, in das die Bayern dringend einen Fuß setzen wollten. Gemäß der »Goldenen Bulle« aus dem Jahr 1356 gehörte der Erzbischof von Köln nebst seinen Amtsbrüdern aus Mainz und Trier zum Wählerkreis. In der Ära Wilhelms V. wurde nun ein gewisser Herr Gebhard in Köln erhoben. Er hat es dort in seiner kurzen Amtszeit dermaßen krachen lassen, dass halb Mitteleuropa davon affiziert und in kurzzeitiges Chaos gestürzt wurde. Zunächst, er hatte mehr oder weniger offiziell eine Mätresse. In vorreformatorischen Zeiten hätte das niemanden groß gejuckt; hatten nicht sogar manche Päpste Kinder, die sie auch noch offiziell anerkannten und sogar förderten? Diese Zeiten waren aber seit Luther und der katholischen Reaktion auf ihn vorbei. Damit aber längst nicht genug: Gebhard plante, seine Mätresse zu heiraten. An diesem Punkt setzte er noch ordentlich einen drauf, denn um dies tun zu können, visierte er die Konversion zum Luthertum an; und da nun schon alles gleich war, ließ er obendrein wissen, das Kölner Erzbistum werde in ein weltliches und erbliches Territorium verwandelt. Spätestens jetzt hätte sich dieser Erzbischof die Benennung »Gebhard der Indiskutable« redlich verdient gehabt, womit sich ein weiteres Doderer-Zitat hier eingeschlichen hat.

Die katholischen Reichsstände schäumten vor Grimm. Einen derartigen Präzedenzfall wollten sie sich unter keinen Umständen bieten lassen. Im Kurkolleg war die katholische Mehrheit in Gefahr, und am Horizont drohte schon das Gespenst eines protestantischen Kaisers (zu dem es übrigens im Reich bis zu dessen Zusammenbruch nie wirklich gekommen ist ...).

Wilhelm V. setzte sich an die Spitze derer, die das Kölner Treiben um jeden Preis unterbinden wollten. 1583 begann ein Krieg zwischen Gebhard und Bayern. Wilhelms Bruder Ernst fiel dabei die Rolle eines Gegenerzbischofs zu. Dessen Einsetzung in Köln war das Bayerische Kriegsziel, was schließlich auch gelang – denn Bayern siegte nach fünf Jahren Krieg. Die Kölner Kurstimme blieb somit katholisch, und sie wurde, wenn auch nur zunächst, bayrisch! Das war ein erster kleiner Schritt in die gewünschte Richtung. Der Effekt des bayerischen Erfolges wird allerdings meistens etwas übertrieben. Man liest in diesem Zusammenhang immer und immer wieder, die Bayern hätten durch den Sieg Wilhelms des Frommen im Kölner Krieg 1588 eine Sekundogenitur im Erzbistum errichtet, die etwa 200 Jahre lang Bestand gehabt habe. Nach dieser Lesart hätten die bayerischen Wittelsbacher das Recht erworben gehabt, den jeweils Zweitgeborenen des regierenden Herzogs qua Automatismus zum Kölner Erzbischof zu erheben. Das ist so nicht richtig. Es hätte für einen derartigen Automatismus nicht die geringste kanonische Basis gegeben. Wer hätte denn eine solche Garantie urkundlich ausstellen können? Der Papst, das Domkapitel? Es gab also kein verbrieftes Recht auf eine bayerische Sekundogenitur in Köln. De facto allerdings, das ist wahr, bestand sie. Bis 1761 war stets ein jüngerer Bruder oder engster Anverwandter des in Bayern regierenden Herzogs auf dem Kölner Stuhl. Das lag wohl unter anderem daran, dass Ernst eine Menge getreuer Gefolgsleute aus Bayern nach Köln mitgebracht hatte, so dass das Erzbistum quasi bayerisch unterwandert wurde. Die Nachfolgefrage wurde in Köln selbst unter bayerischen Gesichtspunkten betrachtet, ganz einfach, weil so viele maßgebliche Mitglieder des Domkapitels selber Bayern waren. Und so lief das in den nächsten Generationen weiter. Man könnte von einer Art Gewohnheitsrecht sprechen, wobei das Wort »Recht« fast schon wieder zu stark ist, denn es gibt kein kanonisches Recht einer Familie auf ein bestimmtes geistliches Hirtenamt. Man wird es sich so vorstellen müssen: Seit Ernst, dem Bruder Wilhelms V., brachte jeder neue Wittelsbacher eine ganze Entourage ins Kölner Erzbistum mit, die dann über den Tod des jeweiligen Erzbischofs hinaus dafür Sorge trug, dass der bayerische Einfluss bestehen blieb; dass also, mit anderen Worten, auch der Nachfolger wieder aus dem bayerischen Herrscherhaus kam.

8.2. DAS HOFBRÄUHAUS

Der Triumph im Kölner Krieg, die Einsetzung Ernsts von Bayern im Jahr 1588 und die Aussicht, durch Stärkung des bayerischen Einflusses dort weitere Erzbischöfe stellen zu können, waren fraglos und trotz unsres einschränkenden Einwands große Erfolge für Wilhelm den Frommen. Die mussten jetzt begossen werden! Doch womit, wenn trotz des Reinheitsgebots das in München hergestellte Bier dem herzoglichen Gaumen nicht recht zusagte? Bisher hatte man den Bierbedarf des Hofes mit Importen gedeckt, wobei der Löwenanteil des eingeführten Bieres aus der norddeutschen Stadt Einbeck gekommen war. Die Einbecker Brauer – alles Protestanten übrigens – verdienten sich eine goldene Nase mit dem Münchner Durst. 1589 beschloss Wilhelm V., eine eigene Brauerei zu errichten. Die kleine Fabrik befand sich zunächst am Alten Hof, woher der Name *Hofbräu* kommt. Der Alte Hof wurde also mehr und mehr zu einer Produktionsstätte, einer Art Geräteschuppen. Das Wohnen verlagerten die Wittelsbacher endgültig in die Neue Residenz.

Die Methode, mit welcher diese Hofbrauerei ihre Qualität gesteigert hat, erinnert ein klein wenig an das Vorgehen eines hiesigen Sportvereins etwa 400 Jahre später: In Einbeck gibt es einen Brauer, der besser braut als die meisten seiner Münchner Kollegen? Den werben wir ab; der kriegt hier Vertrag; vorausgesetzt er konvertiert (letzteres ist heutzutage beim Rekordmeister keine Bedingung). Zum Erfolg des Hofbräu-Bieres, das sehr bald an die Stadtbevölkerung verkauft wurde, trugen zunächst also Einbecker Braumeister, einige Jahre später dann allerdings auch das Weißbiermonopol bei. Im 16. Jahrhundert war dieses Monopol nicht in den Händen der Wittelsbacher gewesen. Aber eine kleine Rechtsbeugung hier, ein schlüpfriges Gutachten da, und schon war es der Herzogsfamilie alleine vorbehalten, Weizenbier zu produzieren. Dadurch war der ökonomische Erfolg der Brauerei für viele Jahrzehnte gesichert, und tatsächlich waren Bier und insbesondere Weißbier speziell im 17. Jahrhundert eine wichtige Einnahmequelle der Familie. Das ging so bis 1918 – dann war Revolution und der neu entstandene Freistaat Bayern übernahm den Hofbräu samt Haus am Platzl; und so ist es noch heute. Die Brauereistätte ist allerdings über Umwege schließlich ganz im Münchner Osten, nahe der Messestadt, gelandet. Sie befindet sich ebenso selbstverständlich wie knapp noch auf Münchner Grund und Boden, denn täte sie es nicht, hätte HB sein Anwesenheitsrecht auf der Wiesn verwirkt, und ein solches Geschäft lässt sich der Freistaat nicht entgehen.

8.3. SANKT MICHAEL

Den Beinamen »der Fromme« gewinnt man nicht durch Brauereigründungen. Die erfolgreiche Teilnahme an der Kölner Konfessionsauseinandersetzung mag Wilhelm schon eher zu dieser Charakterisierung verholfen haben; das alleine war's aber nicht. Der Herzog führte die persönliche Regie beim Bau St. Michaels in der Neuhauser Straße. Es ist dieses Geschenk an die Stadt, das uns über so manche dunkle Seite an Wilhelm V. hinwegsehen lässt.

»*Und es entbrannte ein Kampf im Himmel. Michael und seine Engel kämpften gegen den Drachen. Und es wurde hinausgeworfen der große Drache, die alte Schlange, die da heißt: Teufel und Lucifer [...], und er wurde auf die Erde geworfen*« (Offb 12, 7-9). Klingen diese Sätze aus der Apokalypse nicht wie eine Prophezeiung all dessen, was sich aus der Sicht der Katholiken im 16. Jahrhundert innerhalb der Christenheit abgespielt hatte? Es verwundert nicht, dass mit Beginn der Gegenreformation im katholischen

(Abb. 13) St. Michael in der Neuhauser Straße

Raum die Michaelskirchen aus dem Boden sprossen wie die Pilze nach einem Spätsommerregen. Der Erzengel Michael ist ein streitbarer Patron, passend für eine Zeit, da man sich zu heftigen Auseinandersetzungen herausgefordert sah. Indem man eine neue Kirche just diesem Erzengel weihte, bezog man sich auf dessen Kampf gegen alle, die vom wahren Glauben abgefallen waren. Des Erzengels Schlacht gegen Lucifer erinnerte die Gegenreformatoren an ihren Kampf gegen Luther. Der Stabreim ist durchaus zulässig. Sankt Michael wurde nebst Maria zu der Ikone der Gegenreformation. Sein Tag ist der 29. September. Dies ist der Geburtstag Herzog Wilhelms, des Kriegers für den von ihm als wahr erkannten Glauben. Er legte den Grundstein für seine Kirche – man wird sie schon so nennen dürfen – im selben Jahr, da er seine Soldaten gegen den abtrünnigen Kölner Erzbischof Gebhard aussandte. In der Fassade St. Michaels sehen wir den beeindruckenden Kampf des Erzengels gegen Lucifer, gestaltet von Hubert Gerhard, der sich dabei an den oben zitierten Zeilen aus der Offenbarung orientierte.

Bis in den letzten Ziegel hinein ist hier alles vom Geist der Gegenreformation durchdrungen. Bleiben wir bei der Schauseite. Die Figurengruppen werden von Christus als Herren der Welt bekrönt – er steht über allen. Die Figuren selbst sind prominente Mitstreiter Christi sowie Michaels, des Erzengels. Zu diesen zählte sich der Kirchenstifter selbst: Wir sehen ihn mit einem hüfthohen Modell seiner Kirche in der untersten Figurenzeile zwischen dem mittleren und dem rechten (also östlichen) Fenster. Die anderen Herrschaften sind meist entweder Wittelsbacher oder berühmte Kaiser – in einem Fall sogar beides, denn der von links aus gesehen zweite Herr der untersten Zeile ist Ludwig der Bayer. Bedenkliche Sache, schließlich ist der im Kirchenbann gestorben. Der Bayer erlebte in diesen und den kommenden Jahrzehnten eine wahre Renaissance, denn, wie schon mehrfach betont, der wittelsbachische Kaisertraum wirkte fort. In Rom sah man diese Erinnerung nicht gerne und weigerte sich, die einstigen Prozesse gegen Ludwig den Bayern zu revidieren.

Auch die ersten christlichen Bayernherrscher finden sich ganz oben dargestellt, obwohl das noch keine Wittelsbacher gewesen sind. Das Gebäude fügt sich in die Häuserzeile der alten Salzstraße und wirkt in der Formgebung der Schaufassade eigentlich gar nicht wie eine Kirche, sondern eher wie ein Wohnhaus äußerst repräsentativen Charakters; man könnte an ein Rathaus denken oder an das Stadthaus eines betuchten Bürgers. Es ist die Wohnstätte Gottes. Sie ist nicht orientiert, was für Kirchen zwar eher eine Ausnahme, aber doch auch wieder nicht gar so ungewöhnlich ist.

Der Innenraum wirkt im ersten Moment vollkommen einheitlich und ungegliedert, aber dieser unmittelbare Eindruck täuscht. Es gibt tatsächlich eine Gliederung zwischen jenem Teil des Langhauses, in welchem sich die Gemeinde befindet und dem Altarbereich im Norden, welcher durch einen Triumphbogen und sieben Stufen vom Rest abgehoben ist. Dieser Chorraum ist fast zu jeder Tages- und Jahreszeit, bei annähernd jeder Lichteinfall-Situation heller als das übrige Langhaus.

An der südlichen Wand sehen wir Christus als Kind im Nimbus, dem Sonnensymbol. Christus zieht genau wie der Erzengel und Schutzpatron eine Themen-Linie durch die gesamte Kirche. Im Falle des Gottessohnes ist es die Linie vom König der Welt an der Spitze der Schaufassade außen über das erwähnte Christkind, dann folgt das Kreuz an der Schwelle zum Chor und schließlich die Darstellung als Weltenrichter ganz oben am Hochaltar. St. Michaels Linie beginnt mit der kämpfenden Figur an der Außenmauer und zieht sich über den Weihwasserengel im Süden des Innenraums bis hin zum Altargemälde von Christoph Schwarz (beiläufig gesagt ein etwas merkwürdiger Name für einen Maler). Somit haben wir also zwei Gedankenlinien, die sich durch die Kirche ziehen. Linien verweisen auf einen Verlauf. Der Verlauf, den St. Michael symbolisch darstellen will, ist jener vom Jammertal des Lebens, dem das Paradies als Ziel gewiesen wird. Das Paradies ist im Chorraum allegorisch dargestellt. Es gibt hier mehr Licht – Licht als das Symbol Gottes und auch der Hoffnung. Gold erglänzt. Die Figurengruppen im Chorraum sind Erlöste. Leiden gibt es hier nicht mehr.

Ganz anders in jenem Teil des Raumes, in welchem die Gemeinde die Botschaften der Hoffnung vernimmt. Hier herrscht vergleichsweise mehr Dunkelheit als dort. Das ist die Allegorie des irdischen Lebens, interpretiert als Jammertal. Zwischen den Pilastern an der Ost- und der Westwand befinden sich Engel, die grauenvolle Symbole in den Händen halten. Alle diese Symbole verweisen auf Leid und Schmerz, genauer: auf die Passion Christi. Ein Engel hält ein Kreuz, ein anderer eine Leiter. Wir finden die Heilige Lanze und den Schwamm mit Essig, den ein Legionär dem Gekreuzigten an den Mund gehalten hatte. Der südöstlichste Engel verweist auf die Martersäule, auf der ein Hahn steht – man erinnere sich: »*In dieser Nacht, ehe der Hahn kräht, wirst du mich dreimal verleugnen*« (Mt 26, 34).

Diese von den Engeln präsentierten Symbole und andere, die auf das Leiden Jesu' Bezug nehmen – etwa das Schweißtuch der Veronika oder Nägel – werden »*arma Christi*« genannt, also die Waffen des Herrn. Diese Dinge wurden zur Kreuzigung benötigt, diesem Inbegriff von Tod und Leid. Diese wiederum, Tod und Leid, hat Christus durch seine Auferstehung überwunden. Er hat also mit diesen *Waffen* den Sieg errungen und allen Gläubigen die Aussicht auf die paradiesische Erlösung eröffnet.

Genau diese Perspektive und dieses Heilsversprechen sehen wir im Innenraum St. Michaels symbolisch verkörpert. Sich im Tal des Jammers, des Leidens und der Dunkelheit befindend hat der Gläubige doch die Aussicht auf das Paradies – er sieht es im Chorraum vor sich. Ganz simpel physisch gedacht muss er die sieben roten Marmorstufen hinaufsteigen, um in den Chorraum zu gelangen. Vermittels dieser Stufen gelangt er also ins (allegorische) Paradies. Vermittlung ist ein wichtiges Stichwort; der Gläubige hat sich vermitteln zu lassen, und zwar von der römisch-katholischen Kirche. Die sieben Stufen in St. Michael symbolisieren die sieben Sakramente, die das Tor in die Erlösung öffnen und ausschließlich von der Papstkirche gespendet werden. Die Kirche ist die Mittlerin zwischen Gott und Mensch, und die sieben Sakramente sind ihre Mittel. Die unmittelbare Beziehung, in welche der Mensch zum Schöpfer durch die Lutherischen Lehren gestellt werden sollte, wird hier durch innenarchitektonische Mittel negiert. Mehr Gegenreformation geht wirklich nicht.

Die Jesuiten hatten mit St. Michael ein Juwel bekommen, die erste Renaissance-Kirche nördlich der Alpen (schon wieder …), beeindruckend in ihren Ausmaßen und stilgebend für zukünftige Kirchenbauten in Bayern. Die angrenzenden Augustiner mochten blass vor Neid werden, denn in der Kirche und dem zu ihr gehörenden Komplex drückte sich ja auch die beherrschende Stellung aus, welche die Jesuiten künftig am Hof einnehmen sollten. Die Augustiner wurden da durchaus in den Hintergrund gedrängt und werden das auch so empfunden haben. Die Jesuiten wiederum ereilte zwei Generationen später dasselbe Schicksal: Im späteren 17. Jahrhundert wurden sie von den neu angekommenen Theatinermönchen verdrängt. Deren Kirche ist in unmittelbarer Nähe zur Residenz platziert, und schon darin drückte sich aus, dass sie nunmehr jene Rolle bei Hofe spielen würden, welche zuvor die Jesuiten und ganz zuvor die Augustiner gehabt hatten. Es herrschte da durchaus Konkurrenz unter den verschiedenen katholischen Institutionen, und das war keineswegs nur in München so. Hier kann man es allerdings sehr schön im Stadtbild ablesen. Die Bedeutung des Theatinerordens erschließt sich ohne Weiteres aus der Lage ihrer Kirche, und der Jesuitenkomplex stellt jenen des benachbarten Augustinerordens bei Weitem in den Schatten. Da half den Ältereingesessenen all ihre Braukunst nichts.

Nun kommt ein bisschen Lernstoff. Herzog Wilhelm der Fromme hatte in St. Michael nämlich ein Grabmal für sich selbst und seine Gattin Renata geplant. Dieses ist nie zur endgültigen Ausführung gekommen. Einzelne Elemente des Grabmals waren jedoch schon angefertigt. Sie sind im 17. Jahrhundert über die Stadt verteilt worden, und meist an recht prominenter Stelle. So sollte zum Beispiel eine Maria über dem Grabmal schweben. Sie schwebte aber sozusagen aus der Kirche hinaus, befand sich zunächst eine Weile in der Frauenkirche und bekam 1638 ihren heutigen Aufenthaltsort: auf der Säule am Marienplatz. Vier Löwen, die bayerischen Wappentiere, sollten das Grabmal schildbewehrt flankieren. Auch sie sind samt ihren Schildern ausgebüchst. Bis vor kurzem waren sie an den westlichen Eingängen der Residenz, mit einer abgewetzten Stelle, denn ein Münchner Brauch verlangt das Berühren der unteren kleinen Löwenmäuler, die auf den Schildern sind – das bringt angeblich Geldsegen. Mittlerweile sind's allerdings nur mehr Kopien. Ob diese für den erhofften Wohlstand geradestehen können? Einige Ritterfiguren des geplanten Grabmals zogen ebenfalls um, und zwar in die nahe gelegene Frauenkirche. Sie halten heute am Epitaph für Ludwig den Bayern ihre Wache. Andere Elemente, so etwa die Kandelaber und das Kreuz, blieben in St. Michael.

Die neue Kirche war eigentlich bestimmt, zur Grablege der Wittelsbacher zu werden. Der Bauherr und sein Sohn Maximilian liegen auch wirklich in der Gruft. Dann allerdings entstand St. Kajetan, und so, wie deren Besitzer sich die führende Rolle bei Hofe von den Jesuiten abpaschten, so übernahm auch die Theatinerkirche die Funktion als wittelsbachische Grablege. Wie kommt es nun, dass König Ludwig II., der berühmteste aller Wittelsbacher, den sogar die Amerikaner kennen, in St. Michaels Gruft liegt und nicht in St. Kajetan, obwohl er doch erst 1886 gestorben ist? Das liegt ganz einfach an den Umständen seines Todes, die von einigen ja gerne raunend die »ungeklärten« genannt werden. Gemäß offizieller Darstellung der bayerischen Regierung ist Ludwig II. ein Mörder und Selbstmörder. Denn um sich im Starnberger See (damals noch »Würmsee«) ertränken zu können, ermordete er – so die Regierung – zuvor den ihn begleitenden Psychiater von Gudden. Damit hätte er eigentlich das Recht auf eine Beisetzung an geweihtem Ort generell verspielt gehabt. So kann man aber natürlich mit einem König nicht verfahren. Daher einigte man sich auf folgenden Kompromiss: Für St. Kajetan, die offizielle wittelsbachische Grablege, langt es in diesem Fall einfach nicht. Also nehme man St. Michael, da liegen ohnehin schon ein paar Familienmitglieder; und würdig und schön ist es dort allemal.

Wilhelm V. brachte sich nachweislich aktiv und detailliert in die Planungen der Kirche ein. Nach allem, was wir nun schon von ihm gehört haben, ist sein Beiname »der Fromme« hochverdient. Neben ihm gelten die Herren Friedrich Sustris und Wendel Diedrich als Planungschefs. Die vielen Köche haben den Brei keineswegs verdorben. Aber es mag an nicht klar verteilten Kompetenzen gelegen haben, dass in der letzten Bauphase der bereits errichtete Turm umstürzte. Er krachte auf Chorraum und Langhaus. Die Bedachung des Langhauses überstand die Katastrophe wundersamerweise, gilt sie doch noch heute als eines der größten Tonnengewölbe weltweit. Das beweist einen hohen Standard der statischen Berechnungen. Der Chor allerdings war zerstört. Wilhelm V. sah hierin folgendes Zeichen Gottes: Dieser sei erbost gewesen, weil man den Chor, der ja eine Allegorie aufs Paradies darstellen sollte, nicht groß(artig) genug aufgezogen hatte. Der Herzog ordnete also einen vergrößerten Wiederaufbau des Chorraumes an.

Kriege kosten Geld; Kirchen in rekordverdächtigen Dimensionen ebenfalls; darüber hinaus ging Wilhelm auch noch an die Errichtung eines neuen Schlosses, der Wilhelminischen Veste, später unter dem Namen Maxburg bekannt und gelegen zwischen der Stadtmauer und dem Jesuitenkomplex. Das alles samt den Schulden, die er geerbt hatte, führte zu katastrophalen Staatsfinanzen. Der fromme Mann war um die Jahrhundertwende vollkommen pleite. Er entschloss sich in dieser fatalen Situation zu einem Schritt, den er sich möglicherweise bei seinem Großonkel, dem berühmten Kaiser Karl V., abgeschaut hatte: Er trat zurück. Das kommt im europäischen Hochadel in vielen Jahrhunderten wirklich sehr selten vor. Karl V. bildete hier eine Ausnahme. Er gab am Ende seines Lebens Schritt für Schritt die unfassbar vielen Herrschertitel, die er zusammengesammelt hatte, ab. Wilhelm der Fromme tat es ihm etwa vierzig Jahre später gleich, und es darf vermutet werden, dass er das Beispiel des Kaisers und Königs von Spanien dabei vor Augen gehabt hat. Die Regierungsgeschäfte gingen an seinen Sohn Maximilian über, dessen Ära in einem eigenen Kapitel beschrieben wird. Er selbst lebte zurückgezogen und kontemplativ noch weit über zwanzig Jahre in der neuen Wilhelminischen Veste. Auch dieser Riesenkomplex ging auf seine Initiative zurück und befand sich zwischen dem neuen Jesuitenareal und dem nordwestlichen Abschnitt der Stadtmauern.

Kasten zur Entdeckung
Die Maxburg, ehemals »Wilhelminische Veste«

Es ist der 9. Juni 2006, der Eröffnungstermin der Fußball-WM. Später Nachmittag. An den Bildschirmen der Nation röhrt Johannes B. Kerner vor sich hin, in bereits bedrohlich enthusiasmiertem Zustand; neben ihm der Dauergrinser Klopp. Dann die Schaltung nach München. Aus der Luft gefilmt sieht man einen Autobus, startend am Hilton Hotel im Tucherpark mit dem Ziel Fröttmaning. Die deutsche Nationalmannschaft, die hier die Nacht verbracht hatte, macht sich auf zu großen Taten. Schließlich heißt der Gegner im Eröffnungsspiel nicht Italien. Kerner, der die Fahrt kommentiert, ist nun schon völlig außer Rand und Band, der Bus bereits über die Ifflandstraße raus, und das deutsche Sommermärchen kann beginnen: In knapp zwei Stunden wird Philipp Lahm das erste Tor für den DFB schießen (ausgerechnet der!).

Was das bitte schön mit der Maxburg oder gar mit Wilhelm V. zu tun haben soll? Mit letzterem zugegebenermaßen schon rein gar nichts. Die Linie zwischen dem Tucherpark, auf den am 9.6. selbstredend kein Mensch geachtet hat, und der ehemaligen Wilhelminischen Veste ist allerdings recht schnell gezogen: Die heutige Maxburg wurde von Sep Ruf gebaut, von dem auch das Hilton Park Hotel sowie die umliegenden Bankgebäude stammen.

Die Wilhelminische Veste war ein Renaissance-Schloss, und so schön es immer gewesen sein mag, ist man versucht zu sagen, dass der Fromme es sich vielleicht doch sparen hätte sollen. Erstens mussten um die fünfzig Bürgerhäuser für den Komplex weichen. Man sieht daran übrigens wieder die alles beherrschende Stellung des Herzogshauses in dieser Stadt, die eben zuallererst Residenzstadt war. Zweitens bastelten die Wittelsbacher in diesem Jahrhundert schon fleißig an der Neuen Residenz herum, die kaum einen Steinwurf entfernt liegt. Der Umzug dorthin lag noch nicht viele Generationen zurück. Und drittens führten Wilhelms gigantische Bauprojekte direkt in den Staatsbankrott. Sagen wir es neudeutschenglisch, der Bau eines weiteren Stadtschlosses war etwas »over the top«. Die Fugger in Augsburg schüttelten nur noch die Köpfe und gaben nichts mehr.

Im 17. Jahrhundert änderte sich der für die Wilhelminische Veste gebräuchliche Name – sie hieß fortan Maxburg, denn sie wurde von einem

DIE ZEIT WILHELMS V., DES FROMMEN

(Abb. 14) Die alte Maxburg

(Abb. 15) Die heutige Maxburg

gewissen Maximilian Philipp Hieronymus bewohnt, der uns allerdings ansonsten überhaupt nicht interessiert.

Die Maxburg ging wie so vieles im Bombenhagel unter. Bei einem Zerstörungsgrad zwischen 80 und 90 Prozent, was die Altstadt betrifft, war es unmöglich, alle ruinierten historischen Gebäude wiederaufzubauen, wenngleich in München auf diesem Gebiet extreme Anstrengungen gemacht wurden. Die Burg wurde bis auf den Turm in der Pacellistraße völlig abgeräumt und das Areal neu bebaut. Diese Neuschaffung der Fünfzigerjahre erhitzte die Gemüter arg. In den zeitgenössischen Äußerungen zu diesem Thema stößt man erstaunlich oft auf das Wort »Scheußlichkeit«. Das würde heute allerdings kein Experte mehr wagen. Der Münchner Volksmund sprach noch vergleichsweise harmlos von der »Murksburg«. Am weitesten lehnte sich Erwin Schleich aus dem Fenster. Schleich hatte viele Wiederaufbauarbeiten, unter anderem auch jene des Alten Peter, in der Stadt geleitet und sich so, wie nicht geleugnet werden soll, große Verdienste erworben. Allerdings ist sein Schaffen so wenig originell wie sein Schreiben, und zur Polemik, die immerhin eine Kunstform ist, fehlte ihm völlig das Talent. In seinem Buch über die »zweite Zerstörung Münchens« wetterte er ebenso gnadenlos wie holprig über so ziemlich alles Neue, das nach 1945 in der Stadt entstanden war. »Landfremde«, »amerikanische« Einflüsse waren ihm ein Gräuel. Auch die Maxburg bekam folglich ihr Fett weg. Schleich stänkerte, man hätte angesichts dieser Kulturschande den Renaissanceturm schließlich auch noch abreißen können. Das war schon ein ziemlich ahnungsloses Geschwätz, wenngleich die These von der »zweiten Zerstörung Münchens« an anderen Stellen durchaus ihre Berechtigung hat: Für den Kaufhof am Marienplatz wurden Bürgerhäuser aus dem 19. Jahrhundert beseitigt!

Die Kritiker übersahen meist, dass Sep Ruf an der Zerstörung der ursprünglichen Maxburg ja nun keine Schuld trug. Die Trauer über den Verlust des Schlosses, so berechtigt und verständlich sie immer war, trübte unzulässigerweise den Blick der Architekturkritik.

Ruf strebte bei diesem Komplex nach einer Art Verschmelzung zwischen Tradition und Moderne. Die Harmonie, der Rhythmus der Anlage ist bestechend. Man beachte, sitzend im Kaffee Kreuzkamm, die Taktung des Treppenhauses im Gebäude gegenüber; die Ruhe des Innenhofes – die Stadt mag noch so brodeln, dieser Innenhof verspricht

Entspannung; die Einbindung der Domtürme als Blickfang; und vieles andere Gelungene mehr.

Die Stahlbeton-Skelettbauweise ermöglichte eine freie Gestaltung der Fassaden, und so nehmen diese den Stil des Renaissanceturmes diskret auf. Der erhaltene Turm schafft also die Brücke zwischen Alt und Neu.

Freilich sind das alles Geschmackssachen. Man kann den Verlust des alten Schlosses bedauern, und man muss die Maxburg nicht lieben. Man sollte aber nicht unfair und reaktionär über sie urteilen.

Sep Ruf ist einer der bedeutendsten unter den deutschen Nachkriegsarchitekten. In München baute er viel, neben dem bereits Erwähnten zum Beispiel auch das amerikanische Konsulat am Englischen Garten und die Kirche St. Cajetan in Bogenhausen.

Seine Arbeiten im Bonner Regierungsviertel sind berühmt, besonders der Kanzlerbungalow. Helmut Schmidt, mit absoluter Sicherheit der stilsicherste unter den Regierungschefs der Bonner Republik, hat ihn geliebt (Fans von Willy Brandt mögen sich ob der Hintansetzung ihres Idols beruhigen: Was dessen Stilsicherheit im Künstlerischen anging, so badete der Herr wirklich gerne im Lauen, wovon seine Vorliebe für die Musik des ansonsten durchaus sympathischen Herrn Roland Kaiser zeugt, um von seiner Kumpanei mit Günter Grass zu schweigen; denn zu dem muss wirklich nichts mehr gesagt werden …).

9. MÜNCHEN UNTER MAXIMILIAN I.: ABSOLUTISMUS UND DREISSIGJÄHRIGER KRIEG

Beginnen wir das Kapitel mit einem kurzen Überblick zur Situation der Stadtbewohner um die Jahrhundertwende:

Die letzten Bauwerke, die hier erörtert wurden, zählten durch die Bank zu fürstlichen Initiativen. Die neue Frauenkirche war zwar Stadtpfarrei, wurde aber auf wittelsbachische Anregung und in ihrem Repräsentationssinne errichtet. Der Jesuitenkomplex und St. Michael, der Ausbau der Neuen Residenz und schließlich die Maxburg – alles Fürstenprojekte; im Kreuzviertel stand am Ende des Reformationsjahrhunderts kein ehemaliger Stein mehr auf dem anderen. Eine sehr hohe Zahl von Bürgerhäusern musste den neuen Bauwerken weichen. Hier wird sinnbildlich, wie das Fürstenhaus mehr und mehr das Leben der Residenzstadt durchwirkte, und das durchaus auch auf Kosten der Rechte des Bürgertums. Wobei die Abrisse des 16. Jahrhunderts die endgültige Beschneidung der Mitgestaltungsmöglichkeiten durch die Bürger vorwegnahm, denn diese erfolgte erst in den kommenden Jahrzehnten. Vom historischen Standpunkt aus ist es sehr zu bedauern, dass man die Umbauten des Kreuzviertels in Meister Sandtners Stadtmodell nachvollzogen hat. Man wüsste doch zu gerne, wie es dort vorher ausgesehen hatte. Es ist gesichert, dass unter anderem eine Nikolaikapelle weichen musste; diese war von reisenden Händlern benutzt worden, diente also deren Zwecken. Ersetzt wurde sie durch einen Komplex, der fürstlicherseits angeregt und genutzt worden ist; da sieht man wieder ganz deutlich den Verdrängungsprozess.

Zur Frauenkirche ließe sich immerhin sagen, dass deren Architekt Jörg von Halsbach durchaus noch fürs Bürgertum tätig gewesen war: Er baute ihr Rathaus. Das haben wir zugegebenermaßen bisher unterschlagen – es mag symptomatisch gedeutet werden, liegt aber zur Hauptsache daran, dass dessen Wiederaufbau nach kompletter Zerstörung uns nicht sehr geglückt zu sein scheint. Man vergleiche das heutige Erscheinungsbild mit alten Stichen oder auch Fotografien aus der Vorkriegszeit (und auch das könnte man wieder als Gleichnis deuten: Dass nämlich der Wiederaufbau eines Gebäudes, welches der bürgerlichen Sphäre zuzuordnen ist, offenbar nicht mit derselben Sorgfalt ausgeführt wurde wie die Rekonstruktionen fürstlicher oder kirchlicher Bauten). Es gab also im 15. Jahrhundert noch repräsentatives, oder sagen wir »politisches« bürgerliches Bauen. Ein weiteres Beispiel hierfür ist das bürgerliche Zeughaus (heute Stadtmuseum), erbaut in zwei Etappen um 1431 und dann am Ende des Jahrhunderts. Hier bewahrte das Bürgertum seine Waffen auf, sichtbares Zeichen eigener Verwaltungskompetenzen und eines gewissen Selbstbewusstseins. Das schwindet mit dem aufkommenden Absolutismus. Im 16. Jahrhundert kommt kein prominentes bürgerliches Gebäude hinzu, und viele Wohnhäuser müssen Fürstenbauten weichen. Es folgt die politische Zurückdrängung im Absolutismus unter Wilhelms Sohn Maximilian.

Die Umgestaltung des Kreuzviertels durch Wilhelm den Frommen muss noch mehr erstaunen, wenn man bedenkt, dass es im Verlauf des Reformationsjahrhunderts einen nicht unbedeutenden Zuwachs der Stadtbevölkerung gegeben hat: Um 1500 lebten etwas über 13.000 Menschen in der Stadt, und als Maximilian I. die Regierungsgeschäfte von seinem klammen Vater übernahm, waren es circa 18.000. Dieses stetige Wachstum hielt übrigens auch im 17. Jahrhundert und trotz der Katastrophe des Dreißigjährigen Krieges an: In der folgenden Jahrhundertwende geht man von etwa 24.000 Einwohnern aus.

9.1. AMTSANTRITT UND VORABEND DES DREISSIGJÄHRIGEN KRIEGES

Der Herr, von dem es jetzt zu berichten gilt, will irgendwie nicht recht zu Bayern passen. Er stand um vier Uhr morgens auf und wälzte noch am späten Abend die Staatsakten, deren Anlegung er größtenteils selbst befohlen hatte. Er beschränkte Tanzvergnügungen seiner Untertanen auf wenige sonntägliche Stunden, reglementierte das Kegeln und das Karteln. Er schnüffelte seinen Bayern bis in die Ehebetten hinterher, und wehe all jenen, die dort nicht mit den eigenen besseren Hälften verweilten …

Im Ganzen also eher ein Kotzbrocken ziemlich preußisch-hohenzollern'scher Natur? Vielleicht doch nicht ganz – in seinem politischen Testament begegnet er uns als ein Mann, dem Kriege verhasst waren wie nichts sonst (außer der Protestantismus, versteht sich); was ihn allerdings andererseits nicht daran gehindert hat, mehr oder minder permanent welche zu führen. Ferner ist zu bemerken, dass auch er das Mäzenatentum, jene wittelsbachische Kerndisziplin so sympathischer Natur, ernst genommen und gepflegt hat.

Es ist die Rede von Maximilian I. Der glich seinem Vater Wilhelm in einem zumindest wie der südliche Frauenkirchturm dem nördlichen: nämlich in der Tiefe seiner religiösen Überzeugung. Hätte Wilhelm den Titel »der Fromme« nicht schon besetzt, seinem Sohn stünde er gleichermaßen zu. Spätere Wittelsbacher wollten ihn gerne als »Maximilian den Großen« benannt sehen, aber das hat sich nicht recht durchsetzen wollen; der Beiname »der Große«, ob für Kurfürsten oder Könige, sei generös den Preußen überlassen, denn auch der passt nicht recht zu Bayern.

Bei Maximilian kulminierte die Religiosität im Marienkult. Erzengel Michael, die andere Ikone der Gegenreformation, war ja nun wahrhaftig bereits ausreichend im Stadtbild verankert. In Maximilians Zeit wurde die Mariensäule errichtet, und er führte den Brauch der Verehrung Marias als »Patrona Bavariae« ein – skurriles Detail übrigens, dass die Anerkennung dieses Kultes durch die Päpste erst Jahrhunderte später, und zwar ausgerechnet mitten im Ersten Weltkrieg, erfolgte.

Eintausendzweihundertundzwanzig Gulden und dreißig Kreuzer: Als Herzog Maximilian beim Amtsantritt die Staatsschatulle öffnete, fand er präzise diese Summe vor. Dem standen Schulden in Höhe von etwa einer Million Gulden gegenüber. In der ersten Wut kürzte der Neue dem Vater, der in der Maxburg vor sich hinfrömmelte, die Apanage. Dann machte er sich an die Sanierung der Finanzen seines Staates. Das ging nur, indem er diesen selbst umkrempelte und beinahe neu erfand.

Der frühmoderne Staat, jenes Ergebnis des Absolutismus, entsteht in vielen europäischen Ländern nach demselben Muster. Meist stand dabei das Bedürfnis nach einem stehenden Heer Pate. Eine permanent ausgerüstete und bereite Armee in der alleinigen Verfügungsgewalt des Potentaten ist der Nukleus des modernen Staates. Das Schema ist dabei folgendes: Ein stehendes Heer garantiert dem Herrscher einen großen Aktionsradius und verhindert gleichzeitig, dass andere marodierende Heere im jeweiligen Land Station machen, sich dort einquartieren und es bis auf den letzten Laib Brot auszehren. Ein stehendes Heer kostet allerdings Unmengen an Geld – der fürstliche Finanzbedarf steigt somit rasant an. Hier bieten sich zwei Lösungswege: Erstens müssen die bereits bestehenden Steuern monopolisiert werden. Bisher gab es nämlich durchaus Abgaben, die weder vom Fürsten erhoben noch von diesem genutzt wurden. Sowohl die Erhebungskompetenz wie auch die Verfügungsgewalt solcher Steuern müssen also in fürstliche Hände. Dazu wiederum müssen die Rechte der Standesvertretungen beschnitten oder sogar beseitigt werden. Landtage oder Landschaften, also die traditionellen Zusammenkünfte der verschiedenen Stände zwecks Steuererhebungen und politischer Beratungen, werden geschlossen oder eben einfach nicht mehr einberufen. Das hat übrigens noch einen weiteren Grund: Den Ständen, also dem Niederadel und den Bürgern, waren die von den Fürsten angestrebten stehenden Heere ein Gräuel. Denn sie bedeuteten naturgemäß einen Machtzuwachs des jeweiligen Herrschers. Die Machtbalance innerhalb eines Landes, das nun erst eigentlich zum »Staat« wird, verschiebt sich auf die Person des mehr und mehr absolut herrschenden Fürsten. Das also ist der erste Lösungsweg. Der zweite besteht im Erschließen neuer, bisher nicht genutzter Finanzquellen. Das heißt: neue Steuern; die Erfindung, der Verkauf oder der Einzug von Monopolen; eine staatlich reglementierte Wirtschaftspolitik, der es um Erhöhung des Exports bei gleichzeitiger Verminderung des Imports geht.

Für all das braucht man einen enormen Apparat. Man benötigt Steuerbehörden, Militärbehörden für das Rekrutierungswesen, man benötigt Spezialisten, Beamte, Zuständigkeiten müssen reglementiert werden, usw., usf. – man sieht schon: Es entsteht der moderne Staat, und sein Erzeuger ist das stehende Heer, respektive der fürstliche Wunsch nach einem solchen.

Das ist das Schema F für mehr oder weniger ganz Europa. Es gab an dessen nordöstlicher Peripherie ein Territorium, in welchem die Entwicklung präzise, annähernd eins zu eins, nach diesem Muster verlaufen ist: Brandenburg-Preußen. Zu nennen wären hier der Große Kurfürst Mitte, Ende des 17. Jahrhunderts und der Soldatenkönig Friedrich Wilhelm I. (1713–1740), den mal jemand Preußens *»größten inneren König«* genannt hat (und der in der Tat und anders als Bayerns Maximilian I. einfach nur ein Kotzbrocken war). Dieses Schema wurde hier vorangestellt, um die bayerischen Besonderheiten herausstellen zu können. Das waren im Wesentlichen zwei: Erstens war Herzog Maximilian mit der Schaffung absolutistischer Strukturen vergleichsweise recht früh dran; und zweitens stand bei ihm nicht primär der

Wunsch nach permanentem Militär im Mittelpunkt, sondern die schlichte Tatsache, dass Bayern 1597 total pleite und am Rande der Handlungsunfähigkeit war. Später dann, geprägt durch die Erfahrungen im Dreißigjährigen Krieg, strebte auch Maximilian nach einem stehenden Heer.

Staatsmonopole gehörten zum Wesen des Absolutismus – in Bayern war es beispielhaft das vom Fürsten eingezogene Weizenbiermonopol. Das stellte eine bedeutende Einnahmequelle des Hofbräuhauses dar. Der Merkantilismus – so der Name des absolutistischen Wirtschaftssystems – forderte Steigerung des Exports und Verringerung des Imports. Maximilian gebot die Verarbeitung der Textilstoffe in Bayern, andersherum: Er verbot die Ausfuhr unbearbeiteter Stoffe. Die Zahl der spezialisierten und auf ihn vereidigten Staatsmitarbeiter – nennen wir sie Beamte – stieg rasant. »*Wir werden über die Maßen mit Laboriren überhäuft*«, stöhnte einer über die wachsende Arbeitsbelastung. *Ora et labora* – wenn der Herzog nicht gerade Andacht hielt oder wallfahrte, dann schuftete er und spornte auch sein Umfeld zum Schuften an. Ebenso typisch absolutistisch ist das Streben nach Vereinheitlichung der Justiz. Der von Maximilian geschaffene Codex galt in Bayern bis zur Einführung des Bürgerlichen Gesetzbuches.

Etwa 15 Jahre nach Maximilians Amtsantritt war Bayern schuldenfrei. Da die Einnahmen weiter stiegen, gewann der Herzog Jahr für Jahr mehr Handlungsspielraum, mehr reichs- und außenpolitische Möglichkeiten, mehr Souveränität – letzteres geradezu ein Schlüsselwort des Absolutismus. Den erweiterten Aktionsradius nutzte Maximilian konsequent zur Steigerung seiner Position im Reich. Der Goldenen Bulle mit ihrer vermaledeiten Nichterwähnung Bayerns als Königswähler sollte es nun an den Kragen gehen.

Wir müssen weit ausholen, um nachzeichnen zu können, wie sich für Maximilian die Gelegenheit ergab, den Fuß in die Tür des Kurkollegiums zu setzen. Zu schildern ist dabei nichts Geringeres als der Ausbruch des Dreißigjährigen Krieges. Der begann, so das Schulwissen, mit dem Prager Fenstersturz, genauer: dem Zweiten Prager Fenstersturz – offenbar eine etwas seltsame böhmische Tradition, denn es gab später sogar noch einen dritten. Was lag an? Die böhmischen Stände waren mehrheitlich protestantisch. Gleichzeitig war ihr Land, das verfassungsmäßig sowohl eine Wahlmonarchie als auch Bestandteil des Reiches war, seit langem von den Habsburgern als Könige von Böhmen regiert. Die Habsburger waren nicht nur erzkatholisch, sondern auch die begabtesten Titelsammler des Kontinents. Ursprünglich ja nur Erzherzöge in Österreich, regierten sie u. a. in folgenden Ländern mit herum:

Deutsches Reich, Spanien, Ungarn, Böhmen, Niederlande ... Im Reich war jede Kaiserwahl seit dem 15. Jahrhundert auf ein Familienmitglied gefallen. Noch einmal sei jedoch betont, dass die Habsburger – im konkreten Fall ging es um Kaiser Ferdinand – in Böhmen nicht nur qua Kaiseramt, sondern viel unmittelbarer als gewählte Könige regierten.

Der protestantische Teil der böhmischen Stände hatte die katholisch-österreichische Herrschaft im Jahr 1618 endgültig satt. Der angestrebte roll back jeglichen protestantischen Einflusses wurde von dieser Seite nicht mehr akzeptiert. Am 23. Mai schmissen böhmische Ständevertreter drei im Dienste der Habsburger stehende Hofkanzleimitarbeiter aus dem Fenster der Prager Burg. Kaum waren die drei Armen unten aufgeschlagen – sie überlebten, nebenbei bemerkt – wählten die protestantischen Böhmen einen neuen König. Pikanterweise fiel ihre Wahl auf Friedrich, den Kurfürsten von der Pfalz; dieser war Protestant. Und Wittelsbacher.

Auf Seiten Friedrichs bedeutete eine Annahme dieser Wahl, sich massiv gegen den Kaiser zu stellen, dem die Rebellen ja zuvor den böhmischen Königstitel aberkannt hatten. Reichsacht und deren Exekution durch Krieg waren die absolut vorhersehbare Folge. Er akzeptierte dennoch.

Halten wir kurz fest, was er damit angestellt hatte: Erstens hatte er die Entehrung des Kaisers durch den Raub einer seiner Kronen akzeptiert. Zweitens hatte er sich diese Krone selbst aufsetzen lassen. Drittens war er nun Doppelkurfürst, denn sowohl seine Pfalz als auch das Königreich Böhmen waren Kurländer. Viertens war nun kein einziges weltliches Kurterritorium mehr katholisch. Fünftens schließlich war die katholische Mehrheit im Kurkollegium verloren, denn es gab dort nur noch die drei Stimmen der Erzstifte Trier, Mainz und Köln; damit drohte abermals, wie schon in der Kölner Angelegenheit 35 Jahre zuvor, die Möglichkeit eines evangelischen Kaisers. Falls Friedrich darauf gerechnet haben sollte, dass sich die kaiserliche Seite das alles auch nur zehn Sekunden lang bieten lassen würde, muss er bescheuert gewesen sein. Er hat es aber wohl gar nicht geglaubt, sondern den Krieg optimistisch in Kauf genommen.

9.2. DER DREISSIGJÄHRIGE KRIEG

Ein Kriegsanlass darf nicht mit dessen Ursache verwechselt werden. Die Erhebung Friedrichs und die böhmischen Wirren waren Anlass und Auftakt des Dreißigjährigen Krieges, jedoch nicht dessen Ursache. Über diese – man sollte sie unbedingt im Plural nehmen – sind Bände geschrieben worden, welchen viele weitere folgen werden. Zu ihnen gehört ganz weit vorne die konfessionelle Spaltung des Reiches, welche sich seit dem Augsburger Religionsfrieden von 1555 immer kritischer zugespitzt hatte. Seit einiger Zeit hatten beide Seiten eigene Bündnisse, die sich über die Reichsstruktur legten und sie lähmten: die Protestantische Union und die Katholische Liga. Der Anführer der Liga war nicht etwa ein Habsburger, sondern Reichsfürst Maximilian, Herzog von Bayern. An ihn wandte sich Kaiser Ferdinand nun mit der Bitte um Unterstützung gegen den rebellischen Doppelkurfürsten Friedrich. Er sollte sie bekommen, aber der Preis war klar: Die pfälzische und übrigens wittelsbachische Kurstimme des geächteten Friedrich war auf den Bayernherzog zu übertragen.

Und so geschah's.

Maximilian I. führte die Regie und trug die Hauptkosten beim erfolgreichen Feldzug gegen Friedrich. Dieser konnte sich wegen der forschen bayerischen Militärintervention nur sehr kurz in Böhmen halten und bekam deswegen das Etikett »Winterkönig«. Dafür erhielt Maximilian im Jahr 1623 die gar zu lang schon ersehnte Kurstimme. Diese war zwar zunächst nicht erblich gedacht gewesen, und es handelte sich auch nicht um eine expressis verbis bayerische, sondern eben um die pfälzische Kurstimme, die per Translation auf den Bayernherzog kam; aber das war für den Moment gleichgültig und übrigens ja nicht in Stein gemeißelt. Seit dem Westfälischen Frieden von 1648 kann man dann tatsächlich von einer achten, bayerischen Stimme im Kurkolleg sprechen.

1623 kam also endlich ein Kurhut nach München – ein großer Erfolg. Mutmaßlich wird Vater Wilhelm in der Maxburg kurz das Beten unterbrochen haben, um seinem Sohn, dem frischgebackenen Kurfürsten, drüben in der Neuen Residenz zu gratulieren. Dort war gerade der Kaiserhof entstanden – der Name ist Programm.

Man ließ zwar verlautbaren, die Räumlichkeiten des Kaiserhofes seien zu erwartenden kaiserlichen Besuchen gewidmet: Damit Majestät bei künftigen

Besuchen in München angemessen residieren könne, habe man weder Kosten noch Mühen gescheut – dies zur Beruhigung des gegenwärtigen Reichskroneninhabers. Aber wer sagte denn, dass es sich bei künftigen Aufenthalten eines Kaisers in der Stadt um einen *Besuch* im eigentlichen Sinn handeln musste? Man ahnt schon ... Es wird hilfreich sein, sich zum besseren Verständnis der wittelsbachischen Geschichte des Märchens vom »Fischer und seiner Frau« zu erinnern. Die Rolle des Zauberbutts hätte im Falle Wittelsbach die europäische Geschichte zu spielen, während jene des bescheidenen Fischers wohl eher unbesetzt bliebe (die Herren Ferdinand Maria und Max III. eventuell ausgenommen). Rufen wir die Aufstiegs-Stationen jener Sippschaft, die da bis Mitte des 12. Jahrhunderts eher regional-gräflich vor sich hingewurstelt hatte, noch einmal kurz ab: Pfalzgraf Otto hatte bereits zur engsten Entourage Kaiser Friedrich Barbarossas gehört und sich als Haudrauf in den italienischen Angelegenheiten bei diesem so beliebt gemacht, dass er 1180 mit der Ernennung zum Herzog von Bayern belohnt worden war. Vom Graf zum Herzog, das war der erste Schritt gewesen. Seither hatte die Familie zwei weitere Treppenstufen der Reichspyramide nie aus den Augen verloren: Zum einen, bei anliegenden Kaiserwahlen das Stimmrecht ausüben zu dürfen und zum anderen, eine solche Wahl dereinst zu gewinnen. Letzteres war 1314 bereits einmal geglückt; ersteres durch Maximilian I. im Reichsgrundgesetz verankert worden. Die Zukunft erschien also nach dem erfolgreichen Feldzug in Böhmen Anfang der Zwanzigerjahre ausgesprochen rosig, doch dieser Schein trog. Mit dem Sieg über den Aufstand der protestantischen böhmischen Stände und deren Galionsfigur König Friedrich war der Krieg ja nicht zu Ende – ach, noch allzu lange nicht!

Kaiser Ferdinand sah nach Wiedergewinnung der böhmischen Krone die Chance, den Einfluss der protestantischen Reichsstände gewaltsam weiter zurückzudrängen. Er gestattete einem Kleinadeligen namens Wallenstein die Aufstellung einer Privatarmee, welche sich in die Dienste des Kaisers stellte. Dieser Wallenstein war so eine Art Kriegs-Unternehmer, der zunächst auf eigene Kosten Armeen rekrutierte, diese dann gegen Zahlungen und versprochene Privilegien dem Kaiser zur Verfügung stellte und in dessen Auftrag den Krieg gegen verschiedene protestantische Mächte fortsetzte. Das klappte bis Ende der Zwanzigerjahre ganz hervorragend, und nach den immer entsetzlicher werdenden Zuständen für die jeweilige Bevölkerung in den betroffenen Gebieten krähte kein Hahn, und im kaiserlichen Wien schon gar nicht. Wallenstein eilte von Sieg zu Sieg, und die Macht Kaiser Ferdinands wuchs. Das

Gewicht im Reich verschob sich mehr und mehr auf die katholische Seite; und auf die habsburgische. Ersteres war durchaus im Sinne Kurfürst Maximilians; letzteres hingegen keineswegs. Der Bayer befand sich da in einer politisch recht kniffligen Situation: Er musste einerseits den katholischen Terrain-Gewinn, welchen der Warlord Wallenstein im ersten Kriegsjahrzehnt in kaiserlichem Auftrag forcierte, durchaus begrüßen; andererseits war darauf zu achten, dass die Habsburger nicht daran gingen, die Rechte der Reichsstände generell zu beschneiden. Anders gesagt: Maximilian I. war selbst Absolutist genug, um genau zu begreifen, dass es Kaiser Ferdinand keineswegs ausschließlich um eine Demütigung der protestantischen Stände ging. Was diesen derzeit angetan wurde, drohte am Horizont auch den katholischen. Die Habsburger hatten durchaus das Ideal der Durchsetzung einer absolutistischen Kaiserherrschaft im Reich auf Kosten aller Stände, auch jener der katholischen Kurfürsten. Vertracterweise verkauften sie ihren Kampf als Eintreten für die katholische Sache. Im schlimmsten denkbaren Fall drohte durch die Hintertür eine habsburgische Erbmonarchie im Reich. Diese wiederum, und wäre sie auch noch so katholisch geworden (und das wäre sie mit Sicherheit), gehörte zu den schlimmsten Alpträumen des frischgebackenen bayerischen Kurfürsten.

Maximilian war aber nicht der Einzige, der durch die Erfolge der Habsburger im ersten Jahrzehnt des Dreißigjährigen Krieges beunruhigt war. Um 1630 stand halb Europa auf dem Plan. Der Schwedenkönig Gustav Adolf fiel im Reich ein und beendete die habsburgisch-katholische Vorherrschaft. Frankreich schmiedete ein ganzes Bündnisnetz gegen den Kaiser. Die Lage in Zentraleuropa wurde mit jedem Tag unübersichtlicher und entsetzlicher.

Längst waren freundliche und feindliche Truppen für die Menschen vor Ort nicht mehr zu unterscheiden. Ein Heer in der Nähe zu haben, war für die Bevölkerung stets eine furchtbare Bedrohung, ganz gleich, ob es sich um Truppen des eigenen Landesherrn oder um irgendwelche fremden Soldaten handelte. Denn die Söldner ernährten sich vom Land, in welchem sie stationiert waren, und je schlechter sie gerade bezahlt waren, desto furchtbarer hausten sie. Seuchen kamen hinzu. Ganze Landstriche verödeten, im Norden, etwa im Gebiet Brandenburgs, ebenso wie im bayerischen Süden. Es sollte hundert Jahre dauern, bis die Auswirkungen des Dreißigjährigen Krieges einigermaßen überwunden waren und beispielsweise die Bevölkerungszahlen wieder das Vorkriegsniveau erreicht hatten.

Zwei der Hauptursachen für das furchtbare und gar zu lange Wüten waren

Religions- oder eigentlich richtiger Konfessionsfragen einerseits und dynastische Erwägungen des absolutistischen Herrschaftssystems andererseits gewesen. Angesichts dessen ist es höchst erstaunlich, dass die Legitimationskrise sowohl der Religion als auch des Absolutismus erst sehr viele Jahrzehnte später einsetzte!

Am erschöpften Ende stand der Friedenskongress von Osnabrück und Münster. Als dieser 1648 seine Schlussakten herausgab, war zu bilanzieren, dass man sich den ganzen Unfug nicht nur aus moralischen Gründen unbedingt sparen hätte müssen, sondern ihn sich aus machtpolitischer Perspektive auch sparen hätte können. Das Kaisertum hatte seine Position im Reich nicht ausgebaut, aber verloren war eigentlich auch nicht viel. Bayern hatte die Oberpfalz und die Kurstimme verteidigt, beides schon zu Beginn des Krieges erbeutet, und dann 25 Jahre lang bis hin zum Westfälischen Frieden zäh verteidigt. Das Gemetzel war damit zwar in keiner Weise legitimiert, aber unter bayerisch-dynastischem Gesichtspunkt nahm sich das ganz ordentlich aus. Warum die Schweden eigentlich wie toll mitgemischt und teilweise sogar Bayern besetzt gehalten hatten, wusste längst niemand mehr so recht zu sagen. Im Nordosten des Reiches gab es ein kleines Territorium, ein bis dahin recht unbedeutendes Kurfürstentumlein, dessen Bewohner noch furchtbarer als andernorts im Krieg gelitten hatten, und dessen Landesherr völlig überraschend ziemlich gestärkt aus dem Chaos hervorging. Dennoch hätte 1648 niemand ernsthaft darauf gewettet, dass hier der Grundstock für eine zukünftige europäische Großmacht gelegt worden war – außer vielleicht jener Landesherr selbst; es war Friedrich Wilhelm von Brandenburg, der einzige unter den Hunderten deutscher Kurfürsten, der es zum Beinamen »der Große« bringen sollte.

So viel oder eigentlich so wenig zur machtpolitischen Bilanz. Nochmals, es erstaunt sehr, dass der Absolutismus als Organisationsprinzip der europäischen Politik und Gesellschaft nach diesem moralischen Bankrott nicht in eine tiefe Krise geriet, sondern im Gegenteil seinen Höhepunkt noch vor sich hatte.

Die Münchner Bevölkerung erlebte Anfang der Dreißigerjahre die schlimmsten Zeiten des Krieges. Zweimal rückten die Schweden im Oberland ein. Kälteperioden und Pestepidemien gingen damit einher. Das Grauen erreichte dennoch nicht jenes Ausmaß, welches andere Städte und Landstriche zu erdulden hatten. Das mag der Grund dafür sein, dass das berühmteste Münchner Relikt aus jener Zeit tatsächlich ein Dankmonument genannt werden kann: die Mariensäule am (damaligen) Schrannenplatz, errichtet 1638, also mitten im Krieg. Ferner sorgte Maximilian für aufwändige Ausbauten der Stadtmauern und Wallanlagen; viel gebracht hat es nicht. Vor den Stadttoren entstanden räumlich weit ausgreifende Verteidigungsforts. Am heutigen Stachus kann man die Größe dieser den Toren vorgelagerten Anlagen noch erahnen. In Maximilians Zeit fällt auch die Einrichtung des Hofgartens, dessen Heiterkeit uns rein gar nichts vom Schrecken jener Kriegsepoche berichten kann und will.

> Kasten zur Entdeckung
> **Die Mariensäule**
>
> Es ist das Jahr 1632, als es heißt: Die Schweden und ihr König Gustav Adolf ante portas – du liebe Zeit, Ihr Münchner, das ist ja noch ärger als die Haidhauser! In dieser Not schwor Kurfürst Maximilian öffentlich, ein gottgefällig Werk zu tun, wenn seinen Residenzen nichts geschehe. Sprach's, floh und überließ die Stadt ihrem Schicksal. Das Fliehen aus seiner Residenzstadt hat sich Maximilian übrigens während des Krieges sozusagen angewöhnt. Bei einer seiner überstürzten Fluchten versank sein Silberschatz im Inn bei Wasserburg und ist bis heute nicht wieder aufgetaucht, von wenigen Teilen abgesehen, die davon zeugen, dass hier irgendwo ziemlicher Reichtum zu finden sein muss (nur so als Tipp für Ihre Urlaubskasse).
> Nun waren die Münchner durch ihren derzeitigen Herren eigentlich jeglicher selbstständiger Tätigkeit einigermaßen entwöhnt. Jener, ganz absolutistischer Herrscher, hatte den Rat der Stadt entmachtet und war dazu übergegangen, selbst Bürgermeister einzusetzen, ohne den Patriziern hierbei Mitsprache zu gewähren. Dennoch machten sie ihre Sache jetzt recht gut: Sie einigten sich mit dem Schwedenkönig auf einen teuren Vergleich, der immerhin die Erstürmung und Plünderung der Stadt verhinderte. Weshalb denn auch die Einlösung des Schwurs seitens des Kurfürsten auf der Tagesordnung stand. Nun wäre eigentlich die Errichtung wenn schon nicht eines ganzen Klosters, so doch mindestens einer Votivkirche angesagt gewesen. Bekanntlich jedoch hatte Maximilians Vater Wilhelm den Staat unter anderem durch's Kirchenbauen in den Ruin getrieben. Daher entschloss sich der ebenso geizige wie

fromme erste bayerische Kurfürst zu einer Billigvariante. Für das väterliche Grabmal in St. Michael war einst eine Marienfigur geschaffen worden, welche sich mittlerweile in der Frauenkirche befand. Dort holte man sie heraus, versah sie zwischen Kopf und Krone mit einer Reliquie und präsentierte sie dann auf einer Säule am damaligen Markt, dem heutigen Marienplatz. Das ganze Ensemble umgab man noch mit einer Einzäunung, an deren Ecken mit Monstern kämpfende Engelchen gesetzt wurden.

Ein gottgefällig' Werk, ganz entsprechend dem geleisteten Schwur – wer möchte daran zweifeln? Dass es dabei so ganz ohne nennenswerte Kosten abgegangen war, nun, umso besser. Die Mariensäule wurde schließlich sogar stilprägend. Jene in Wien beispielsweise ist ein paar Jährchen jünger und der Münchnerischen bis ins Detail nachempfunden.

(Abb. 16) Die Mariensäule

Maria selbst erglänzt golden und steht auf einer Mondsichel. Derartige »Mondsichelmadonnen« orientieren sich an folgendem Satz aus der Apokalypse: »Und es erschien ein großes Zeichen am Himmel: eine Frau, mit der Sonne bekleidet [deshalb das Gold, MW], und der Mond unter ihren Füßen und auf ihrem Haupt eine Krone von 12 Sternen« (Offb 12, 1). Diese Stelle wurde seit jeher mit Maria assoziiert. Die 12 Sterne fehlen hier ausnahmsweise, in sehr vielen anderen Mariendarstellungen sind sie durchaus vorhanden.

Die kämpfenden Heldenputten beziehen sich ebenfalls auf Biblisches, nämlich auf einen Psalm, in dem es heißt: »Über Löwen und Ottern wirst du gehen, und junge Löwen und Drachen niedertreten« (Ps 91, 13). Aus den »jungen Löwen« des Psalms ist allerdings ein Basilisk an der Nordostecke der Umzäunung geworden – eines so bedrohlich wie das andere. Man hat die vier besiegten Monster folgendermaßen gedeutet: Der Löwe steht für den Krieg, die Ottern für die Ketzerei, der Drache für den Hunger und der Basilisk für die Pest. Es sind also die vier Grundübel des europäischen Teils der Menschheit im 17. Jahrhundert, welche hier allegorisch überwunden werden. Es gibt aber auch noch eine andere, etwas apartere Deutung der Untiere, die hier den Engeln erliegen: Demnach steht der Basilisk mit seinem Hahnenkopf für Frankreich; die Ottern stehen für das Ursprungsland des Protestantismus, also Sachsen; der Drache ist Symbol für Schweden und – pikant, pikant – der Löwe steht für Wittelsbach. Warum das?! Die Erklärung ist sehr einfach: Friedrich, jener böhmische König von Gnaden der protestantischen Stände, dessen Vertreibung durch Maximilian I. den Auftakt zum Dreißigjährigen Krieg gebildet hatte, entstammte dem pfälzischen Zweig der Familie Wittelsbach. Gemäß dieser Interpretation werden also die politischen Feinde Maximilians I. von den Engeln aufgerieben.

Die Himmelskönigin thront auf einer Säule, deren Kapitell korinthisch gestaltet ist. Und das kann und darf auch gar nicht anders sein. Hier sind ein paar Bemerkungen nötig, auch im Hinblick auf spätere Münchner Bauten: Die antiken Griechen waren bekanntlich im Säulenbauen in etwa das, was die Sechziger im Trainerwechseln sind: die unerreichten Champions. Man unterteilt drei Phasen in der griechischen Säulenbaukunst: die dorische, die ionische und die korinthische Epoche. Im siebten Jahrhundert vor Christus entstand die dorische Ordnung, ihr folgte die ionische und zuletzt entwickelte sich die korinthische.

Die römische Antike übernahm diese drei Ordnungen ebenso wie das spätere christliche Europa, vermehrt in der Renaissance.

In unsrem Zusammenhang ist nun Folgendes wichtig: Es kam in Mode, den drei Säulenordnungen bestimmte Attribute beizulegen. Demnach stand die dorische Ordnung fürs Männliche, die ionische repräsentierte das Weibliche, während – und jetzt kommt's – die korinthische Ordnung sowohl das Kindliche wie auch die Unschuld an sich symbolisierte. Diese Zuordnungen finden sich bereits bei einem antiken Architekten namens Vitruv, einem Römer. Die christlichen Baumeister Europas haben diese Zuordnungen aufgenommen. Maria, die Personifikation der

Unschuld und Reinheit, thront also ganz selbstverständlich auf einem korinthischen Kapitell, welches wiederum auf diese Attribute verweist.

Dasselbe gilt übrigens für ein weiteres Wahrzeichen Münchens: den Friedensengel. Der stammt nun freilich aus einer völlig anderen Epoche. Aber auch der Engel ist ein Wesen der Reinheit und Unschuld. Es ist also alles andere als Zufall, dass der Münchner Friedensengel ebenfalls auf einer korinthischen Säule stehend in die Prinzregentenstraße herunterglotzt.

Marias Blick richtet sich gen Sonnenaufgang, sie ist also orientiert wie sonst meistens Kirchen. Die aufgehende Sonne ist ein Hoffnungs- und Christussymbol, woraus sich diese Ausrichtung erklärt (und nochmals ein Wort zum Friedensengel: Der schaut nach Westen; warum das so ist und wo er möglicherweise ganz präzise hinschaut, klären wir aber an anderem Ort).

9.3. LETZTE BEMERKUNGEN ZU MAXIMILIAN I.

Hätte der erste Kurfürst seinen Bayern das Elend von dreißig Jahren Krieg nicht ersparen können? Aus der Rückschau wirkt seine Regierungszeit – ziemlich präzise fünfzig Jahre – wie eine einzige Schinderei für die Untertanen. Man mag ihn nicht von Schuld freisprechen, sollte aber bedenken, dass dieses Kind seiner Zeit nur sehr wenige Möglichkeiten hatte, in den jeweiligen politischen Konstellationen anders zu entscheiden, als er es tat. Die Vertreibung des böhmischen Gegenkönigs Friedrich zu Beginn des Krieges stellt eine absolut zeittypische Aktion dar. Es war damals kaum prognostizierbar, dass sie einen europäischen Krieg von dreißig Jahren Dauer heraufbeschwören würde. Und als der Krieg sich dann quasi verselbstständigt hatte, gab es für die deutschen Territorialherren nur mehr folgende zwei Handlungsoptionen, welche für die jeweiligen Landeskinder präzise dieselben Folgen gehabt haben: Option eins bestand darin, sich den Kampfhandlungen gegenüber als neutral zu erklären und keine eigenen Truppen in den Krieg zu senden. Diese Option führte mit großer Sicherheit dazu, dass die anderen kriegführenden

Mächte den Krieg in just dieses Territorium verlegten. Das bedeutete: Einquartierungen der verfeindeten Heere – klingt harmlos, ist aber das reine Grauen, denn diese Heere wüten schlimmer als Heuschrecken und bringen meistens auch noch Epidemien ins Land mit. So geschehen in München anlässlich einer Einquartierung des kaiserlichen Heeres. Neutralität garantiert also keineswegs den Frieden im eigenen Land. Ein Zeit- und Standesgenosse Maximilians, der brandenburgische Kurfürst Friedrich Wilhelm mit dem Beinamen »der Große«, hat dieses Dilemma im Jahr 1667 sehr zutreffend geschildert – wir geben das hier in recht freier Übertragung wieder: »*Eines aber ist völlig klar: Wenn ihr still dasitzt und denkt, das Feuer sei doch weit von euren Grenzen – genau dann werden Eure Lande das Teatrum sein, auf welchem man die Tragödie zur Aufführung bringen wird.*« Die Stelle ist dem Politischen Testament des Kurfürsten entnommen und bezieht sich auf eben jene Situation, in welcher zwei benachbarte und verfeindete Fürsten beschließen, ihren Zwist in des neutralen Dritten Land und auf dessen Kosten auszutragen, weil der sich nicht wehrt. Das also ist die eine Option – nicht mitmachen zu wollen und den Krieg dann trotzdem im Land zu haben. Die andere Option besteht im aktiven Eintreten in den Krieg. Für die Bevölkerung der jeweiligen Territorien ist das Ergebnis präzise dasselbe Elend. Anders gesagt: Ein Leben und Regieren frei von Schuld war den deutschen Landesherren im Dreißigjährigen Krieg nicht vergönnt. Beim Kriegsende 1648 gab es dann allerdings zwei grundverschiedene Möglichkeiten für die nähere Zukunft. Entweder entschied man sich, im eigenen Staat eine direkt dem Landesherren unterstellte Armee zu behalten, also ein Stehendes Heer, und zwar koste es, was es wolle (es kostete Unsummen!). Diese Option wählte der eben zitierte Kurherr von Brandenburg. Um dessen Armee herum – man kann das schon so sagen – entstand der brandenburgische und später preußische (Steuereintreibungs-)Staat.

Sein bayerischer Kurkollege Maximilian wählte nach Kriegsende die andere Option: Er entließ alle Soldaten. Das kann man aus machtpolitisch-dynastischer Perspektive sogar als Fehlentscheidung deuten. Aus Preußen wird ab 1648 eine europäische Großmacht. Aus Bayern nicht. Gott sei Dank!

In der Stadt München haben Rat und Patrizier an Einfluss verloren. Kurfürst Maximilian gängelte sie, unterstellte sie seinem Regiment und ernannte eigenmächtig die Bürgermeister. Der im 13. Jahrhundert eingeschlagene Weg in eine Residenzstadt wurde unter absolutistischen Vorzeichen konsequenter denn je fortgesetzt.

10. DIE ZEIT NACH DEM DREISSIGJÄHRIGEN KRIEG

Ein wesentliches Merkmal des absolutistischen Systems ist der territorialfürstliche Hunger nach Geld. Der Staat selbst wird zur Steuereintreibungseinrichtung oder, anders gesagt: er entsteht erst recht eigentlich mit dieser neuen Aufgabe. Der Fürst brütet mit seinen Mitarbeitern, die mehr und mehr zu Beamten werden, von früh bis spät über neue oder verbesserte Methoden der Geldeintreibung.

Es langte trotzdem nicht hinten und nicht vorne. Selbst die frömmsten Territorialherren mussten sich – wir wurden eben Zeuge – augenzwinkernd ums Kirchenbauen drücken. In dieser Situation begann nach dem Dreißigjährigen Krieg eine neue Übung Mode unter den deutschen Fürsten zu werden: das Handaufhalten in der unbestrittenen Welthauptstadt des absolutistischen Systems, also in Paris.

Der französische Hof sah in den Habsburgern eine Art Dauer- und Hauptkonkurrenten. Das lag vor allem an der spanischen Krone, die sich nebst so vielen anderen in erblicher Hand der Österreicher befand. Hier drohte eine territoriale Umklammerung von Süden, Osten und Nordosten (denn irgendwie mischten die Habsburger ja auch in den Niederlanden mit). Eigentlich sah man, zum französischen Fenster hinausschauend, entweder ein Meer oder ein habsburgisch regiertes Land. Schon im Dreißigjährigen Krieg hatte Frankreich jeden seiner Schachzüge an möglichst hoher Schädlichkeit für das Haus Österreich orientiert. Aus diesem Grund sollte man sich übrigens davor hüten, in besagtem Krieg ausschließlich einen Konfessionskrieg zu sehen, denn katholisch war man in Frankreich ja auch – allerdings doch eben nicht so sehr, als dass es sich verboten hätte, protestantische Herrscher fleißig in ihrem Kampf gegen Habsburg zu unterstützen.

Diese Leitlinie wurde in Paris nach 1648 beibehalten. Man wollte den Habsburgern die deutschen Fürsten abspenstig machen. Wann immer ein habsburgischer Kaiser sich auch nur einen Schnupfen eingefangen hatte, streuten Pariser Agenten erstens das Gerücht seines bevorstehenden Ablebens und zweitens befeuerten sie sofort die Diskussion um die Nachfolge. Bei der nächstfolgenden Wahl werde es ganz sicher einen Kandidaten aus einem anderen Hause geben.

Ein weiteres Mittel dieser antihabsburgischen Politik war eben das Geldverschenken. Der französische Königshof war ein nicht versiegender Subsidien-Quell für die deutschen Fürsten, die damit in ihrer Loyalität zum Kaiser erschüttert werden sollten. Sie nahmen gerne und fast alle – auch die brandenburgischen Hohenzollern, denen die national gesinnten Historiker späterer Tage so gerne eine »deutsche Sendung« andichten wollten und die sich deshalb über die Annahme der französischen Gelder tüchtig ärgerten; was aber unhistorischer Quatsch ist.

Um Bayern als Nachbarland des habsburgischen Stammlandes bewarben sich die Franzosen ganz besonders. Und deshalb kriegten Bayerns erste Kurfürsten auch besonders viel Geld. Ferner köderte man die Wittelsbacher mit der Aussicht auf französische Unterstützung einer eventuellen Kaiserkandidatur. Doch damit nicht genug: Man suchte in Paris nach Wegen einer noch engeren Bindung Bayerns an Frankreich und kam dabei auf den Gedanken einer dynastisch begründeten Koalition.

Dabei rückte in der Jahrhundertmitte das oberitalienische Herrscherhaus Savoyen in den Mittelpunkt der Überlegungen. Es war traditionell eng mit Frankreich verbunden, und die derzeitige Regentin war sogar aus dem Hause Bourbon. Deren Töchter sahen in Paris den natürlichen Mittelpunkt der absolutistischen Fürstenwelt, welcher sie angehörten, sie sprachen französisch und waren von daher bestimmt, zukünftige Gatten in frankophiler Richtung zu beeinflussen. Darüber hinaus waren sie in heiratsfähigem Alter – nun, mehr oder weniger ...

10.1. BENVENUTO A MONACO, HENRIETTE

Das muss schon eine merkwürdige Zeremonie gewesen sein an jenem 8. Dezember 1650 in Turin; auf alle Fälle aus unsrer Perspektive. Was gab es denn? Es gab eine Hochzeit. So weit, so gewöhnlich.

Die Braut, Henriette Adelaide mit Namen, war nach übereinstimmendem Zeugnis aller Augenzeugen wunderschön, auch bis dahin ist also alles in bester Ordnung – aber du liebe Zeit, das Mädchen ist ja noch keine fünfzehn

Jahre alt! Und wer sitzt denn da neben ihr an der Stelle des Bräutigams? Ihr eigener Bruder! Soll sie den etwa ehelichen – mit vierzehn Jahren?! Das sieht ja auf den ersten Blick nach eher merkwürdigen Gepflogenheiten am Savoyer Hof aus; doch dieser Eindruck täuscht.

Was hier stattfand, war weder eine Eheschließung zwischen zwei Geschwistern, noch war es in damaliger Zeit gar so außergewöhnlich. Es war eine Prokura-Hochzeit. Dabei nimmt ein Stellvertreter eines abwesenden Ehepartners dessen Platz bei der Zeremonie ein und legitimiert sich durch eine zuvor erteilte Vollmacht, also *per procurationem*. Damit gelten Braut und Bräutigam als verheiratet, obwohl einer der beiden bei der Eheschließungs-Zeremonie gar nicht anwesend war.

Der hier in Rede stehende Fall war sogar noch absonderlicher insoweit, als dass der Bräutigam nicht nur seine eigene Hochzeit geschwänzt, sondern obendrein seine Braut noch nie im Leben gesehen hatte. Doch auch dies war damals so Sitte und wirkt nur auf uns Heutige höchst erstaunlich. Liebeshochzeiten waren noch lange nicht in Mode, und bis sie auch im Hochadel zur Regel wurden, dauerte es noch länger als in der bürgerlichen Sphäre.

Henriette Adelaide von Savoyen war also die Braut – wer aber war der säumige Bräutigam? Er war ein Bayer von ebenfalls erst vierzehn Jahren (und dadurch einigermaßen für seine Absenz entschuldigt). Sein Name war Ferdinand Maria. Er war der erbberechtigte Sohn des Kurfürsten Maximilian. Dessen erste Ehe war kinderlos geblieben, doch mit seiner zweiten Gattin zeugte er den erhofften Thronfolger und war damals schon

(Abb. 17) Kurfürstin Henriette Adelaide

ein recht betagter Herr. Die Anbahnung der Ehe des Sohnes und Nachfolgers war sein höchst eigenes und auch letztes außenpolitisches Projekt. Maximilian hatte auch auf die hektische Prokura-Hochzeit der beiden Vierzehnjährigen gedrängt, um alles unter Dach und Fach zu wissen, wenn es für ihn ans Sterben ging. Die Sorge war nicht unbegründet, denn als Henriette Adelaide

KAPITEL 10

im Mai 1652 schließlich nach München reiste, um ihren Ehemann das erste Mal zu sehen und in Bayern zu leben, war er bereits tot. Was unter anderem bedeutete, dass die junge Dame, die da erstmals bayerischen Boden betrat, bereits ganz offiziell die Kurfürstin des Landes gewesen ist.

Leicht fiel ihr die Eingewöhnung nicht. Das bezeugen unter anderem die Briefe an die Mutter in Turin. Ihr bayerischer Ehemann schien etwas frühalt, hatte einen melancholischen, stoischen Charakter und unterschied sich doch arg von jenen geistreich-charmanten Edelleuten, mit welchen sie am Turiner Hof Umgang gepflegt hatte. Dabei hätte Henriette Adelaide eine Stütze in ihrer ersten Zeit in München bitter nötig gehabt. Da war das spanische Hofzeremoniell, das der lebensfrohen und spontanen Italienerin auf die Nerven fiel. Vom Wetter wollen wir nicht groß reden, aber zur Erheiterung wird es eher selten beigetragen haben. Ferner hatte die junge Kurfürstin mit einem Leitmotiv familiärer Lästigkeiten großen Ärger, wobei sich hier noch politisches mit persönlichem vermischte: Henriette Adelaide litt unter ihrer Schwiegermutter. Diese war eine Habsburgerin, orientierte sich folglich an österreichischen Interessen und piesackte ihre frankophile Schwiegertochter, wo immer sie nur konnte. Das Haus Savoyen, welchem wiederum die Kurfürstin entstammte, war politisch traditionell an Frankreich ausgerichtet gewesen, und die Hochzeit Ferdinand Marias mit Adelaide hatte die politische Zielrichtung einer engeren Verbindung Bayerns mit Frankreich gehabt. Adelaide selbst war über ihre Mutter halbe Bourbonin.

Zu Beginn der Fünfzigerjahre führte Maria Anna, die Witwe Maximilians I., das Regiment. Ihr Sohn hatte noch kein regierungsfähiges Alter. Die Habsburgerin verbat sich alle französischen Einflüsterungen, beschnitt der jungen Kurfürstin den Hofstaat – Adelaide hätte so gerne mehr Italiener um sich gehabt – und versauerte den Jungvermählten den Alltag. Ferdinand Maria begann zwar, unter dem Einfluss seiner jungen schönen Frau merklich aufzublühen und Trägheit und Melancholie zu überwinden, aber zu einem energischen Wort gegenüber der eigenen Mutter reichte es bei ihm vorerst noch nicht. Wer möchte, darf jetzt gerne an die Sisi-Filme und die dortige böse Schwiegermutter denken. Da sind durchaus Parallelen; allerdings nur im Film, denn in der Wirklichkeit war die Wittelsbacherin Sophie Friederike eine viel angenehmere Schwiegermutter für Sisi als jene Maria Anna für unsere Henriette Adelaide.

Und dann gab es da ein noch größeres Problem: Das junge Paar blieb kinderlos; Jahre und Jahre lang. Man bemühte die Mediziner. Man wallfahrte, vorzugsweise nach Altötting; doch lange Zeit war alles vergeblich. Schließlich leistete das Paar einen öffentlichen Schwur: Eine große Kirche würden sie zum Lob Gottes erbauen lassen, wenn endlich ein Thronfolger zur Welt komme. 1662 hatte das Hoffen und Bangen schließlich ein glückliches Ende: Henriette Adelaide wurde von ihrem ersten Sohn entbunden. Man taufte ihn auf Max Emanuel, und der war vom ersten Tag seines Lebens an putzmunter, kregel und mopsfidel, so also, wie er die folgenden etwa sechzig Jahre lang bleiben sollte. Die Einlösung des elterlichen Schwures war somit fällig, und es würde diesmal bei weitem aufwändiger und teurer zugehen als beim Eid des ersten bayerischen Kurfürsten im Dreißigjährigen Krieg.

Wenn eine Kirche erbaut wird, weil zuvor eine Bitte erhört wurde, nennt man sie eine Votivkirche. Genau darum handelt es sich bei St. Kajetan, jener Kirche, die kaum ein Münchner unter diesem ihrem korrekten Namen kennt, obwohl sie doch nebst Frauenkirche und Olympiazentrum zu den Wahrzeichen dieser Stadt gehört.

10.2. DIE THEATINERKIRCHE: KIRCHENPOLITIK UND ITALIENISCHE BAUKUNST IN MÜNCHEN

Henriette Adelaide und ihr angetrauter Barockzeit-Nerd stiegen am 29. April 1663 selbst in die Baugrube, um den ersten Stein für die Theatinerkirche zu legen. Deren offizieller Name ist St. Kajetan. Zu diesem Heiligen später mehr; es gibt allerdings noch ein weiteres, ebenso unbekanntes Patronat, denn die Kirche ist auch der heiligen Adelheid geweiht. Das ist leicht erklärt: Diese Heilige, eine Kaiserin der Jahrtausendwende, war die Namenspatronin der Kurfürstin. Es sollte mehr als hundert Jahre dauern, bis das neue Wahrzeichen der Stadt als vollendet bezeichnet werden konnte.

Der erste Baumeister, Agostino Barelli, orientierte sich bei der Fassadengestaltung an der römischen Mutterkirche des Theatinerordens, und bis auf die Türme links und rechts des Portals gleichen sich S. Andrea della Valle – so der Name des römischen Baus – und St. Kajetan in hohem Grad. Die kulturgeschichtliche Bedeutung unsrer Theatinerkirche ist also quasi januskörpfig: Einerseits ist der Charakter der Kirche konservativ, es fehlt ihr durchaus an innovativem Esprit – das erkennt jeder Betrachter eines Fotos des römischen Vorbilds sofort. Andererseits hatte man derartiges in München und – wieder mal – *nördlich der Alpen* noch nicht gesehen, und St. Kajetan wurde absolut stilbildend in diesen Breiten. Die Kirche verlieh dem Barock in Bayern einen enormen Schub. Sie steht übrigens auch am Beginn jener innigen Verbundenheit der Münchner mit Italien: »Nicht die südlichste Großstadt Deutschlands, sondern die nördlichste Italiens«, heißt es oft, und wo man die besten Pizza-Restaurants der Welt findet, braucht auch nicht ernsthaft diskutiert zu werden; mit Henriette Adelaides Einzug und Einfluss hat das alles angefangen.

Herr Baumeister Barelli muss in seiner Schulzeit im Fach Mathematik meistens geschlafen haben. Er schoss bei der Berechnung einiger tragender Elemente einen Riesenbock, indem er zwei verschiedene Maßeinheiten verwechselte. Sein Konkurrent Antonio Spinelli – überflüssig zu sagen, aus welchem Lande auch er kam – bemerkte anlässlich einer Inspektion die ungeeigneten Dimensionen jener stützenden Seitenelemente, die schließlich auch die große Kuppel tragen sollten. Er stellte Barelli vor versammeltem Hofstaat bloß und wies auch genau die Verwechslung der zugrunde gelegten Maßeinheiten nach. Barelli war seinen Job los, und Spinelli setzte die Arbeiten fort. Die Fassadengestaltung dauerte allerdings bis in die nächsten Generationen, erst im 18. Jahrhundert beendeten die beiden Cuvilliés die Arbeiten. Wir wollen ein kleines Detail dieser Außenfassade würdigen, da eben schon von den griechischen Säulenordnungen die Rede war. Wir sehen (außer bei den Türmen) eine zweigeschossige Gliederung. Die Kapitelle der Säulen und Pilaster im unteren Stockwerk gehören der dorischen Ordnung an, jene des oberen Stockwerks der ionischen –

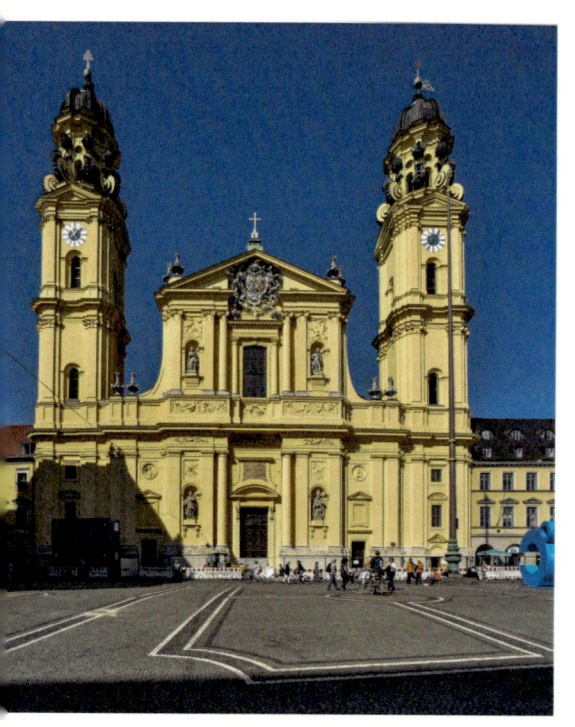

(Abb. 18) Die Theatinerkirche

allerdings mit zwei Ausnahmen: Die etwas kleineren beiden Säulen, die das Fenster flankieren, sind korinthisch.

In der Fassade St. Kajetans werden also alle drei klassischen Säulenordnungen verbraten. Das ist nun zwar nicht gerade singulär, aber doch schon sehr beachtlich. Erinnert man sich an den oben gegebenen Hinweis, dass den Säulenordnungen seit jeher Attribute zugewiesen wurden? Demnach wurden das Männliche, das Weibliche und das Kindliche (und Unschuldige) durch diese repräsentiert. Gerade die beiden kleinen (!) korinthischen Säulen drängen eine Interpretation des beschriebenen Umstands auf, die man nur leicht gewagt eine »erotische« nennen dürfen wird: Aus der Vereinigung von Mann und Frau entsteht ein Kind, welcher Tatsache ja durch den Kirchenbau in Dankbarkeit gehuldigt werden soll.

Die Atmosphäre dankbarer Fröhlichkeit beherrscht auch den Innenraum. Ein Triumphbogen unübersehbar römisch-antiker Provenienz führt in Richtung des Altars. Die Anwesenheit von Putten als Verzierungselement der Wände und Säulen wird in einem barocken Sakralbau niemanden besonders überraschen, aber die schiere Zahl macht dann doch stutzig – nehmen Sie sich die Zeit und beginnen Sie zu zählen, es sollen über 200 sein. Auch dies natürlich wieder in Anspielung auf die Einlösung eines Gelübdes nach der Geburt des Thronfolgers. Nicht ganz so leicht ist die Deutung der zahlreichen Girlanden: Alfred Kaiser interpretiert sie in seinem kleinen Kirchenführer als »*Hinweise auf den Paradiesgarten*«, man sollte aber nicht übersehen, dass derartige florale Schmuckelemente auch immer wieder im Zusammenhang mit Stammbäumen auftauchen; und um das bejubelnswerte Fortdauern des Stammes der Wittelsbacher geht es ja hier. Wie lassen das offen und wenden uns der Tatsache zu, dass der Altar im Westen steht. Wir kennen das schon aus St. Michael, auch dort ist der Altar nicht orientiert (sondern genordet); und mit diesen beiden Stichworten sind wir beim kirchenpolitischen Aspekt dieses Baus.

Die Westausrichtung der Kirche ergibt sich aus ihrer angedachten Funktion: Sie sollte die neue Hofkirche sein (und übrigens auch die neue Familiengrablege). Diese Funktion schrieb den Bauplatz vor – nämlich gegenüber den Kaisertrakten der Residenz, deren Initiator Ferdinand Marias Vater, Kurfürst Maximilian I., gewesen ist. Soll die Fassade also mit dem Westflügel des Kaiserhofes im Dialog stehen, ergibt sich die Westausrichtung ganz von selbst, denn anders geht es nun mal nicht. Die Theatiner sind also die neuen Hofprediger. Ihre Kirche ist die neue Hofkirche und beinhaltet die Gruft des

Herrscherhauses. Man kann sich die Begeisterung in der Neuhauser Straße über die neue italienische Konkurrenz lebhaft vorstellen. Zunächst aber – wer waren denn diese Theatiner?

Der Orden war 1524 unter maßgeblicher Mitwirkung Kajetans von Thiene gegründet worden. Eine brisante Zeit; man musste nicht Martin Luther heißen, um einen gewissen (neudeutsch gesprochen, denn so schlecht ist das Wort nicht) Reformstau der Kirche zu erkennen, und man musste auch nicht so weit gehen wie dieser. Die Theatiner wollten das religiöse Leben intensivieren, reformieren, entweltlichen, ohne es aus der päpstlichen Autorität zu lösen. Das ist derselbe Ansatz wie jener des Ignatius von Loyola und seiner Jesuiten, die sich zehn Jahre später formierten und also schon etwas stärker durch den Schock der Reformation beeinflusst waren. Beide Orden prägten die Gegenreformation wie sonst keine Institution innerhalb der Katholizität, wobei die Theatiner lange Zeit eher auf Italien beschränkt blieben.

Das Haus Savoyen, welchem Henriette Adelaide entstammte, hatte die Theatiner früh an den Turiner Hof gezogen. Deren Ordensgründer Kajetan, mittlerweile verstorben und heiliggesprochen, war eine Art Schutzpatron der Familie. So empfand es die junge bayerische Kurfürstin, und an ihn hatte sie sich bittend in der Zeit der Kinderlosigkeit gewandt. Sie war erhört worden. Was lag da näher, als nun ihren großen Einfluss auf den Gatten dahingehend zu verwenden, dass auch in Bayern ein Kajetan-Kult inszeniert werden würde? Darüber hinaus trug sie Sorge dafür, dass die Theatiner nach München eingeladen wurden, um dort jene Rolle auszuüben, die sie in Turin bereits innehatten – nämlich Hofprediger und Beichtväter zu werden.

Hofprediger, Beichtväter der Thronfolger, Hofkircheninhaber und Wächter der Fürstengruft ... die Neuen nahmen den Münchner Jesuiten so ziemlich jedes Privileg. Diese zischelten erst verstohlen, dann maulten sie ganz offen in Predigten, so dass der Bischof von Freising seine liebe Not hatte, die verfeindeten Orden durch Formelkompromisse einigermaßen zur Ruhe zu bringen. Bei Hof allerdings hatten die Jesuiten ihre Rolle verspielt, da half das ganze Gezeter nichts.

Seit dieser Zeit also ist der St. Kajetan ein Schutzpatron Bayerns, ebenso offiziell wie vernachlässigt, denn das wissen selbst kreuzkatholische bayerische Patrioten meistens nicht. Der Kajetan-Kult hat sich hier nie recht durchsetzen wollen. Da ist Henriette Adelaide gescheitert, wenngleich ihr sonstiger Einfluss auf Münchens Kunstgeschichte der allergrößte genannt werden muss. Rein architektonisch blieb es ja nicht bei der Theatinerkirche. Die italienische

Baumeistercrew übernahm 1664 einen weiteren Großauftrag: Weit vor den Toren der Stadt sollte die Kurfürstin ein Privatschlösschen bekommen – der Ursprungs- und heute Mittelbau des Schlosses Nymphenburg. Italienische Maler und Sänger wurden an den Hof gezogen. Das Zeremoniell wurde geändert, weg von der spanischen Strenge aus Maximilians Zeiten hin zu mehr Ungezwungenheit. So entstand ein Absolutismus mit menschlichem Antlitz, gemildert durch Barockisierung und Italienisierung. Der Ehegatte verzichtete fast gänzlich aufs Kriegführen. Das ist angenehm untypisch für einen Fürsten dieser Zeit (eigentlich ja eher »aller Zeiten«), und Ferdinand Maria wird bis heute dafür mit dem Namen »Pacificus«, der Friedliebende, geehrt. Aus dem Schatten seiner strahlenden Gattin hat er sich nie ganz lösen können, und das war ihm sympathischerweise anscheinend völlig wurscht.

Die Ehe Ferdinand Marias und Henriette Adelaides war, so unromantisch sie begonnen hatte, und so wesensverschieden die beiden auch waren, dennoch überaus glücklich (oder vielleicht gerade deshalb?). Es dürfte damals nicht viele adelige Ehepartner gegeben haben, die sich gegenseitig mit Liebesgedichten bedachten – die beiden haben das getan. Es eignet ihrer etwa 30 jährigen Epoche etwas rührend Beruhigtes, jedenfalls im Vergleich zu den vorangegangenen Jahrzehnten und jenen, die folgen sollten. Mit der Ruhe war es 1679, dem Todesjahr Ferdinand Marias, allerdings vorbei.

11. IRRUNGEN, WIRRUNGEN: DER BLAUE KURFÜRST ZWISCHEN TRIUMPH UND SELBSTÜBERSCHÄTZUNG

Am Sohn Henriette Adelaides und ihres verschlafenen Ferdinand Maria war wirklich schon alles übertrieben. Das fing bereits beim Namen an. Er hieß Maximilian Emanuel Ludwig Maria Joseph Kajetan Anton Nikolaus Franz Ignaz Felix. Kein Witz; semi-offiziell: Kurfürst Maximilian II. Emanuel; kurz: Max Emanuel; Beiname: der Blaue Kurfürst.

Wir haben verfolgt, wie die Geburt Max Emanuels zu einem wahren Bauboom in München geführt hat. Die Theatinerkirche, im folgenden Jahr das Schloss Nymphenburg – das kleine Balg muss schon früh von der eigenen Bedeutung ergriffen gewesen sein, wenn es das ganze Werkeln um sich herum betrachtete. Vom Phlegma seines friedfertigen Vaters hatte er nichts, von der Umtriebigkeit seiner italienischen Mutter dafür umso mehr. Doch gilt noch immer das Versprechen, nicht mehr ins Psychologisieren verfallen zu wollen; weshalb nach einer anderen Erklärung für Max Emanuels permanentes Auffallen-Wollen, seine Rauflust und seine notorische Betriebsnudeligkeit gefahndet werden soll.

Keine Sorge, wir wollen nun nicht bis in die Antike zurück – aber es wird bei diesem Deutungsangebot doch nicht ganz ohne die alten Griechen und Römer abgehen.

Den Beginn der »Wiederbelebung der Antike«, oder wie man da schon sagen will, zu datieren, dürfte nicht ganz leicht fallen. Ein Dante Alighieri ist Anfang des 14. Jahrhunderts schon tief durchdrungen von der Antikenbegeisterung, welche schließlich auch die darstellende Kunst und die Architektur erreicht. Am Ende des 17. Jahrhunderts, also in der Zeit, als Maximilian II. Emanuel seinen Vater beerbt, ist ganz Europa von der Antikenbegeisterung erfasst und beeinflusst. Nur die biblischen und die christlichen Autoritätsschriften haben einen ähnlichen Rang – welchen sie übrigens im folgenden Jahrhundert mehr und mehr einbüßen sollten. Nun sei einmal dahingestellt, ob man im absolutistischen Zeitalter immer so ganz genau begriffen hat, was unter den griechischen und römischen Tugendbegriffen eigentlich zu verstehen sei, eines ist klar: Die Sache war einigermaßen unumstritten. Der zeitgenössischen Interpretation und Auffassung gemäß gehörten für einen Herrscher, den *imperator*, die Sucht und das Streben nach Ruhm zu den ganz zentralen Handlungsmotiven. So gesehen muss der bescheidene Ferdinand Maria den Zeitgenossen als recht läppischer Kurfürst erschienen sein. Ruhm und nochmals Ruhm anzuhäufen war das Movens der europäischen Herrscher schlechthin, und ohne hier eine Anfangsdatierung wagen zu wollen, gilt das auf jeden Fall für die Zeit des Blauen Kurfürsten – so der Beiname Max Emanuels – und noch recht lange danach. Jürgen Luh hat für Friedrich den Großen, also einen sehr Berühmten aus der folgenden Generation, nachgewiesen, dass das Streben nach Ruhm das Motiv hinter so ziemlich jeder Aktion dieses Hohenzollern darstellte; egal ob der König Voltaire in Potsdam bewirtete oder in Schlesien einmarschierte. Hauptsache, es wurde europaweit bekannt und diskutiert.

Diesen Ruhm erwirbt sich die absolutistische Durchlaucht hauptsächlich auf zwei Gebieten: Zum einen gilt es, möglichst hochklingende Titel zu sammeln; noch wichtiger allerdings ist das Schlachtfeld, der Schlachtenruhm. Die Vorbilder schlechthin sind Alexander der Große und Julius Cäsar. Heute wären nicht wenige versucht, diese beiden Invasoren oder gar Massenmörder zu nennen. Damals waren sie die zwei Urbilder des Heldentums. 1675 hatte erstmals ein Kurfürst gezeigt, wie es geht: Friedrich Wilhelm von Brandenburg schlug bei Fehrbellin die Schweden! Wer bitte schlug hier wen?! Ganz richtig gelesen, der Popel-Markgraf von Brandenburg besiegte nur mit seiner eigenen Armee, ganz ohne jede Hilfe, die schwedische Weltmacht. Der politische Ertrag dieses Sieges tendierte, dies ganz nebenbei bemerkt, gegen Null, aber darauf kam es weniger an als auf das europaweite Echo. Eine zeitgenössische Reaktion brachte es folgendermaßen auf den Punkt: »*Was vor frolocken über diese Victorie in und ausserhalb Teutschland[s] entstunde […], stehet nicht zu beschreiben.*« Das hatte sich etwa fünf Jahre vor dem Regierungsantritt Max Emanuels zugetragen, und es zeigte dem jungen Herrn exemplarisch, wie weit es ein mittlerer Provinzfürst bringen konnte.

Titel und Schlachtenruhm: Das muss uns nicht sympathisch sein, aber es steht nun mal im Zentrum des Denkens an jedem europäischen Hof. Den Kurfürsten des Reiches ist spätestens jetzt, im letzten Drittel des 17. Jahrhunderts, ihr Titel schon fad; auch den bayerischen, obwohl sie den ihren ja erst seit ein paar Jahrzehnten haben. »Kurfürst«, das macht einfach nichts her. Denn da ist noch ein weiterer ganz wichtiger Begriff im absolutistischen Denken: jener der Souveränität. Da hat der Kurfürst naturgemäß ein kleines Problem, denn sein Titel verweist ja explizit auf die Zugehörigkeit zum Reich, und in diesem steht nun mal der Kaiser an der Spitze, wie wenig der auch immer in den einzelnen Territorien zu melden hat. Der Kurfürstentitel enthält gleichsam in sich selbst eine kleine Einschränkung der herrscherlichen Souveränität.

An den weltlichen Kurfürstenhöfen begann eine betriebsame Suche nach weiteren Titeln. Die Pfälzer Kurfürsten, wir erinnern uns, hatten nach der böhmischen Königskrone gelangt. Die sächsischen Kurfürsten nannten sich neuerdings immer wieder mal Könige von Polen. »Kurfürst« ist ganz schön, »König« ist besser. Ein König herrscht absolut souverän. 1701 verfielen die Hohenzollern, also die Kurfürsten Brandenburgs, auf folgenden Clou: Sie herrschten da eher nebenberuflich auch als Herzöge in einem Gebiet weit im Nordosten Europas. Das war das Herzogtum Preußen, und der Witz an der Sache war klein aber fein: Dieses Preußen gehörte nicht (und anders als die Kurmark Brandenburg) zum Reich. »König von Brandenburg«, das ging nun mal definitiv nicht, aber »König in Preußen« – das könnte hinhauen. Die Sache klappte, abgesehen von etwas eher pflichtgemäßer Stänkerei des amtierenden Kaisers, hervorragend. Die Kurfürsten von Brandenburg kamen also 1701 durch einen verfassungspolitischen Taschenspielertrick zu ihrer Krone; sie schimpften sich fortan preußische Könige.

Und die Bayern? Sie träumten immer wieder mal von Kaiserwahl und Kaiserkrönung, aber unter Ferdinand Maria wäre dieser Traum wohl komplett ausgedämmert, wenn seine Gattin ihm nicht diesbezüglich immer wieder eingeheizt hätte. Henriette Adelaide war wohl durchaus der Meinung, dass die eine oder andere europäische Krone ihrem hübschen Köpfchen gut gestanden hätte. Entsprechende Pläne scheiterten aber stets schon in der Frühphase. Den Einflüsterungen französischer Gesandter, die auf eine Abkehr Bayerns von Habsburg mit dem Fernziel Kaiserkrone drängten, widerstand man. Für ihre Kinder jedenfalls hatte die Kurfürstin Größeres im Sinn. Eine Tochter wurde an den mutmaßlichen französischen Thronerben verheiratet, und der mit viel Tamtam begrüßte erstgeborene Sohn Maximilian Emanuel hörte zeitlebens nicht auf, nach den unterschiedlichsten Kronen zu schielen. Bayern war dem Mann zu überschaubar, München zu schäbig und der Kurfürstenhut in eigener Wahrnehmung um Einiges zu klein. Das wurde schließlich sein Verhängnis – doch der Reihe nach.

Bezüglich des Schlachtenruhms war Max II. Emanuel mindestens ebenso umtriebig wie beim Titelsuchen; allerdings etwas erfolgreicher, zumindest in jungen Jahren. Zu seinen ersten Amtshandlungen gehörte die Aufstellung einer permanenten Truppe. Vater Ferdinand dem Friedfertigen wäre so etwas nicht in den Sinn gekommen. Der oben erwähnte Triumph des Brandenburgers über die Schweden bei Fehrbellin war jedoch mit einem stehenden Heer erfochten worden, denn die Hohenzollern leisteten sich dieses kostspielige Hobby schon seit einigen Jahrzehnten. Max Emanuel folgte diesem Beispiel. Wobei man hinzufügen muss, dass die Brandenburger stets großes Augenmerk auf die Finanzierung ihrer Armee gelegt hatten. Da haperte es beim jungen und ambitionierten bayerischen Kurfürsten gewaltig. Der Schuldenberg, den er seinen Nachfolgern einst hinterlassen sollte, hatte Zugspitz-Dimensionen und lähmte den bayerischen Aktionsradius auf Jahrzehnte hinaus.

Die Tinte auf den Dekreten zur Aushebung einer ständig stehenden bayerischen Armee war noch nicht trocken, als sich auch schon Gelegenheit bot, durch deren Einsatz zu Ruhm zu gelangen. Die Türken belagerten Wien und der Kaiser war in Not. Seine Hilfsgesuche an die europäischen Herrscher und speziell an die Reichsfürsten fanden nirgends offenere Ohren als in München. Der junge Kurfürst spielte eine entscheidende Rolle, als der osmanische Belagerungsring um Wien 1683 schließlich geknackt wurde. Max Emanuel ließ es dabei jedoch nicht bewenden. Er setzte mit seinen Truppen den abrückenden Türken hinterher, verfolgte sie durch halb Ungarn und den Balkan, um sie 1688 bei Belgrad zu stellen.

Belgrad galt damals als uneinnehmbare Festung. Sie war aktuell im Besitz der Osmanen. In blauem Mantel inspizierte Max Emanuel die Lage vor den Stadttoren. Die belagerten Türken sahen das und erinnerten sich an ihre Niederlage gegen den bayerischen Hasardeur da draußen von 1683. Sie gaben ihm respektvoll den Namen »*der blaue König*«. Offenbar gibt's im Türkischen kein Wort für *Kurfürst*. Dem so Betitelten wird das mehr als nur gefallen haben. Er entschloss sich zu einer arg verwegenen Angriffsaktion, die zum Erstaunen der Zeitgenossen und Militärhistoriker funktionierte. Nun hatte Max Emanuel einen zweiten Beinamen: »*Belgrad's Eroberer*«. So steht es noch heute (leider mit falschem Apostroph in »Belgrad«) im Sockel seines Denkmals am Promenadeplatz. So hieß es schon damals. Es war eine »*Victorie*« par excellence. Der Mann ist tatsächlich an der Spitze der Attacke gestanden und sogar verwundet worden.

Für einen jungen Herrscher kurfürstlichen Titels war kein größerer Erfolg denkbar. Ganz Europa wusste Bescheid. Die *gloire* des Befreiers von Belgrad war nach den Maßstäben, welche die absolutistische Adelswelt an den Souverän legte, wirklich ein ganz großer Triumph.

Kein Wunder, dass das dem bayerischen Kurfürsten den Kopf verdrehte. Er verlor ganz einfach jedes Maß und Ziel. Der Schlachtenruhm war da, eine Krone musste her. Welche, war eher Nebensache – es durften sogar mehrere sein; für den Befreier Belgrads ist kein Herrschertitel zu groß (und »*Kurfürst*« nun schon definitiv zu klein!).

Es ist auffällig, wie international die bayerische Geschichte ganz plötzlich wird, wenn vom Blauen Kurfürsten die Rede ist, und wie sehr seine Residenzstadt dabei ins Hintertreffen gerät. München spielte für Max Emanuel wirklich absolut keine Rolle. Er war ja auch kaum hier. Stattdessen haben wir schon von den Türken und dem Balkan gesprochen, und nun müssen wir uns dem heutigen Belgien, also den damaligen Spanischen Niederlanden zuwenden, sowie Spanien selbst; und Lateinamerika; und Oberitalien; und Frankreich; und – natürlich, das gilt für Bayern ja auch sonst, Österreich.

Der dankbare Kaiser gab dem Bayern seine Tochter zur Frau. Das ist an sich kaum der Rede wert, wir kennen das ja schon seit dem Mittelalter: Wenn Wittelsbachs und Habsburgs nicht gerade gegeneinander Krieg führen, verheiraten sie sich, und zwischen dem einen und dem anderen liegt oft kaum ein Wimpernschlag, wie man gleich auch wieder sehen wird. Es hatte aber doch ganz eigene Bewandtnis mit dieser Habsburgerin namens Maria Antonia. Erstens war sie potthässlich. Das muss leider erwähnt werden, weil es tatsächlich politische Folgen haben sollte; man gedulde sich etwas. Zweitens war der damalige spanische König Karl II. ihr Onkel. Dieser wiederum war kinderlos und schon recht betagt. Seine Nichte Maria Antonia war eine seiner engsten lebenden Verwandten … Ahnt man schon was? In der Tat, die spanische Thronfolge wurde gegen Ende des Jahrhunderts mit wöchentlich steigender Spannung an den europäischen Höfen erörtert, und der Blaue Kurfürst hatte in diesem Spiel durch seine Hochzeit einen starken Trumpf in der Hand: Maria Antonia hatte die besten Aussichten aufs spanische Erbe. Ihr Sohn, so sie einen bekommen sollte, würde wohl einst als König über ein Reich herrschen, in dem die Sonne nicht unterging, denn es schloss weite Teile Lateinamerikas mit ein! Das war eine berauschende Perspektive für den Befreier Belgrads.

Die Ehe war eine einzige Katastrophe; zumindest für die Gattin. Im Allgemeinen gelten ja König Ludwig I. sowie der Monaco Franze als größte Schürzenjäger in der Geschichte unsrer Stadt. Im Vergleich zum Blauen Kurfürsten sind die beiden allerdings eher Kreisklasse. Maria Antonia, zwar halbe Spanierin, aber wie erwähnt dennoch keine Schönheit, sah sich permanent hintergangen und gedemütigt. Der bayerisch-italienische Wüstling betrachtete sie als bessere Gebärmaschine – ein ekelhaftes Schicksal, das leider so manche hochadelige Dame dieser Zeit getroffen hat. Sie verließ München schließlich entnervt und kehrte an den kaiserlichen Hof in Wien zurück. Dort gebar sie einen Sohn und fiel daraufhin in Depressionen, entkräftet und lebensmüde. Sie verfasste ein Testament, in welchem sie den treulosen Gatten ausdrücklich von ihrem Erbe ausschloss, und starb. Das hatte der Max Emanuel nun also von seiner respektlosen Rumtreiberei. Er selbst würde es kaum mehr auf den spanischen Thron schaffen. Er grämte sich allerdings nicht allzu sehr, denn die potentiellen Ansprüche aufs spanische Erbe waren auf seinen Sohn übergegangen. Der angestrebte Aufstieg des Hauses Wittelsbach war durch die persönliche Enterbung Max Emanuels nicht ernsthaft gefährdet, zumindest so lange der Sohn Maria Antonias als Unterpfand am Leben war.

Übrigens, wo befand sich der Befreier Belgrads in diesen Tagen? Etwa in seiner Residenzstadt München, wo man ihm 1688 einen triumphalen Empfang bereitet hatte, würdig einem römischen Imperator? Mitnichten. Er war in Brüssel. In den Neunzigerjahren war dies seine eigentliche Residenzstadt. Der spanische König hatte ihn zum Statthalter der Spanischen Niederlande ernannt. Diese Statthalterschaft interessierte Max Emanuel bei Weitem mehr als sein bayerisches Kurfürstentum. Die Hofhaltung in Brüssel verschlang Unsummen. Rauschende Feste wurden gefeiert. Im Jahr 1698 wurden 12 Bilder von Peter Paul Rubens erworben. Und weitere 13 von van Dyck. Bayern bezahlte. Gleichzeitig gingen die Schlossbauten in München ununterbrochen weiter. Die Residenzstadt ohne Herrscher drohte unter dem Titelhunger dieses aberwitzigsten aller Wittelsbacher zu verbluten. Viele, viele Jahrzehnte später sollte sie von seiner Kaufwut profitieren, denn die erworbenen Bilder sind heute Bestandteil der Sammlung in der Alten Pinakothek. Aber an sein Volk hat der Blaue Kurfürst beim Kunstsammeln nicht eine Sekunde gedacht. Die Bilder waren für seine Privatgemächer bestimmt und haben sicher die eine oder andere Mätresse beeindruckt.

Max Emanuel ließ seinen Sohn nach Brüssel bringen, um ihn dort auf sein späteres Erbe vorbereiten zu können: den spanischen Thron. Es wird jetzt höchste Zeit, den Kleinen namentlich vorzustellen, denn allzu lange bleibt er uns nicht mehr: Er hieß Joseph Ferdinand. Die Aussichten des Kindes waren wirklich glänzend: Karl II. von Spanien hatte ihn bereits testamentarisch zu seinem Nachfolger ernannt und das auch in die Welt hinausposaunt. Sein offizieller Titel war jetzt *principe de Asturias*, Prinz von Asturien; so lautet analog zum britischen *prince of Wales* der offizielle spanische Thronfolgertitel. An den europäischen Spitzenhöfen war diese Lösung akzeptiert, denn die Franzosen konnten sich denken: *Hauptsache, kein Habsburger!*, die Österreicher immerhin: *wenn schon kein Habsburger, dann wenigstens kein Franzose!*, und in London war man's zufrieden, dass weder ein Österreicher noch ein Franzose in Spanien gekrönt werden sollte. Jetzt hieß es für Max Emanuel, den Tod des alten Königs abzuwarten. Dabei gab es eigentlich nur eine Sache, die unter gar keinen Umständen passieren sollte: Sein sechsjähriger Sohn Joseph Ferdinand durfte nicht sterben.

Und er starb! Er starb noch vor seinem Erblasser, dem spanischen König Karl II. im Jahr 1699. Wäre Karl ein paar Monate früher oder das Kind nur wenig später heimgegangen – wäre Joseph Ferdinand also mit anderen Worten bereits in Spanien inthronisiert worden und sein Vater damit dort der Vormundschaftsregent, dann wäre möglicherweise noch etwas zu retten gewesen. Das war jetzt alles Makulatur. Der Blaue Kurfürst begrub mit seinem Kind auch die erste große Hoffnung auf eine namhafte europäische Königskrone für sein Haus. Er selbst war raus aus dem spanischen Spiel, denn seine Gattin, die eigentliche Anwärterin aufs Erbe, war ja auch schon tot und hatte den Schürzenjäger obendrein noch ausdrücklich enterbt. Es war wirklich ein Riesenpech.

Karl II. musste einen neuen Nachfolger für sein Reich suchen und fand ihn in einem Bourbonen, dem späteren Philipp V. Der war ein Enkel des (noch lebenden) Sonnenkönigs sowie – schön, die beiden kurz wiederzusehen! – Henriette Adelaides und Ferdinand Marias. Aber was sollte das dem Blauen Kurfürsten bedeuten? Und wenn Philipp V. hundertmal sein Neffe war, er war halt kein Wittelsbacher!

Man muss etwas Verständnis für den vom Schicksal geleimten Max Emanuel haben, gewiss ... Aber für die nun folgende Serie an verhängnisvollen Fehlentscheidungen gibt's eigentlich trotzdem keine Entschuldigung. Es roch nach Krieg in Europa, denn die Österreicher, die mit einem Wittelsbacher auf der iberischen Halbinsel hätten leben können, wollten einen Bourbonen unter keinen Umständen akzeptieren; für London galt dasselbe. Karl II. starb gegen Ende des Jahres 1700. Die Franzosen proklamierten prompt ihren Erbanspruch gemäß seines zweiten Testamentes. Österreich und England protestierten aufs Schärfste. Der Krieg war nicht mehr zu vermeiden. Für den bayerischen Kurfürsten und Statthalter der Spanischen Niederlande stellte sich die Frage: Was tun? Respektive an wessen Seite?

Etwa um diese Zeit schnappte unser Mann völlig über. Für die Königskrone, die seinem Haus eben durch die Lappen gegangen war, suchte er panisch nach Ersatz. In Ungarn war ein Aufstand gegen den dortigen König losgebrochen – ob er diese Krone nicht haben könne, ließ er bei Europas Potentaten nachfragen. Keiner gab positive Antwort. 1701 landeten die Hohenzollern ihren erwähnten Titel-Coup in Preußen. Schon wieder ein Reichsfürstenkollege gekrönt und er noch ohne – wie es denn ums Herzogtum Mailand stünde, wollte er in Versailles wissen, ob man das nicht zum Königreich erheben und ihm übertragen könne? Oder ob man sich dort vorstellen könne, ihm dabei zu helfen, Bayern aus dem Reich zu lösen und für vollsouverän zu erklären? Oder, anderer Vorschlag: Ob er nicht König in Sizilien werden könne – er würde Bayern dafür eintauschen ...

Und diese Dumpfbacke durfte Zeitgenosse Johann Sebastian Bachs sein!

Für Phantastereien solcher Art war der voralpenländische Don Testosteron bereit, sich im aufziehenden Spanischen Erbfolgekrieg auf die Seite Frankreichs und gegen Kaiser und Reich zu stellen. Das passte grundsätzlich ins Konzept des Sonnenkönigs: Der verfolgte lange den Plan, einzelne Reichsfürsten dem Kaiser immer weiter zu entfremden. Der offenbar verrückt gewordene Wittelsbacher kam da gerade recht. So entstand ein Militärbündnis zwischen Versailles und Max Emanuel. Die eindeutige Festlegung auf eine Krone wurde dabei seitens Frankreich vermieden; das würde sich finden, und vielleicht beruhigte sich die vom unglücklichen Zufall geprellte bayerische Krawallschachtel ja eines Tages wieder.

Das Ganze stellte einen klaren Bruch sämtlicher Reichsrechte und Gewohnheiten dar. Max Emanuel verfiel folgerichtig der Reichsacht. Sein Stammland wurde umgehend von den Kaiserlichen besetzt und verwaltet. Bayern verlor alle entscheidenden Schlachten gegen Österreich. Auch das Kriegsglück hatte den einstigen Befreier Belgrads nun also verlassen. Für Frankreich, das sich an den anderen Fronten des Krieges behauptete, war Max Emanuel sehr schnell völlig wertlos geworden. Er musste an den Versailler Hof fliehen und blieb dort so etwa zehn Jahre. Er wohnte bei Compiègne, gab den Privatier, feierte die gewohnten rauschenden Feste und erzählte jedem, der ihm nicht rechtzeitig entkam, von seinen Belgrader Heldentaten. Die Vollpleiten gegen die Österreicher zu Beginn des Spanischen Erbfolgekrieges wird er wohl dezent übergangen haben. Ansonsten drückte er ganz fest die Daumen für einen Sieg Frankreichs. Die Auseinandersetzungen ums spanische Erbe zogen sich hin. Ferner galt es noch zu hoffen, dass die französische Regierung ihn bei dereinst zu haltenden Friedensverhandlungen nicht völlig vergessen würde; mittlerweile war der Mann ja nicht nur ohne Land, sondern auch ohne Titel, denn als klarer Rechtsbrecher war ihm das Kurfürstenamt vom Kaiser entzogen worden.

11.1. BLUTIGE WEIHNACHT

Zu Beginn der österreichischen Besatzung Münchens im Rahmen des Spanischen Erbfolgekrieges ereignete sich ein Drama, das bis heute zu den Urerinnerungen des bayerischen Nationalstolzes gehört: die Sendlinger Mordweihnacht im Jahr 1705.

Die erstaunlich gut dokumentierte Tragödie hatte ihre Ursache in den österreichischen Truppenaushebungen im besetzten bayerischen Gebiet. Es handelte sich um Zwangsrekrutierungen, und die bäuerlichen Schichten auf dem Lande litten furchtbar darunter. Die Eingezogenen waren dazu bestimmt, rücksichtslos im Krieg verheizt zu werden. Und das auch noch auf der Seite der verhassten Österreicher. Die Stadtbevölkerungen, insbesondere die Einwohner Münchens, waren hiervon weit weniger betroffen. Doch auch hier begann es zu gären, insbesondere, nachdem das Gerücht aufkam, die noch in der Stadt befindlichen Kurprinzen sollten von den Besatzern nach Wien entführt werden.

In den Vorweihnachtstagen des Jahres 1705 sammelten sich 2769 Mann in der Gegend von Schäftlarn. Sie gehörten zur Landbevölkerung rund um Bad Tölz. Ihre Bewaffnung war völlig unzureichend. Die Verbindung zu einer weiteren Truppe eher niederbayerischer Provenienz, lagernd im Osten Münchens und eigentlich zur Unterstützung vorgesehen, war unterbrochen. Militärisch schlecht ausgebildet, in der Bewaffnung den Besatzern hoffnungslos unterlegen und angeführt von ahnungslosen Hasardeuren, wagten die Tölzer dennoch den Angriff auf München. Es war die Nacht vom 24. auf den 25. Dezember 1705. Ein Wunder, dass dem Bauernheer die Einnahme des Roten Turms zunächst tatsächlich gelang. Von hier aus ballerten sie mit erbeuteten

Kanonen Richtung Isartor. Es war wohl irgendwie vereinbart worden, dass dem Aufstand freundlich gesinnte Münchner die Stadttore öffnen würden. Allein, das geschah nicht. Dadurch war die Situation der Angreifer vollends desolat. Die Österreicher eroberten schließlich den Roten Turm zurück und trieben die Oberländer im Dorf Sendling zusammen. Deren Anführer kapitulierten endlich, als auch den letzten am anbrechenden Morgen des ersten Weihnachtsfeiertages die desaströse Lage klar geworden war.

Und nun geschah Grauenvolles. Die Entwaffneten wurden in Sendling von der im Dienste der Österreicher stehenden Soldateska im Wortsinn gnadenlos niedergemetzelt. Am Rande sei vermerkt, dass die Söldner größtenteils aus der Würzburger Gegend kamen; es waren also nicht eigentlich Österreicher, sondern Franken. Von den ursprünglich 2769 Oberländern kam nach Schätzungen nur ein Anteil von etwa 20 % ungeschoren davon.

Unsre Zeit hat fürs Heroische an sich nicht viel übrig; woran es nichts zu kritisieren gibt. Dennoch rührt die todesverachtende Tapferkeit der von den Besatzern gepeinigten Oberländer. Ihr Opfer war übrigens keineswegs sinnlos: Die Kaiserlichen änderten die Besatzungspolitik unmittelbar nach dem Sendlinger Massaker ziemlich radikal. Die Zwangsrekrutierungen wurden eingestellt, die Bedingungen für die Landbevölkerung verbesserten sich, und die noch in Haft befindlichen oberländischen Kommandeure kamen – von einzelnen Hinrichtungen abgesehen – auffallend glimpflich davon.

Rund ums »*wohl bayerischste*« aller historischen Dramen mit seinem »*Höchstmaß an Erinnerungsmächtigkeit*« gibt es zwei immer wieder erörterte Fragen (Zitate aus M. Junkelmann: Die Sendlinger Mordweihnacht.). Erstens, gab es wirklich jenen berühmten Rädelsführer namens »Schmied von Kochel«? Und zweitens, wie stand eigentlich der exilierte Partylöwe Max Emanuel zu all diesen Vorgängen in seinem Geburtsland (das Wort »Heimat« will auf den tauschwilligen Fürsten und einstigen Statthalter der Spanischen Niederlande nicht recht passen)?

Die erste Frage ist kurz und bündig zu verneinen. Die Legende vom Schmied von Kochel entstand wohl im 19. Jahrhundert im Zuge eines aufkeimenden bayerischen Patriotismus. In der Wirklichkeit gab es den Mann nicht.

Die zweite Frage ist so spannend wie ungeklärt. Der eben schon zitierte Junkelmann schreibt in einer langen und fundierten Abhandlung zur Mordweihnacht, es könne »*keine Rede davon sein, [… dass …] Max Emanuel […] der Bewegung völlig verständnislos, ja ablehnend gegenübergestanden […]*« sei. Er begründet diese Ansicht auch recht stichhaltig, steht damit aber im

Gegensatz zu den meisten anderen Experten, die davon ausgehen, dass der im Geist des Absolutismus stehende Kurfürst ohne Amt und Land im Aufstand der Oberländer eine illegitime Erhebung gegen die Obrigkeit sah und diesen entsprechend verdammte. Das hat schon einiges für sich. Die Frage ist an dieser Stelle nicht zu klären. Wem mag die Loyalität Max Emanuels gegolten haben? Den Landbewohnern seines Kurfürstentums, die ihrerseits durchaus glaubten, in seinem Sinne zu handeln? Oder eher seinen hochadeligen Wiener Standesgenossen, wenngleich er mit ihnen im Krieg lag? Es scheint doch plausibler, dass das Klassenbewusstsein des Mannes seinen bayerischen Patriotismus überwog ...

> *Kasten zur Entdeckung*
> **Die Dreifaltigkeitskirche in der Pacellistraße**
>
> Am 17. Juli 1704 gab es eine gut besuchte Andacht in der Frauenkirche, und zwar aus ganz speziellem Anlass: Die Stadtbevölkerung war in Angst, denn der Krieg drohte, sie in tiefe Not zu stürzen. Der Kurfürst hatte seine Schlachten samt und sonders verloren, er war fort, und es drohte eine lange österreichische Besatzung.
>
> Damals lebte in München eine Frau, die im Rufe tiefer Frömmigkeit stand. Das war Maria Anna Lindmayr, so eine Art barockzeitliche Resl von Konnersreuth. In einer ihrer zahlreichen Visionen ward ihr kundgetan, die Stadt München würde von den Schrecken des Krieges einigermaßen verschont bleiben, wenn der Heiligen Dreifaltigkeit zu Ehren eine Kirche errichtet werden würde. Mit ihrem Einfluss sorgte sie dafür, dass die drei Stände der Stadt einen entsprechenden Schwur leisteten; daher die Feier vom 17. Juli.
>
> Zwei Tafeln links und rechts des Eingangs der Dreifaltigkeitskirche nahe dem Promenadeplatz erzählen diese Gründungsgeschichte; die linke auf Deutsch und die rechte auf Latein. »[...] Geloben wür drey Stände, / der Bürger, Edelleith, / und gesamter Geistlichkeit [...]«, steht da unter anderem. Es waren also die drei städtischen Stände der Bürger, des Niederadels und des Klerus, die sich hier zu gemeinsamer Tat vereinigten. Das hat starken Symbolcharakter: Die kurfürstliche Regierung war zusammengebrochen, und so mussten die drei Stände die Geschicke der Stadt selbst in die Hand nehmen. Um dies zu dokumentieren,

errichteten sie schließlich auch die Kirche. Das geht durchaus in die Richtung eines bestimmten Standesstolzes und ist so nicht häufig in der Residenzstadt anzutreffen. Die Dreifaltigkeitskirche fällt also in diesem Sinn aus dem Rahmen vieler hier besprochener Gebäude, denn sie ist explizit kein Werk der regierenden Fürsten.

Die Kirche dokumentiert ferner, dass die Münchner, der Sendlinger Mordweihnacht ungeachtet, schließlich das Gefühl hatten, einigermaßen glimpflich aus dem Spanischen Erbfolgekrieg herausgekommen zu sein. Sonst hätten sie den Schwur ja nicht eingelöst: »Die Stadt läg in dem Grund/Wan diese Kirch nit stund«, heißt es etwas verdreht am Ende des Tafeltextes.

Die drei Stände bauten also für die Dreieinigkeit. Das Patrozinium war mit Bedacht gewählt worden und geht sicher nicht nur auf den Einfluss der Lindmayr zurück. Es bot sich den Bauträgern an.

Alles in dieser Kirche kreist um die Zahl drei und um auf sie anspielende Bibelzitate. Drei in einem Dreieck angeordnete Bilder links, rechts und über dem Hochaltar zeigen jeweils wieder Dreiecke, nämlich gespiegelte Licht- und Sonnenstrahlen. Das Dreieck, oft mit einem sehenden Auge, ist das Symbol der Göttlichen Dreieinigkeit. Wie oft werden wir wohl auf das Dreieck stoßen, wenn wir die Kirche von außen in ihrer Front betrachten? Erraten. Nämlich zunächst am Dach ganz oben, dann am Erzengel und drittens in der Pforte. Wieder im Inneren finden wir unter anderem drei Herzen, eine Anspielung auf die Auferstehung am dritten Tage ... Nehmen Sie sich die Auszeit und suchen Sie nach weiteren Gestaltungen der Zahl drei, es gibt hier unendlich viele!

Die Erinnerung an eine berühmte Bibelstelle, in welcher die Drei eine große Rolle spielt, übernahm der damals noch junge Cosmas Damian Asam im Deckenbild. Es ist sein erstes bedeutendes Werk in München und nimmt im Zentrum das 13. Kapitel des ersten Korintherbriefes auf: »Nun aber bleiben Glaube, Liebe, Hoffnung, diese drei; aber die Liebe ist die größte unter ihnen.« (Vers 13). Die Allegorien auf Glaube, Liebe und Hoffnung sind die drei Frauen im unteren Bildteil. Am leichtesten finden Sie die Glaubensallegorie in dem ganzen Rokoko-Gewusel; das ist die blau gekleidete Dame, die das Kreuz hält. Als der Bischof von Freising im Mai 1718 die Kirche persönlich einweihte, hat er Asams Werk gesehen. Für seinen Dom plante er aufwändige Umgestaltungen anlässlich der demnächst anstehenden Tausendjahrfeiern. Asam hat den

Auftrag bekommen. Es darf vermutet werden, dass das Deckengemälde der Dreifaltigkeitskirche den Ausschlag hierzu gab.

Wenngleich der Bischof erst 1718 zum Weihen vorbeigeschaut hat, muss die Kirche doch schon vier Jahre zuvor einigermaßen fertig gewesen sein. Anders ist das Chronogramm über der Kirchentür nicht zu verstehen. Dort steht: »Deo TrIno/ConDIDere Voto/Tres BoICI statVs/MDCCCXIV«, also etwa: »der Göttlichen Dreieinigkeit zugedacht gemäß des Schwurs der drei bayerischen Stände/1714«. Man addiere die im Text hervorgehobenen Buchstaben, die alle römischen Ziffern entsprechen, und es ergibt sich die am Ende genannte Zahl: 1714. Nette Spielerei, so ein Chronogramm, nicht wahr? Es ist übrigens möglich, dass sich die Zahl auf das Ende des Spanischen Erbfolgekriegs und damit der Bedrohung für München bezieht, und nicht auf die Fertigstellung der Kirche.

»Die Stadt läg in dem grund/Wan diese Kirch nit stund« ... Münchens Zentrum war 1945 zu etwa 80 % in Trümmern. Seltsamer, höchst beachtenswerter Zufall: Ausgerechnet diese Kirche, einst errichtet, weil die Stadt einen Krieg leidlich überstanden hatte, ist im Zweiten Weltkrieg vollkommen unzerstört geblieben!

11.2. DIE SPÄTEREN JAHRE DES BLAUEN KURFÜRSTEN

Die Friedensschlüsse von Utrecht (1713) und Rastatt (1714) beendeten den Spanischen Erbfolgekrieg, der für Bayern so katastrophal begonnen hatte. Nun hing alles davon ab, ob sich die französische Seite ihres einstigen Verbündeten Max Emanuel erinnern würde. Das tat sie Gott sei Dank. Sonst wären wir heute möglicherweise Österreicher, und Bayern wäre vielleicht für immer die popligste Provinz im Habsburger-Imperium geworden. Besonders peinlich, wenn man bedenkt, dass die Österreicher ja eigentlich Bayern sind; zumindest waren sie es bis zum Jahr 1156. Ja, so verhält es sich, auch wenn man's im befreundeten Kotelett-förmigen Ausland nicht gerne hört!

1714 sah es allerdings phasenweise nicht gut aus. Die Habsburger verspürten durchaus Hunger auf das eingezogene Kurfürstentum. Daran konnte Frankreich aber nichts gelegen sein, und England im Sinne eines kontinentalen Gleichgewichts ebenso wenig. Aus diesem Grund geriet Max Emanuel wieder in das Spiel, aus dem er eigentlich längst heraus gewesen ist.

Wer war denn nun der Gewinner der zehnjährigen Generalprügelei? Das konnte niemand so richtig von sich behaupten. Wir kennen das schon aus dem noch dümmeren Dreißigjährigen Krieg. Es gab 1714 allerdings bedeutende Veränderungen der politischen Landkarte, die sich jedoch aufs Ganze gesehen alle wieder irgendwie ausglichen. Die spanische Krone ging tatsächlich an die Bourbonen (wo sie heute auch wieder ist): Philipp V., Enkel des Sonnenkönigs und Neffe Max Emanuels, bestieg in Madrid den Thron. Dort hatten die Habsburger nun also verspielt. Spanien verlor allerdings die italienischen und nordwesteuropäischen Besitzungen. Die Spanischen Niederlande, einst vom Blauen Kurfürsten als Statthalter verwaltet, wurden zum Ausgleich für den Verlust der Krone in Madrid österreichisch. Das sollte in diesem Jahrhundert noch zu einer spannenden Episode für Kurbayern führen ...

Die Habsburger nahmen also die Restitution des Blauen Kurfürsten in Kauf, auf welche Frankreich gedrungen hatte. So kam er wieder zu Land, Amt und Würden, wenn ihm auch die so lang erhoffte Königskrone versagt geblieben ist. Würde der Sohn, den ihm seine zweite Frau gebar, es besser machen? Darauf gibt es nur eine mögliche Antwort: jaein.

Der endlich von Versailles nach München Heimgekommene blieb sich bis zu seinem Tod 1726 treu. Er baute und verschleuderte, sammelte und mäzenierte, phantasierte und kanalisierte. Und über alles andere gehen wir dezent hinweg.

Bei seinen Bauten und Kanalarbeiten hatten ursprünglich türkische Arbeiter, die seit den Auseinandersetzungen der Achtzigerjahre in München waren, geholfen. Das waren Kriegsgefangene. Es ist nicht ganz klar, wie viele es waren, und auch über ihren Status ist nichts Eindeutiges bekannt. Einerseits waren sie wohl kaum mehr als bessere Sklaven, andererseits hat die kurfürstliche Regierung diese Exoten wohl recht anständig behandelt. Die Türkenstraße in der Maxvorstadt hat ihren Namen von diesen Zwangsarbeitern, wenn auch sozusagen nicht unmittelbar. Es ist unstrittig, dass der dort vormals vorhandene Graben zu jenem ausgedehnten Kanalsystem gehörte, welches der Blaue Kurfürst geplant hatte und zum Teil auch wirklich bauen ließ. Es ist allerdings ziemlich zweifelhaft, ob wirklich Türken an diesem Bauabschnitt beteiligt waren. Die Benennung der Türkenstraße erfolgte im 19. Jahrhundert, als man fest davon ausging, es habe sich so verhalten. Heute allerdings geht die Meinung dahin, dass die Türken München kurz nach der Jahrhundertwende schon wieder verlassen hatten. Der Türkengraben wird wohl von bayerischen Infanteristen ausgebuddelt worden sein. Max Emanuels Wasserstraßen-Spleen verdient jedoch einen eigenen Kasten, denn wir verdanken ihm ein städtisches Kleinod: den Nymphenburg-Biederstein-Kanal.

Kasten zur Entdeckung
Der Blaue Kurfürst und das Wasser

Am 26. August 1972 um drei Uhr nachmittags schlug das, was man »Münchens große Stunde« nennt. Die Sommerspiele der XX. Olympiade wurden eröffnet. Die Welt ist angetan von der zwanglosen Heiterkeit, von den Sportstätten und dem Olympiapark. Dieser sollte ein Voralpenpanorama darstellen: mit Berg (dem Olympiaberg, einem ehemaligen Schuttberg), mit verschneiten Gipfeln (wenn die Sonne auf das Zeltdach scheint, entsteht dieser Eindruck) und, freilich, zu einem anständigen Voralpenpanorama gehört auch ein See. Woher aber das Wasser für den See nehmen? Diese Frage plagte den Parkarchitekten Günther Grzimek allerdings keine zwei Minuten. Wasser war ja längst am Oberwiesenfeld vorhanden. Der Blaue Kurfürst und seine Arbeiter hatten vor knapp 300 Jahren schon dafür gesorgt! Damals hatte man den Nymphenburg-Biederstein-Kanal angelegt, der den Olympiasee speist.

Max Emanuel verfolgte mit seinen ausgreifenden Kanalplänen mehrere und zum Teil unterschiedliche Ziele. Zunächst einmal ist das Kanalbauen eine typische Erscheinung des Absolutismus. Kanäle strukturieren die Landschaft, und mit ihrer Künstlichkeit verweist der Auftraggeber auf die prinzipielle Beherrschbarkeit der Natur. »Macht Euch die Erde untertan« ist der Satz, der nicht nur der barocken (oder französischen) Gartenmode als Leitmotiv dient, sondern auch der absolutistischen Landschaftsgestaltung. Ein Kanal ist sozusagen beherrschtes Wasser. Aber natürlich hatten die Kanäle auch praktische Funktionen: Sie konnten der Lustbarkeit dienen, also zum Schifferlfahren benutzt werden.

Sie konnten die Schlossbrunnen mit Wasser versorgen, denn was ist ein barockes Schloss schon ohne Wasserspiele? Oder es handelte sich um Versorgungskanäle: Bei ausgedehnten Schlossbauten muss viel Baumaterial herangeschafft werden, und das geht auf dem Wasserweg recht bequem.

Diesem letzten Ziel diente zum Beispiel ein Kanal zwischen den neuen Schlossanlagen in Schleißheim und Dachau. Auch dieser kommt aus der Zeit des Blauen Kurfürsten. In Dachau gab es eine Ziegelei. Die dort gebrannten Ziegel sollten auf dem Kanal zur Schleißheimer Großbaustelle gelangen.

Der Türkengraben war wohl ebenfalls zum Herbeischaffen von Baumaterial konzipiert worden. Er sollte die Neue Residenz mit Schleißheim verbinden. Obwohl man es selten so liest, darf doch vermutet werden, dass auch die Idee einer späteren Gondelfahrt zwischen den Schlossanlagen als höchst apartes Amüsement dabei eine Rolle spielte. Der Graben wurde recht früh in der Regierungszeit Max Emanuels geplant und auch begonnen. Fertig wurde er nie. Es war wohl grad nicht ausreichend Hammelfleisch, Kaffee und Raki zur Verfügung, als nötig gewesen wäre, um hunderte türkische Zwangsarbeiter von der Notwendigkeit zu überzeugen, sich vom Hofgarten nach Schleißheim durchzuhacken. Man erreichte immerhin eine Stelle, der heute in etwa die Einmündung der Belgradstraße in den Petueltunnel entspricht; dies allerdings auch erst nach dem französischen Exil, als die Türken nicht mehr in München waren und statt ihrer kurfürstliche Infanteriesoldaten weitergraben mussten. In der Zeit des ersten Königs, als die Maxvorstadt angelegt wurde, schüttete man den Graben zu, er war nun eine Straße und ist es noch. Die unterschiedlichen Namen im Straßenverlauf erinnern an den Blauen Kurfürsten: Türkenstraße – Kurfürstenstraße – Belgradstraße (es wurde wohl schon erwähnt, dass Max Emanuel 1688 vor Belgrad einen enormen militärischen Triumph …). Die Maxvorstadt selbst hat ihren Namen aber von König Maximilian I. Joseph.

Zurück zum schönsten Bauwerk unsres größenwahnsinnigen Kurfürsten, dem Nymphenburg-Biederstein-Kanal. Es gibt ihn im Prinzip noch so, wie er damals angelegt worden ist. Es dürfte zu den schönsten innerstädtischen Touren gehören, den Kanal von Anfang bis Ende entlang zu radeln. Sein ursprünglicher Zweck war die Wasserversorgung der

Nymphenburger Schlossanlage. Er speist dort die Brunnen und treibt die Turbine der Porzellanmanufaktur an.

Sein Wasser kommt aus der Würm und diese wiederum aus dem Würmsee (heute Starnberger See). In Pasing beginnt der Kanal, zunächst in Richtung westlicher Schlossparkgrenze. Er durchquert die Schlossanlage, lässt die beiden Auffahrtsalleen südlich liegen und passiert den Stadtteil Gern, welchen er deutlich prägt, mit dem nächsten Ziel Oberwiesenfeld. Dort mündet er seit den Sommerspielen in den Olympiasee und verlässt diesen wieder, um die Lerchenauer Straße zu unterqueren – die Brücke befindet sich ein paar Meter nördlich der kleinen Birnauer Straße. Im weiteren Verlauf findet man ihn stets parallel zum Petuelring. Als Anfang des Jahrtausends der dortige Tunnel fertig gestellt worden war, hat man über ihm den Petuelpark eingerichtet, in dessen Süden der Kanal heute fließt. An der Kreuzung der Leopoldstraße zum Ring folgt der Kanal der ersteren – ist ja auch viel schöner. Allerdings nur kurz, denn nun durchzieht er Nordschwabing, wo er noch einmal einen See speist (den Schwabinger See). Schließlich geht es Richtung Englischer Garten – den es freilich zur Zeit des Kanalbaus noch gar nicht gab. Der Schwabinger Bach allerdings existierte damals schon, und in ihn mündet der Nymphenburg-Biederstein-Kanal nach 12 spannenden Kilometern. Vereint erreichen die beiden die Isar (der restliche Weg des Wassers über die Donau zum Schwarzen Meer sei dem Leser gnädig erlassen).

Die Schönheit des Kanals, respektive mindestens vieler seiner Stellen, rechtfertigt hier die Ausführlichkeit. Die Würm ist wärmer als die Isar, eignet sich also besser zum Baden. Im 19. Jahrhundert, mit aufkommendem Hygienebewusstsein, entstanden entlang des Kanals viele Bäder, die er mit seinem Wasser versorgte (zum Entsetzen konservativ eingestellter Kreise, die in derartigen Anstalten Brutstätten fleischlicher Sünde vermuteten). Heute noch prominent sind das Ungererbad und das Dantebad, beide in unmittelbarer Nähe zum Kanal. Seinen Höhepunkt erreicht er aber zweifelsohne in der Speisung des Olympiasees. Die spielerische, völlig natürlich erscheinende Einbindung des knapp 300 Jahre alten Bauwerks in die Architektur des modernen Parks stellt eine der vielen Meisterleistungen der Planer des Olympiageländes dar.

11.3. BILANZ

Was bleibt für München von der Herrschaft dieses barocken Exzentrikers? Da ist nebst der erwähnten Wasserstraße der bedeutende Beitrag zur Sammlung der Alten Pinakothek. Da ist die Badenburg im Schlosspark, die Joseph Effner konzipierte und die als Vorbild für viele vergleichbare Anlagen diente. Da sind ferner die Schlossbauten in Schleißheim. Das dortige Alte Schloss geht auf seine Ahnen zurück, doch Lustheim, die Parkanlage sowie das Neue Schloss sind Auftragsarbeiten des Blauen Kurfürsten. Lustheim wurde ab 1685 errichtet, und der Anlass war die Vermählung mit der Kaisertochter Maria Antonia. Dementsprechend ist dieser Bau privat, ganz im Gegensatz zum vollkommen repräsentativen Charakter des Neuen Schlosses. Dessen Bau begann um die Jahrhundertwende, als die Bäume Max Emanuels in den Himmel wuchsen. Sein jäher Sturz nach den verlorenen Schlachten gegen die Kaiserlichen sowie sein etwa zehnjähriges Exil unterbrachen die Arbeiten. Als er zurück in Bayern war, nahm man sie wieder auf. Cosmas Damian Asam, Johann Baptist Zimmermann, aber auch viele italienische Künstler sorgten für die Innenausstattung. Thematisch stehen – wen wundert's – die militärischen Triumphe des jungen Kurfürsten im Mittelpunkt. Die Finanzsituation zwang aber immer wieder zu Abstrichen. Der Blaue Kurfürst war ein noch furchtbarerer Haushalter als sein frommer Urgroßvater Wilhelm V. Während jener allerdings in Maximilian I. einen Nachfolger hatte, der die Sache trotz Dreißigjährigen Kriegs wieder einigermaßen ins Lot zu bringen verstand, krankte der Kurstaat Bayern noch mehr als eine Generation an den Folgen von Max Emanuels Schuldenmacherei.

Die außenpolitische Bilanz des Blauen Kurfürsten fällt auch dann fatal aus, wenn man nicht seine eigenen Ziele und Träume zum Maßstab nimmt. Jenen zufolge wäre München Kaiserstadt geworden, während die Wittelsbacher gleichzeitig in Madrid über die Halbinsel und einen ganzen Kontinent geherrscht hätten. Mit zahlreichen anderen Kronen wie etwa der polnischen, der ungarischen oder einer extra geschaffenen mailändischen wäre das Kronenensemble arrondiert worden. So viel zur Theorie. 1726 war davon nichts übrig außer einer vagen Hoffnung auf eine erfolgreiche Kandidatur bei einer Kaiserwahl. Bayern blieb Kurfürstentum und Reichsmitglied, hatte aber gegenüber dem österreichischen Nachbarn deutlich an Boden verloren. Das ganze Jahrhundert über schielten die Habsburger hungrig Richtung Bayern –

was im Spanischen Erbfolgekrieg zumindest denkbar gewesen war, nämlich die komplette Einverleibung Bayerns, das wurde als Option in Wien auch weiterhin gedacht. Dies war eine latente Gefahr. Und im Nordosten des Reiches wuchs so langsam, gleichsam als Nukleus des sich um sie herumrankenden Staates und noch von niemandem so recht bemerkt, eine gigantische Armee heran – eine Kriegsmaschinerie, die es mit jenen Frankreichs, Österreichs, Russlands und der anderen Großmächte unter Umständen würde aufnehmen können. Es sollte nicht mehr allzu lange dauern, bis sie das auch wirklich tat.

Und nun bitten wir den Blauen Kurfürsten, er möge doch kurz von seinem Pferd herabsteigen. Denn ehe er jetzt aus dem Buch fliegt, möchten wir uns gebührend von ihm verabschieden. Und das geht im Falle dieses Herrn wirklich nicht anders als durch einen gepfefferten Tritt in den Hintern.

12. ET CAESAR ET NIHIL – KAISER KARL VII.

Kennen Sie die Kardinal-Faulhaber-Straße? Sie ist nicht vielen Bewohnern Münchens auf Anhieb geläufig. Das ist sehr schade. Diese Straße ist wohl die unterschätzteste der ganzen Stadt (zur Orientierung: Sie verläuft zwischen dem Promenade- und dem Salvatorplatz). Sie hat, wiewohl nur kurz, auf ihrer östlichen Seite drei Gebäude von herausragender Bedeutung aufzuweisen. Eines davon ist historistisch und im späten 19. Jahrhundert anzusiedeln; die beiden anderen jedoch erzählen von Karl Albrecht, dem Sohn des Blauen Kurfürsten. Dieser folgte seinem Vater in der bayerischen Kurwürde und war gegen Ende seines Lebens unter dem Namen Karl VII. der letzte Wittelsbacher auf dem Kaiserthron.

Woran liegt es, dass kaum jemand die Straße beachtet, geschweige denn bewundert, wie sie es doch eigentlich verdient hätte? Das hat zwei Gründe. Zum einen ist sie schmal, laut, eng und nervös. Sie dient zum Durchbrummen und Parkplatzsuchen, in der Mehrheit für Porsches und SUVs (»*Klassenkampfpanzer*«). Deshalb wäre das Verweilen auf der Westseite mit Blick auf die Hypobank und die beiden Paläste aus dem 18. Jahrhundert selbst dann kein Vergnügen, wenn es dort ein Kaffeehaus gäbe. Aus kulturhistorischer Perspektive wäre es dringend geboten, hier stadtplanerisch einzugreifen, mit dem Ziel einer Verkehrsberuhigung; allerdings erst, wenn die noch viel lästigere, aber vergleichbare Situation am Max-Joseph-Platz endlich, endlich gelöst sein wird (also in voraussichtlich etwa 150 Jahren).

Es mag aber sein, dass sich auch dann kein reines Wohlbefinden einstellen wird. Denn der zweite Grund für die Vernachlässigung der Kardinal-Faulhaber-Straße, für das permanente Durchhetzen und Wegkommen-Wollen, ist tiefenschichtig und traurig. Hier wurde Kurt Eisner, Gründer und erster Ministerpräsident des Freistaats Bayern, ermordet. Diese Bluttat am 21. Februar 1919 war das Fanal für das Herabsinken der Landeshauptstadt zum Zentrum des deutschen Rechtsradikalismus. Der Täter bekam eine lächerlich kurze Haftstrafe in Landsberg. (Das Verhängen kurzer Haftstrafen in Landsberg ist eine Art Spezialdisziplin der bayerischen Justiz, die noch heute nicht aus der Mode gekommen zu sein scheint. Mal handelt es sich um krasse, politisch motivierte Fehlurteile gegen Erzschufte, mal ist die Kürze der Haft hieb- und stichfest begründet und das Fehlverhalten des ansonsten hochehrbaren Verurteilten somit abgebüßt und verziehen.) Die Richter sympathisierten offen mit Graf Arco, dem Mörder! Bayern wurde in der Folge zur *Ordnungszelle*, und »*alles, was faul und schlecht war im Reich und sich anderswo nicht halten konnte, [...] flüchtete magisch angezogen nach München*«, so Lion Feuchtwanger in seinem Roman »Erfolg«. Die Geschichte des Ministerpräsidenten Eisner wird hier noch den ihr gebührenden Raum bekommen, vorerst geht es nur um den Schatten, der auf unsre Straße fällt. Der hat mit ihrer Enge nichts zu tun. Das Denkmal am Boden vor dem Seiteneingang des Bayerischen Hofes ist an Würdelosigkeit kaum zu überbieten. Es wird weder Kurt Eisner noch der Tragweite dieser Tat gerecht.

Nun zu Heitererem. Die beiden Adelspaläste der Straße heißen Palais Portia und Holnstein-Palais. Die von ihnen ausgehenden Erzählungen ähneln sich sehr und zeugen vom ausschweifenden Liebesleben des Rokoko-Adels. Man muss dabei nicht immer an tragische Schicksale und die *Gefährlichen Liebschaften* des Choderlos de Laclos denken. Der Gott in bayerisch-katholischer Perzeption freut sich bekanntlich über jeden neugeborenen Erdenbürger. So halten es auch deren Erzeuger und fragen nicht groß nach Legitimitäten. Das Portia-Palais erwarb der Kurfürst in den frühen Dreißigern, um es einer seiner Mätressen zu schenken. Alles also ganz offiziell, keineswegs im Verborgenen und ohne jede Doppelmoral. Die Mätresse heiratete später einen Grafen Portia; die Dame brachte das stattliche Haus mit in die Ehe, der Gatte war fortan der Namensgeber der Wohnstätte. Die Ausgestaltung war prächtig. Die Stuckatur besorgte kein geringerer als Johann Baptist Zimmermann, wenn er nicht gerade an der Decke St. Peters oder jener des Steinernen Saales in Nymphenburg zugange war. Cuvilliés der Ältere kümmerte sich um das sonstige Innere wie Äußere des Liebesnests. Dieser Cuvilliés, ein ehemaliger Hofzwerg des Blauen Kurfürsten und zu diesem im französischen Exil gestoßen, war seinerzeit in München praktisch unvermeidlich. Wo immer es etwas zu bauen, zu schmücken oder zu planen galt, war der kleine Mann dabei; was er nicht vollendete, besorgte sein Sohn (gen. Cuvilliés der Jüngere). Er war im Münchner Rokoko in etwa das, was hundert Jahre später Leo von Klenze und Friedrich von Gärtner gemeinsam waren. Das 18. Jahrhundert war wirklich die Zeit großer namhafter Künstler. Die Asams mischten ja neben den Zimmermanns und den Cuvilliés auch noch fleißig mit und bastelten unter anderem an ihrer Kirche in der Sendlinger Straße.

Das Holnstein-Palais ist wohl noch imposanter. Das mag unter anderem daran liegen, dass es den Krieg gut überstanden hat. Auch hier waren Cuvilliés d. Ä. und Kollege J. B. Zimmermann maßgeblich beteiligt. Und auch hier stand die Lust des Kurfürsten und späteren Kaisers Pate. Diesmal wurde nicht etwa eine Mätresse beschenkt, sondern deren Sohn, der eben ein illegitimer Wittelsbacher war. Die Mutter wiederum war nicht die spätere Gräfin Portia, sondern … eine andere halt. Wir werden uns gewiss nicht der Mühe unterziehen, sämtliche Liebschaften eines bayerischen Rokoko-Fürsten auseinanderzuhalten. Stattdessen wollen wir loben, dass auch den Söhnen und Töchtern, die nun mal zwangsläufig aus solchen Beziehungen hervorgingen, gebührende Aufmerksamkeit zuteilwurde. Dieser hier, ein gewisser Franz Ludwig, hatte besonderes Glück. Er bekam nicht nur das schöne Palais in

(Abb. 19) Palais-Fassade mit Wappen der von Holnsteins

der (heutigen) Kardinal-Faulhaber-Straße. Sein Vater (immerhin ein Kaiser) bekannte sich öffentlich zu ihm und verlieh ihm den Grafentitel unter dem Namen »von Holnstein«. Das Wappen dieser »neuen« Familie befindet sich im Giebel des Palais'. Die Holnsteins durften sich mit weiß-blauen Rauten und bayerischen Löwen schmücken! Ihr Wappen gleicht jenem der Wittelsbacher bis auf ein winziges Detail: Man beachte den roten Strich in der Mitte des Zeichens. Das ist ein sogenannter Bastardbalken. Klingt etwas schauerlich, ist aber nicht so gemeint. Die von Holnsteins trugen diesen Balken mit Stolz vor aller Welt, und das Wappen verwies auf ihren wittelsbachischen Ursprung. Die Familie spielte lange Zeit eine große Rolle im bayerischen Hofleben. Eines allerdings war klar: Der Eintritt in die wittelsbachische Erbfolge war den von Holnsteins verwehrt. Der Sinn des Bastardbalkens war genau dieser Vorbehalt staatsrechtlicher Natur.

Man sieht schon: Was immer von der Moral der Rokoko-Adelsgesellschaft zu halten ist – eine Doppelmoral, was ja immer das ärgste ist, war es nicht. Die Damen waren semioffiziell und vergaben sich nichts. Sie waren samt ihren Kindern geachtete Mitglieder der Standesgesellschaft. Jeder mag das selbst bewerten, aber verlogen ist es schon mal nicht.

Man darf sich die Entwicklung der Sexualmoral nicht etwa linear vorstellen. Nichts wäre falscher. Zeiten strengster und allumfassender Tabuisierung wechselten mit Phasen erstaunlicher Libertinage. So muss zum Beispiel das 15. Jahrhundert diesbezüglich als ein recht anregendes bezeichnet werden, glaubt man zeitgenössischen Darstellungen, und warum sollte man nicht? Die Zeiten Wilhelms V. und seines Sohnes dagegen waren wohl eher prüde und fad ... Dem Rokoko wiederum folgt, wenn auch nicht unmittelbar, die bürgerliche Moral. Die Diktatur des bourgeoisen Tugendbonzentums erreichte und beherrschte irgendwann dann auch den Adel, was dort nicht wenige bedauert haben werden. Über das Treiben gewisser Schichten in den 1920er-Jahren kann man sich bei Erich Kästner ein Bild machen; es war wohl etwas sehr arg, und mit den Fünfzigern überhaupt gar nicht zu vergleichen. Und die dazwischen liegende nationalsozialistische Zeit? Die Nazis waren auch diesbezüglich von unglaublicher Widerwärtigkeit. Man kann es nicht unbedingt nur »prüde« nennen. Die Nazis funktionalisierten Sexualität im Sinne von Rassenaufzucht; anders gesagt, sie brutalisierten sie. Wie eben alles andere auch.

Und dann ist bei diesem Thema selbstverständlich die regionale Differenzierung nicht zu vernachlässigen. Andere Länder, andere Sitten. Zurück ins 18. Jahrhundert: Im Jahr 1781 machte sich ein Berliner namens Friedrich Nicolai auf, die Lebensumstände und Gebräuche im Rest des Reiches und in der Schweiz zu studieren. Dieser Nicolai war, wie sich das für einen Preußen gehört, rationalistisch-aufklärerisch geprägt; sein täglich Streben bestand darin, das Luthertum mit den Prinzipien der Aufklärung und der Vernunft in Einklang zu bringen, und seine *»fritzische Gesinnung«* (so o.s.ä. einst Goethe) war unerschütterlich. Kurz: Nicolai war ein norddeutsches Kind des

Aufklärungszeitalters, wie es im Buche steht. Was ihm zu unsrem Thema in dem Moment einfällt, als er die Stadt München besucht, ist einfach nur zum Brüllen. Fragen wir ihn etwas aus, es lohnt sich (alle folgenden Zitate aus: Friedrich Nicolai, Beschreibung einer Reise durch Deutschland und die Schweiz im Jahr 1781, 12 Bände Berlin u. a. 1783ff. Ausschnittsweiser WA in: Fenzl, Fritz [Hrsg.]: München meine Liebe. München 1988, S. 21ff.):

Welchen Eindruck haben die Münchner generell bei Ihnen hinterlassen, Herr Nicolai?

»*Abergläubisch sind sie, und der gemeine Mann ist noch dazu faul und dem Trunke ergeben.*«

Bedauerlich. Hat die Aufklärung denn irgendwo Fuß gefasst?

»*Unwissenheit, die beständige Gefährtin des Aberglaubens, findet sich [...] durch alle Stände auf unglaubliche Weise ausgebreitet. Ich habe selbst Beispiele von Unwissenheit in den bekanntesten Dingen bemerkt.*«

Literarische Kenntnisse ... ?

»*[...] sind fast gar nicht zu finden!*«

Wie steht's mit den Klerikern? Könnten die der Volksbildung nicht etwas nachhelfen?

»*Bayern ist mit Klöstern und Geistlichen überhäuft. Im Ganzen herrscht auch unter den Geistlichen so viel Dummheit und dabei eine so heftige Intoleranz, dass dieser Stand [...] eine gänzliche Reform erfahren müsste.*«

In der Residenzstadt gibt es doch sicher sogenannte Sehenswürdigkeiten, die vom klerikalen Wahn geprägt sind?

»*Die Mariensäule ist ein Denkmal stumpfer Bigotterie und höchstverfehlter Politik!*«

Themawechsel, Herr Nicolai: Was sagen Sie denn zu den Sitten in der bayerischen Residenzstadt?

»*Der Umgang beider Geschlechter ist ziemlich frey. Müßiggang und kräftige Nahrung verführt zu Ausschweifungen, und die Bigotterie hindert sie nicht.*«

Sind diese Ausschweifungen statistisch belegbar?

»*Die ungeheure Zahl unehelicher Kinder ist der Beweis davon.*«

Höchst bedenklich! Und die Folgen derartiger Zustände?

»*Diese Ausschweifungen werden auf mancherley Weise schädlich. Ich ward von einem glaubhaften Manne versichert, dass im Jahre 1774 allen Ärzten anbefohlen worden sey, ein Verzeichnis der in München mit venerischen Krankheiten behafteten Personen zu übergeben, und man habe über*

3.000 befunden; und doch ist leicht zu erachten, dass viele nicht angegeben worden sind.«

Schon klar, Herr Nicolai, die Katholiken in ihrer unaufgeklärten Ahnungslosigkeit; und dann lügen sie ja auch alle wie gedruckt. Aber was könnte denn darüber hinaus noch zu derartigen Ausschweifungen führen?

»*Das weibliche Geschlecht in München ist schön ...*«

Ja da schau' her!

»*[besonders] in den höheren Ständen ...*«

Vorsicht mit zu viel Bier bei Föhn, Herr Nicolai, das verträgt nicht jeder, und Preußen schon gar nicht!

» *... die Stubenmädchen [...] sind schön und minaudiren nicht wenig, aber auf ganz andre Art als die sächsischen ...*«

Herr Nicolai, das langt jetzt wirklich! Ihre lutherisch-aufklärerischen Grundsätze sind in ernster Gefahr ...

» *... es ist etwas ruhiges katholisches, etwas herziges bairisches in ihren [...] Manieren. Es scheint, die Wirthe studiren darauf, schöne Kellnerinnen zu haben. Diese sehen zierlich und modest aus [...] und sind sehr gesprächig gegen den Fremden!*«

Wir brechen das Interview an dieser Stelle ab; kalt duschen soll in derartigen Fällen helfen. Leider kann man Herrn Nicolai nicht empfehlen, sich im Haidhauser Augustiner am Bordeauxplatz von der völligen Richtigkeit seiner Beobachtungen bzgl. der Schönheit der Münchner Kellnerinnen ein weiteres Mal zu überzeugen. Das heutige Franzosenviertel war 1781 nämlich noch unbebautes, freies Feld. Was für ein Vergnügen, aus den Reiseerinnerungen dieses Herrn zu zitieren, lernt man doch so schöne Wörter wie *minaudiren*. Heute würde man das in etwa mit »*sie flirten gerne*« wiedergeben.

Das Leben Karl Albrechts, des späteren Kaisers Karl VII., war scheinbar ein einziges Fest der Freude und der Lust. Diese Annahme ist zwar grundfalsch, drängt sich jedoch auf, wenn man die Münchner Bauten seiner Zeit betrachtet; da sind neben den Palästen libidinöser Provenienz die Asamkirche und St. Michael in Berg am Laim, die Amalienburg im Schlosspark oder der Neubau der Damenstiftskirche durch Johann B. Gunetzrhainer und die beiden Asams. Und hat Karl Albrecht nicht endlich das erreicht, was seit dem 14. Jahrhundert in jedem bayerischen Wittelsbacherkopf den geträumten Sehnsuchtsort schlechthin darstellte – den Kaiserthron? Ja, das hat er wohl. Aber der Preis war zu hoch und die Würde ausgehöhlt. Als literarisches Symbol für die Kaiserkrönung Karls VII. mag Wotans Walhall in Richard

Wagners *Rheingold* herhalten (nebenbei bemerkt in München uraufgeführt): äußerlich größte Prachtentfaltung bei gleichzeitig beginnendem Zerfall, welcher durch eben diese Prachtentfaltung eingeleitet wurde. Thomas Mann hat dieses Wagner-Motiv kaum geändert in seinen *Buddenbrooks* übernommen: Der literarische Thomas baut kurz vor dem endgültigen Familienniedergang seine neue Repräsentations-Villa (und schon wieder nebenbei bemerkt: Der Roman wurde in München geschrieben).

Wie kam es eigentlich zu diesem kurzen und traurigen Kaisertum?

Kaiser Karl VI. aus dem Haus Habsburg hatte keinen Sohn. Um seiner Tochter Maria Theresia das österreichische Erbe zu sichern, war ein Hausgesetz erlassen worden, die »Pragmatische Sanktion«. Dieses Hausgesetz garantierte den weiblichen Nachkommen der österreichischen Erzherzöge das uneingeschränkte Erbrecht in den Stammlanden für den Fall, dass es keine männlichen Nachkommen gab. Die Wittelsbacher zweifelten die Rechtmäßigkeit jener Nachfolgeregelung an. Sie hatten ihrerseits ein Gutachten in der Schublade, welches einen Anspruch der Bayern für den Fall des Aussterbens der Habsburger in männlicher Linie begründen sollte. Dieses Dokument sorgte an den juristischen Stammtischen des alten Reiches für ausgelassene Heiterkeit – es wurde da eine Anspruchslinie konstruiert, die in die Tage Herzog Albrechts V. zurückführte, kurz gesagt, es war ein ziemlich haltloser Unfug – wen wundert es, dass ausgerechnet der Blaue Kurfürst seinem Sohn diesen Floh einst ins Ohr gesetzt hatte? Darüber hinaus, und das wog vielleicht schon schwerer, war Karl Albrecht mit einer Tante Maria Theresias verheiratet; das war Maria Amalia, und sie war genau wie ihre Nichte die Tochter eines Kaisers (nämlich Josephs I., der wiederum der Bruder Karls VI. gewesen ist – eine kompliziertere Familiengeschichte als jene Habsburgs gibt es nicht).

So viel zum österreichischen Stammland. Die Pragmatische Sanktion bezog sich selbstverständlich nicht auf Reich und Kaiserkrone. Hier galt nach wie vor die Goldene Bulle samt den Ergänzungen, die seit der Erhebung Bayerns zum Kurfürstentum, dem Westfälischen Frieden sowie noch anderen Modifikationen dazu gekommen waren. Mit anderen Worten, die nunmehr neun Kurfürsten wählten nach dem Tod eines Kaisers einen neuen (»Wieso neun?!« mag da jetzt mancher fragen – ja doch; das sind eben die oben so genannten »*anderen Modifikationen*«: Ende des 17. Jahrhunderts waren die Hannoveraner zum Kaiserkürerkreis gestoßen).

Es drohte also wiedermal ein Erbfolgekrieg, jenes Signum des Jahrhunderts, welches das »der Aufklärung« genannt wird. Nach dem Spanischen und vor dem Bayerischen, welcher noch folgen sollte, diesmal eben der Österreichische Erbfolgekrieg.

Nebst den Wittelsbachern erhoben auch die Sachsen Ansprüche aufs österreichische Erbe; mit ähnlich windelweicher Begründung wie jene. Als wäre das alles nicht schon kompliziert genug, tritt nun ein völlig neuer Faktor oder Spieler, ein Machtklumpen oder wie immer man da schon sagen will, auf die europäische Bühne. Einer, der bisher eigentlich keine oder doch nur eine sehr nebensächliche Rolle gespielt hatte: Preußen.

Man hätte schon so etwas ahnen können. Der eben verstorbene Preußenkönig Friedrich Wilhelm I. hatte in den knapp dreißig Jahren seiner Regierung mehr so als Hobby und Privatvergnügen – ähnlich, wie andere Leute Briefmarken sammeln – eine der größten Armeen der damaligen Welt aus dem Boden gestampft. Benutzt hat er sie nie. Dafür wären ihm seine »langen Kerls« viel zu schade gewesen. Der Beiname Friedrich Wilhelms I. ist »Soldatenkönig«. Im Jahr 1740 trat dessen Sohn Friedrich das Erbe an. Die Ruhmsucht dieses jungen Mannes übertraf alles, was der europäische Adel im Absolutismus bis dahin hervorgebracht hatte. Schon als Kronprinz hatte Friedrich mit einigen aparten Aktionen dafür gesorgt, dass sein Name an den Höfen der Residenzstädte in aller Munde war. So wusste man, dass er in brieflichem Kontakt mit Voltaire, dem berühmtesten Intellektuellen seiner Zeit, stand. Beide, sowohl der Philosoph als auch der Kronprinz, hatten es in die Welt hinaustrompetet, denn beide waren der Meinung, dies könne ihrem Ansehen, sprich also ihrem Ruhm, nutzen. Dann war da die Geschichte mit der Flucht vor dem Vater. Der Kronprinz hasste den Alten abgrundtief (und mit Recht). Er hatte mit einem Jugendfreund vereinbart, in nächtlicher Stille den preußischen Hof zu verlassen und sich ins Ausland abzusetzen. Diese »Flucht« war derart stümperhaft angelegt, dass sie nach kürzester Frist aufflog; es ist kaum ein anderer Schluss zulässig als jener, Friedrich habe die ganze Sache inszeniert, um einen gewissen Bekanntheitsgrad in Europa zu erlangen, noch ehe er überhaupt König war. Was übrigens gelang. Den Jugendfreund kostete das Spektakel das Leben, denn der desavouierte Soldatenkönig ließ ihn wegen Landesverrats vor den Augen seines Sohnes hinrichten. Friedrich hatte zwar hoch gepokert – immerhin hätte der Vater ihn enterben, im Extremfall sogar hinrichten lassen können –, aber er gewann, indem er es verstand, sich in den kommenden Jahren mit dem alten Ekel auszusöhnen.

Dieses Früchtchen übernahm also 1740 die preußische Krone und mit ihr eine der größten Armeen der Welt – wie gesagt, man hätte etwas ahnen können. Wenige Monate später starb Kaiser Karl VI. Gemäß den Bestimmungen der Pragmatischen Sanktion trat seine Tochter Maria Theresia das österreichische Erbe an.

Das war der Moment, auf den man in Bayern, in Frankreich und in Sachsen mit gewetzten Messern gewartet hatte. Die Bayern wedelten mit jenem dussligen Dokument, das ihren Erbanspruch auf die österreichischen Stammlande begründen sollte; die Franzosen befeuerten Karl Albrechts Intervention mit Geld und vagen Versprechungen. Niemand allerdings hatte damit gerechnet, dass die erste massive kriegerische Aktion gegen Österreich weder von Bayern, noch von Sachsen oder Frankreich ausging; am wenigsten Maria Theresia und ihre Berater selbst. Im Dezember 1740 zeigte das Tier erstmals seine Krallen: Die preußische Armee war in Schlesien eingerückt! Diese Kriegsmaschine gewann spielend alle damit verbundenen Scharmützel, und ihr Befehlshaber, der frischgebackene König Friedrich II., ließ in etwa Folgendes nach Wien bestellen: Er sei als einer der wenigen europäischen Fürsten bereit, die Pragmatische Sanktion bezüglich der österreichischen Erbfolge anzuerkennen; dafür verdiene er Dank und Lohn, und den habe er sich mit der Provinz Schlesien bereits genommen; er hoffe im Übrigen zukünftig auf gute Zusammenarbeit.

Diese Demütigung lastete schwer auf der Erzherzogin; sie vergaß das lange nicht, was schließlich zum Siebenjährigen Krieg führen sollte. Für den Moment blieb den Wienern allerdings gar nichts anderes übrig, als dem jungen Draufgänger im Norden die Frechheiten durchgehen zu lassen. Andernfalls wäre er mit seiner gigantischen Armee im Lager der Feinde verblieben. Mit diesen, nämlich Bayern, Frankreich und Sachsen, war Friedrich eigentlich verbündet gewesen. Er zögerte jedoch selbstverständlich nicht eine Sekunde, die Koalition zu verlassen, als die Österreicher sich mit der Abtretung Schlesiens einverstanden erklärten.

Die ersten Aktionen Karl Albrechts gegen Österreich sahen vielversprechend aus. Im Winter 1741 war Böhmen bayerisch besetzt. Friedrich II. hatte den Alliierten eine Attacke auf Wien zwar dringend ans Herz gelegt, aber Bayern und Franzosen ignorierten seinen Rat. Das war womöglich ein Fehler. Der Gewinn Böhmens bedeutete allerdings immerhin zweierlei: Erstens wurde Karl Albrecht in Prag zum böhmischen König gekrönt. Und zweitens war mit dieser Krönung der Gewinn einer weiteren Kurstimme verbunden, denn der König von Böhmen gehörte spätestens seit 1356 zu den Kürern.

KAPITEL 12

Womit wir endgültig bei der Kaiserwahl vom 24. Januar 1742 wären. Es hatte lange gedauert, denn der letzte Kaiser, Karl VI., war vor über einem Jahr gestorben. Ursache für dieses Interregnum war die völlig verworrene Situation in Europa zu Beginn des Österreichischen Erbfolgekrieges, welche wiederum im plötzlichen Auftauchen einer neuen Großmacht begründet war. Aber so kompliziert die Dinge hier auch lagen, so übersichtlich war die reichsrechtliche Begründung für das letzte wittelsbachische Kaisertum. »*Mehrheit ist Mehrheit*«, weiß man seit Herbert Wehner. Wir machen es jetzt genau wie der sozialdemokratische Erzgrantler im April 1972 und begeben uns auf die Suche nach einer Stimmenmehrheit für Karl Albrecht im Kurkolleg. Das wird uns leichter fallen als jenem damals; auf die Hilfe Karl Wienands oder der Stasi können wir getrost verzichten, wiewohl auch bei unsrer Mehrheitssuche etwas bayerische Schützenhilfe durchaus willkommen sein wird. In einem Kurkolleg von neun Mitgliedern – das war der Stand im Januar 1742 – würde Karl Albrecht mit fünf Stimmen durch sein. Sie sind schnell beisammen:

Zwei Stimmen führte er selber, denn er war sowohl als Herzog von Bayern wie auch als König von Böhmen stimmberechtigt.

Die dritte Stimme kam von einem gewissen Herrn Clemens August. Der war der Erzbischof von Köln. Erinnert man sich der Erfolge Herzog Wilhelms V. im späten 16. Jahrhundert? Seit diesen Tagen war es üblich, dass ein Sohn des in Bayern regierenden Herzogs Erzbischof in Köln wurde, und so war es auch jetzt. Mit anderen Worten: Dieser Clemens August war Karl Albrechts leiblicher Bruder. Die beiden waren sich keineswegs immer grün. Aber die Kurstimme konnte und wollte Clemens August dem älteren Bruder nicht versagen.

Stimme Nummer vier kommt von Friedrich dem Großen. Nun, das ist klar. Wo immer es etwas gegen Maria Theresia und die Österreicher auszuhecken galt, war der mit von der Partie.

Fehlt nur noch eine Stimme, und das ist die sächsische. Sachsen und Bayern hatten mittlerweile vereinbart, jenes österreichische Erbe, welches sie beide beanspruchten, untereinander aufzuteilen. Das war die Grundlage für das antihabsburgische Bündnis, und die sächsische Stimme für Wittelsbach bei der Kaiserwahl war inklusive.

Damit waren genügend Stimmen für Karl Albrecht beisammen. Das war übrigens auch den restlichen Kurfürsten klar. Sie fügten sich der Mehrheit und zogen mit. Die Wahl des neuen Kaisers erfolgte schließlich einstimmig. Mit der Krönung Karls VII. – dies sein Kaisername – ging ein Jahrhunderte

alter Traum des Hauses Wittelsbach in Erfüllung. Die Dynastie stand an der ersten Stelle im Reich – jedoch nur scheinbar. Denn auf der Haben-Seite Karls VII. befand sich nebst der kaiserlichen Würde Folgendes:
Nichts!
Anders ausgedrückt oder zusammengefasst ergab sich folgendes Bild:
Das Kriegsglück hatte Karl VII. nach der Eroberung Böhmens verlassen. Die Österreicher hatten mittlerweile das bayerische Stammland besetzt. München würde also keine glanzvollen Tage als Kaiserresidenz erleben; stattdessen wieder einmal eine österreichische Besatzung. So langsam gewöhnte man sich daran … Der Kaiser selbst wählte Frankfurt, die alte Krönungs- und Kaiserstadt, als Exil.

Die Kassen waren leer. Das war – mit Ausnahme einer kurzen Periode unter Kurfürst Maximilian I. – zwar ein leidiges Leitmotiv bayerischer Politik, aber allmählich geriet die Sache völlig aus den Fugen.

Die Verbündeten fielen langsam ab. Frankreich hatte ohnedies kaum ein Interesse daran, statt den Habsburgern nun die Wittelsbacher in vergleichbarer Machtposition als Dauerkonkurrenten zu bekommen; in Versailles war man mit der Bedeutungslosigkeit des neuen Kaisers eigentlich ganz zufrieden; und wer den Preußenkönig Friedrich II. zum Freund hatte, brauchte sowieso keine Feinde mehr.

Zu allem Übel war Karl VII. Albrecht auch noch schwer krank und litt arge Schmerzen. Die Aufzeichnungen des neuen Kaisers, entstanden in den Tagen seiner Krönung, erschüttern durch ihre Melancholie und die Einsicht in die Aussichtslosigkeit der eigenen Situation. Karl VII. führte Tagebuch und unterrichtete Vertraute von den Ereignissen am Krönungstag. So referierte er die eigene Krönung am 12. Februar 1742:

»*Ich musste mich darauf gefasst machen, ganz Bayern von den Feinden überschwemmt zu sehen … der Ruin Bayerns schien unvermeidlich, und ich hatte keine Mittel in der Hand, es zu retten … Der anbrechende Morgen sah mich auf meinem Lager, Leiden des Körpers und des Geistes stürmten grausam auf mich ein. Dennoch beschworen mich meine Freunde …, die Zeremonie* [der Kaiserkrönung] *nicht länger aufzuschieben … Alles ist darüber einig, dass keine Krönung jemals herrlicher … war als die meine. …* [Jedoch] *nie fühlte ich so tief, dass ich nur ein schwacher Mensch* [war].*«*

Im selben Ton erfahren wir von seinen ersten Kaisermonaten, verbracht in Frankfurt:

»*Ich Narr des Glücks stellte einen Kaiser vor und tat, als ob ich Frankfurt* zu meiner Residenz erwählt hätte, weil es in der Mitte des Reiches liegt, in Wahrheit aber war ich ein Verbannter. ... Da hieß es, den Kopf hochhalten, sich durch das Missgeschick nicht entwaffnen zu lassen, das Traurigste ertragen, ja, sogar kalten Blutes ihm ins Antlitz schauen. Und doch ist die Lage verzweifelt, ... ich habe keine Freunde, keine Truppen, kein Geld und soll noch den Schein der Größe wahren, da ich doch in Wirklichkeit so ganz klein geworden bin.« (Beide Absätze zitiert nach: Freimut Scholz, Schloss Nymphenburg entdecken. München 1994; Seite 38).

Mehr, als dieser Kaiser über sich selbst berichtet, kann eigentlich gar nicht gesagt werden; weder treffender noch anrührender. Es ist beachtenswert, dass Karl VII., der nach den Vorstellungen seiner Zeit komplett gescheitert ist – denn er war ruhmlos – uns Heutigen durch solche Äußerungen nicht nur menschlich vertraut, sondern in seiner Art auch tapfer und sehr würdevoll erscheint.

Es gibt vor dem östlichen Eingang des Schlosses Nymphenburg ein Denkmal, das an Karl VII. erinnert. Das wird völlig zu Unrecht meistens übersehen. Melancholie und ein Schuss ironischer Distanz sind hier äußerst gelungen vereint. Man sieht Putten, die viel vergebene Mühe darauf verwenden, einen arg zerzausten und offensichtlich einfach nur müden Adler in die Luft zu heben; allein – es will nicht recht gelingen. Der Adler, jenes Ursymbol des Kaisertums, mag nicht mehr fliegen. Das Denkmal ist in der Zeit Maximilians III. in Erinnerung an seinen traurigen Vater, den Kaiser, errichtet worden. Es ist von frappanter Ehrlichkeit.

»*Aut Caesar aut nihil*«, wörtlich übersetzt »*Entweder Kaiser oder nichts*«, ist ein lateinisches Sprichwort mit dem Sinn »Alles oder nichts«. Schon die Zeitgenossen witzelten über Karl VII. in Anspielung auf jenes Sprichwort: »*Et Caesar et nihil*« – der, so die Meinung, sei sowohl Kaiser als auch nichts.

Das Kaisertum dauerte nicht länger als drei Jahre. Es war Karl VII. wenigstens vergönnt, vor seinem Tod nach München zurückzukehren. Doch auch hier war er selbst kein aktiv Handelnder mehr. Friedrich II. und Maria Theresia hatten 1744 ihren zweiten Krieg um Schlesien begonnen, was dazu führte, dass die österreichischen Armeen die Besatzung Bayerns beendeten, um diesem so viel gefährlicheren Gegner die ganze Aufmerksamkeit zuwenden zu können. Irgendwie schien sich um den armen kranken Kaiser niemand mehr zu scheren, und selbst als Feind kam er nicht mehr recht in Betracht – die Österreicher hatten Wichtigeres zu tun, als sich mit ihm herumzuschlagen. So starb Karl VII. am 20. Januar 1745 in der Residenzstadt seines bayerischen

Erblandes, und mit ihm starb jede Intention, das Reichsglied Bayern in den Rang einer europäischen Großmacht erheben zu wollen.

Endlich!

Kasten zur Entdeckung
Der Hlg. Liborius in St. Peter

An welcher Krankheit litt denn jener »Narr des Glücks«, Karl VII. Albrecht, der am Tag seiner Kaiserkrönung vor lauter Schmerzen das Bett eigentlich gar nicht verlassen hatte wollen? Es waren Steinleiden, die mit heutigen Methoden leicht zu behandeln wären, einen Patienten des 18. Jahrhunderts allerdings furchtbar peinigten, ohne dass leicht Abhilfe geschaffen werden konnte.

Im katholischen Denken gibt es für jedes Malheur und jedes Anliegen einen ganz speziell kompetenten Heiligen, an den man sich wenden kann. Vom verlorenen Schlüssel bis zur Sorge vor Häuserbrand gibt es zuständige Heilige, es gibt Brückenheilige, es gibt jeweils mindestens einen für jeden nur denkbaren Berufsstand, und bei Krankheiten ist die Differenzierung besonders groß. Pestheilige gab es beispielsweise sogar mehrere. Andererseits haben einige Heilige auch verschiedene Zuständigkeiten, sie können als Nothelfer für spezielle Leiden angerufen werden und darüber hinaus Stadtpatrone sein.

Ein solcher Fall ist der des Heiligen Liborius. Der historische Liborius war ein Zeitgenosse Martins von Tours. Er ist der Stadtpatron Paderborns und Namensgeber des dortigen Domes. Seine Gebeine werden dort aufbewahrt und als Reliquien verehrt. Dieser Heilige wird allerdings auch von all jenen angerufen, die an Steinen in Niere oder Galle leiden. Genau dies ist der Grund, warum sich einige winzige Reliquien dieses Heiligen im Kirchenschatz von St. Peter in München befinden.

Karl VII. Albrecht und seine Gattin Amalia haben angesichts der kaiserlichen Leiden in Paderborn nachgefragt, ob man nicht Teile des Liborius-Leichnams in die bayerische Residenzstadt überführen könne. Zunächst lehnten die Paderborner ab. Der Einflussbereich Clemens Augusts, des Kölner Erzbischofs, erstreckte sich allerdings auch auf ihre Stadt. Der Bruder des Kaisers setzte schließlich durch, dass einige Liborius-Reliquien tatsächlich nach München gelangten.

KAPITEL 12

Es wird ohnehin mal wieder Zeit, Münchens ältester Pfarrkirche einen Besuch abzustatten. In der Munditia-Kapelle, einer der nördlichen Seitenkapellen, stoßen wir auf einen Überrest aus den Tagen Kaiser Karls VII. Es ist das Altarbild. Das fristet ein rechtes Schattendasein, weil das ausgestellte Skelett der Hlg. Munditia halt doch wesentlich effektvoller ist.

Das Altarbild stammt von Franz Zimmermann und hat das Wirken des Hlg. Liborius zum Thema. Das Werk ist ein Lehrstück über katholische Frömmigkeit. Im unteren Drittel hebt der Leidende den Blick in Himmelsrichtung; oben Maria mit Jesuskind; dazwischen Liborius. Er weist die Himmelskönigin auf den Leidenden hin. Er vermittelt. Da ist es wieder, jenes zentrale Thema, das auch den Reformator Luther so umgetrieben hat: die Vermittlerrolle der Heiligen und der Kirche. Die Heiligen, so die katholische Auffassung, haben durch ihre Liebestaten einen derartigen Schatz im Himmel angehäuft, dass für den Durchschnittsgläubigen noch Gnadenerlasse übrig bleiben, auch wenn er selbst nichts zum Wachsen dieser Schätze beigetragen hat. Sofern der Leidende nur glaubt und sich vermitteln lässt, ist Hoffnung, im Diesseits wie im Jenseits. Martin Luther hat an dieser Vermittlerrolle Anstoß genommen, und das nicht nur wegen der Auswüchse in seiner Zeit, sondern aus grundsätzlicher theologischer Erwägung heraus.

Der Künstler präsentiert die Ursachen des Leidens, also die peinigenden Steine, in der irdischen (unteren) Sphäre des Bildes noch eigens auf einer Schale. Das katholische Denken wird gerne »präsentisch« genannt. Es neigt teilweise sehr zum stofflich-konkreten, wie man hier sieht.

Wir wollen hoffen, dass Karl VII. durch seinen Glauben wenigstens periodisch etwas Linderung erfahren durfte. In die Peterskirche wird man immer wieder zurückzukehren haben, wenn man der Geschichte unsrer Stadt auf die Spur kommen will.

Kasten zur Entdeckung
Die »Asamkirche« in der Sendlinger Straße

Die Asamkirche verdankt sich der persönlichen Initiative eines der beiden Brüder aus dem Hause Asam. Egid Quirin, so sein Vorname, war ein begüterter Mann. Er hatte ein Anwesen in der Sendlinger Straße erworben und zu seinem Wohnhaus gemacht. Dessen Fassade gestaltete er höchstpersönlich und aufwändig, wie noch heute zu sehen. Auch das nebengelegene Grundstück gehörte ihm schließlich, so dass er beim Bistum Freising die Genehmigung für den Sakralbau beantragen konnte. Das zog sich hin. Da gab es Bedenken. Die Begeisterung in der zuständigen Stadtpfarrei St. Peter hielt sich in engsten Grenzen. Der reiche Asam plante nämlich ganz explizit eine Beichtkirche. An sich ja nichts Verwerfliches, aber (mit lang gesprochenem a): Wer beichtet, der spendet in der Regel; und wer gerade schon gespendet hat, tut es vielleicht so schnell nicht wieder, oder wenigstens in geringerem Umfang. Was Herr Asam im Schilde führte, mochte zwar dem Seelenheil einiger Sünder zugutekommen, schadete aber potentiell dem Säckel der Peterskirche; mit anderen Worten: Man fürchtete dort massive Konkurrenz und intervenierte beim Bischof. Dieser formulierte einen Kompromiss und erteilte im Jahr 1733 die Baugenehmigung. Die Freisinger Herren waren den beiden Asams seit jeher gewogen, hatten die Brüder doch den dortigen Dom umgestaltet.

Kennen Sie den offiziellen Namen der Asamkirche? Grämen Sie sich nicht, falls Sie ihn nicht parat haben: Sie haben das mit gefühlten 98 Prozent selbst des an der Stadtgeschichte interessierten Teils der Münchner Bürgerschaft gemeinsam. Freilich geht die Bezeichnung »Asamkirche« ebenso wenig an wie »Theatinerkirche« für St. Kajetan. Der Schutzpatron und Namensgeber der Asamkirche ist St. Johann Nepomuk. Es ist auffällig, ein wenig schade und nur durch den Ruhm der beiden Asam-Brüder zu erklären, dass ausgerechnet dieser Kirchenpatron im Gedächtnis der meisten Stadtbewohner keinen Platz beansprucht, denn in noch größerem Ausmaß als in St. Michael oder im Alten Peter wird im »Rokokotraum in der Sendlinger Straße« (Heimito v. Doderer) gestaltungstechnisch und künstlerisch auf den schützenden heiligen Johann Nepomuk Bezug genommen.

Der Mann hat nachweislich tatsächlich gelebt (gerade bezüglich des

KAPITEL 12

»nachweislich« hakt es bei manchen Heiligen ja dann doch bedenklich …). Er war Ende des 14. Jahrhunderts Beichtvater und gleichzeitig Gegenspieler eines der versoffensten Monarchen, die es in Mitteleuropa zumindest bis dahin je gegeben hat: Wenzel mit dem Beinamen der Faule. Der war ein Sohn Kaiser Karls IV. und qua Erbrecht Böhmenkönig. Ferner war er noch eine Zeitlang rechtmäßig gewählter römisch-deutscher König, aber zu einer Kaiserkrönung, auf die er damit eigentlich einen gewissen Anspruch gehabt hätte, hat es bei Wenzel dem Faulen nicht gelangt. Offenbar ist es seinen Beratern nicht gelungen, seine Bedenken ob einer zureichenden Versorgung mit Alkoholika während der langen Reise nach Rom, wo diese Zeremonie ja stattzufinden gehabt hätte, zu zerstreuen. Er blieb jedenfalls daheim in Prag, soff weiter und pfiff auf Papst und Kaisertitel; eigentlich gar nicht mal so unsympathisch. So um 1400 herum hatten die Kurfürsten den faulen Herren satt und wählten statt seiner einen andern römisch-deutschen König (ganz nebenbei bemerkt einen pfälzischen Wittelsbacher namens Ruprecht).

Bei Wenzels Zank mit seinem Beichtvater Johann Nepomuk gehen die historischen Tatsachen langsam ins eher legendenhafte, und dabei wollen wir's belassen. Der ursprüngliche Streit ging mit Sicherheit um Kirchenpolitisches sowie um Kompetenzfragen, innerhalb und außerhalb der Kirche. Seit dieser Brei im 11. Jahrhundert in Rom angerührt worden war, ist er bis zum Ennui immer wieder und europaweit entweder von weltlichen oder von kirchlichen Würdenträgern aufgekocht worden. Die Keilerei zwischen Wenzel und Johann Nepomuk nahm tödlichen Ausgang. Für Letzteren. Wenzel soll seine Frau, eine gebürtige Wittelsbacherin namens Sophie, der Untreue verdächtigt haben. Er forderte also von Johann Nepomuk, seinem und ihrem Beichtvater, den Bruch des Beichtgeheimnisses: ob seine Frau etwas mit einem anderen habe und wenn ja, mit wem?! Der Priester schwieg. Wenzel ließ ihn foltern. Der Gequälte blieb standhaft und wahrte das Beichtgeheimnis. Er wurde getötet und sein Leichnam in die Moldau geschmissen.

Man fand ihn schließlich, unter anderem dank Marias Hilfe. Die Mutter Gottes ist gemäß Offenbarung Kapitel 12, Vers 1 von »12 Sternen umgeben«. Sie nahm in der gegenwärtigen Situation einige davon zu Hilfe, um jene zu leiten, die nach Johann Nepomuks Leichnam fahndeten: Sie warf sie auf die Erde, um die Spur zu markieren. Beim letzten Stern fanden die Suchenden den toten Priester.

Schon kurz nach seinem Tod setzte ein Kult um Johann Nepomuk ein. Es sollte allerdings noch etwa 230 Jahre dauern, bis er zu seinem »St.« kam – bis 1729! Erst da erfolgte die Heiligsprechung durch Papst Benedikt XIII. Sie war also bei der Grundsteinlegung unsrer Kirche sozusagen taufrisch, denn diese erfolgte am 16. Mai – dem Tag des Kirchenpatrons – des Jahres 1733.

Der Zuständigkeitsbereich dieses Heiligen muss der allerweiteste genannt werden: Er ist Schutzpatron der Flussfahrer und Brückenheiliger (und daher oft auf oder bei Brücken dargestellt); Stadtpatron Prags; ebenso Patron Böhmens und Bayerns; und er ist der Schutzheilige des Beichtgeheimnisses, und das ist im Zusammenhang mit der Asamkirche von großer Bedeutung.

Zu den Attributen der Darstellungen dieses Heiligen zählen jene fünf Sterne, derer sich die Muttergottes einst bei der Auffindung St. Johann Nepomuks bediente, und die Zunge. Die hat der Mann ja so brav im Zaum gehalten. Man will es erst gar nicht glauben, aber es ist schon so: Das Ding im Strahlenkranz über dem Sarkophag, der im Altarzentrum steht, ist eine Zunge – Symbol des Kirchenpatrons und des von ihm gewahrten Beichtgeheimnisses. Auf seine fünf Sterne treffen wir recht oft in und außerhalb der Kirche.

Der Themenfächer, dem die Asamkirche gewidmet ist, umschließt die Bereiche Beichte, Tod und die Alternative zwischen Verdammnis und Erlösung. Die Asamkirche ist primär eine Beichtkirche. Im Eingangsbereich steht an prominenter Stelle Simon Petrus. Das ist der reuige und damit erlöste Sünder. Er verriet einst Christus dreimal noch ehe der Hahn krähte, doch als er letzteres hörte, »ging er hinaus und weinte bitterlich« (Mt 26, 75). Als erster bekennender Christ (Mt 16, 16) ist er von Jesus als Erster mit der Binde- und Lösegewalt betraut worden (»Ich will dir die Schlüssel des Himmelreichs geben. [...] Alles was du auf Erden lösen wirst, soll auch im Himmel gelöst sein.« Mt 16, 19). Die Lösegewalt wiederum kommt in der Beichte voll zum Tragen. »Ego te absolvo«, »Ich löse dich« spricht jeder Priester nach der Beichte zum reuigen Sünder. Denn – was in Rom lange nicht gerne wahrgenommen wurde – die Binde- und Lösegewalt bekommt Petrus zwar zuerst, aber nicht allein. Am Ende des 18. Kapitels des Matthäusevangeliums wird es ganz klar für alle Jünger wiederholt und gilt somit für alle Nachfolger und alle Priester.

Der Kirchenpatron ist der Schutzheilige des Beichtgeheimnisses, und dieses steht in engstem Zusammenhang mit der Erlösung. Wer beichtet und aufrichtig bereut, wird der Erlösung teilhaftig und braucht den Tod nicht zu fürchten. Den anderen geht's ewig schlecht, wie zwei der vielen – ach, sehr vielen – Spruchbänder in der Kirche sagen: »MORS PECCATORUM PESSIMA«, in etwa »der Tod der Sünder ist grauenvoll«, und das andere Spruchband belehrt: »ET IBUNT HI IN SUPPLICIUM AETERNUM«, also »und die [Sünder] gehen in die ewige Verdammnis«. Peccati, also Sünder, sind allerdings alle, Petrus inbegriffen. Wo also ist da die Rettung? In der Reue, deren Ausdruck die Beichte ist. Wer diese zeigt und jene als Erlösungsinstrument nutzt, dem winkt durch das »Ich löse dich« aus dem Priestermund der himmlische Lohn.

In diesem Zusammenhang ist nun die Lage der Kirche beachtlich. Sie steht an der Sendlinger Straße ... das war damals ein recht bedenklicher Weg; und Ort. Schon im 15. Jahrhundert ist ein Puff im Henkershaus unmittelbar beim Sendlinger Stadttor nachweisbar. Vor dem Tor, also in der Gegend des heutigen Glockenbachs, betrieben schon immer die schlimmsten aus jeder Familie ihre zwielichtigen Betriebe und Geschäfte. Langweilig war's in dieser Gegend wohl eher nicht, dafür aber gefährlich für den Geldbeutel; und das Seelenheil.

So manchen wird nach feuchtfröhlicher Nacht auf dem Heimweg in die Stadt ein eher ungutes Gefühl beschlichen haben, wenn er die Beichtkirche der Asambrüder passierte. Schaden konnte es jedenfalls nichts, wenn man der mal wieder einen Besuch abstattete; zuvor wäre es im Sinne der seelenhaushälterischen Ökonomie vielleicht gar nicht übel, nochmals in die anrüchige Gegend zurückzukehren, denn schließlich: Eine gescheite Beichte soll sich auch lohnen!

Das Werk, das heute als Juwel des bayerischen Rokoko gilt, ist ein brüderliches. Man könnte also auch von einer Asamskirche sprechen, denn Cosmas Damian gestaltete das Deckenfresko. Aber Egid Quirin war halt der Spiritus rector. Zwei leise Bedenken sträuben sich dagegen, die Kirche zu einem der kulturellen Höhepunkte der Stadt zu erheben. Da ist zum einen die Kritik an der Art des Wiederaufbaus, die nie ganz verstummen wollte. Die ursprüngliche und geniale Lichtführung Egid Quirins sei demnach verloren gegangen und die Rekonstruktion des Deckenfreskos nahezu unmöglich gewesen – das kann hier mangels Kompetenz nicht abschließend beurteilt werden. Zum anderen ist da die

Aufdringlichkeit, mit welcher die zentrale Botschaft der Kirche vermittelt wird. Die Intensitäts-Marotte des Rokoko, hier gipfelnd in den ungezählten Spruchbändern, mit welchen auch noch die Dümmsten und Einfältigsten mit ihren Nasen auf das Zentralanliegen gestoßen werden sollen – man kann sie mögen.

Aber man muss nicht; denn käme etwa jemand und mäkelte, all dies sei doch eine wahre Kitsch-Epiphanie – wäre diesem oder dieser wirklich mit stichhaltigen Argumenten zu widersprechen?

13. KURFÜRST MAXIMILIAN III. – DER LETZTE BAYERISCHE WITTELSBACHER

Zu den Lästigkeiten des 18. Jahrhunderts gehört das permanente Aussterben althergebrachter Dynastien im Mannesstamm. Das sorgte jedes Mal für gesamteuropäische Topverwirrung. Alle verwandten Dynastien erhoben dann ebenso prompt wie zuverlässig einen Erbanspruch. »Verwandte Dynastien«, das klingt so banal; es ist aber höchst problematisch, denn verwandt waren im europäischen Hochadel ja irgendwie alle miteinander; die erste Folge: Erlischt irgendwo ein Mannesstamm, schreien mindestens drei Viertel der Oberhäupter der regierenden Familien Zeter und Mordio und dass das betreffende Territorium nun gefälligst ihnen zu gehören habe. Worüber die blaublütige Konkurrenz in den anderen Residenzschlössern selbstverständlich nur lachen kann! Aus all dem folgt zweitens: wieder einmal ein Erbfolgekrieg.

Man kann vor lauter Erbfolgekriegen schon mal die Orientierung verlieren. So ist es unsrem bayerischen Großschriftsteller Oskar Maria Graf tatsächlich ergangen. Recht am Anfang des Romans »Das Leben meiner Mutter« spricht er vom »Österreichischen Erbfolgekrieg«, während er ganz eindeutig den Spanischen meint, weil er von der Sendlinger Mordweihnacht erzählt; was aber dem Ruhm dieses Buches selbstverständlich nicht den geringsten Abbruch tut (zit. Edition List-Verlag, 7. Auflage 2016, S. 18)!

Die Diplomaten des Aufklärungszeitalters waren vor lauter Courtoisie und gleichzeitiger Verschlagenheit offenbar zu doof, um hier Schutzmechanismen zu erfinden – aber du liebe Zeit, was haben wir Heutigen uns über frühere Epochen zu mokieren … Es bleibt dabei, dies war ein merkwürdiges Signum des Jahrhunderts. Die Sache begann überaus pünktlich bereits im November 1700. Da starb mit König Carlos II. der letzte männliche spanische Habsburger, und die nächsten 15 Jahre gab es Zores um jenes Reich, in dem die Sonne nicht unterging. Die unrühmliche Rolle des bayerischen Kurfürsten Max Emanuel, der so gerne mehr geworden wäre, ist hier ausführlich beschrieben worden. Nach einer verdienten, aber kurzen Verschnaufpause starb 1740 Kaiser Karl VI., womit die österreichischen Habsburger im Mannesstamm erloschen waren. Es folgte eine Serie von Kriegen, das Ganze endete eigentlich erst 1763. Man kann ja gar nicht von einem Österreichischen Erbfolgekrieg sprechen. Der Siebenjährige Krieg gehört in diese Schwachsinns-Akkumulation unbedingt mit hinein! Hätten die Verantwortlichen des Kontinents es nicht dabei bewenden lassen können? Zwei Erbfolgekriege pro Jahrhundert sind doch eigentlich schon zwei zu viel; ach nein ... als die österreichischen Querelen mit dem Frieden von Hubertusburg 1763 endlich beigelegt waren, herrschte in Bayern schon seit einiger Zeit Maximilian III. Joseph (der manchmal auch nur »Maximilian III.« genannt wird). Er war der Nachfolger Karl Albrechts im bayerischen Kurfürstentum (über ein Anstreben der Nachfolge im Kaiseramt haben sie in Bayern glücklicherweise nicht länger als etwa zweieinhalb Minuten nachgedacht, um die Sache dann zu verwerfen). Und nun darf dreimal geraten werden, was dieser Maximilian III. Joseph in besagtem Jahr 1763 eben nicht vorweisen konnte, woran sich allerhöchster Wahrscheinlichkeit auch nichts mehr ändern würde – nun, das Rätsel war gar zu leicht – – wie könnte es anders sein, der Mann war kinderlos. Damit stand gemäß den Gepflogenheiten des Jahrhunderts, das ja noch nicht an sein verdientes Ende gekommen war, ein Erbfolgekrieg auf dem Programm. Der drohte spätestens beim Tod des Kurfürsten. Doch schön der Reihe nach, wir stehen ja erst am Anfang der Regierung Maximilians III.

Innerhalb der Residenzstadt hatten sich die politischen Gewichte in der Zeit zwischen dem Blauen Kurfürsten und dem Regierungsantritt seines Enkels zu Beginn des Jahres 1745 zwar nur leicht, aber doch spürbar verändert: etwas weg von der Fürstenfamilie, etwas mehr hin zu den Ständen. Es ist kein Zufall, dass die letzten zwei Gebäude, die hier ausführlicher besprochen wurden, und die in die erste Hälfte des 18. Jahrhunderts fallen, nicht durch fürstliche Initiativen zustande gekommen waren. In der Dreifaltigkeitskirche wird prononciert auf die Bauträgerschaft der drei Stände Bayerns hingewiesen. Die Entstehungsgeschichte der Asamkirche hat sogar ein frühbürgerliches Gepräge, wenn man's ihr auch nicht unbedingt ansieht. Dieses phasenweise Wiedererstarken der Stände speziell in der Residenzstadt München unterscheidet sich stark von der zentraleuropäischen Entwicklung. In Brandenburg-Preußen und den dortigen Städten, etwa in Berlin, ist das genaue Gegenteil zu beobachten. Hier wurden rigoros auch die letzten Spuren ständischer Steuerhoheit oder sonstiger Separat-Verwaltung beseitigt. Man wird in München aber nicht von einem massiven Selbstbewusstsein der drei Stände – also des Niederadels, der Geistlichkeit und des (Früh)Bürgertums – sprechen dürfen.

KAPITEL 13

Es war dies zumindest nicht die Ursache für deren stärkere politische Präsenz (eher schon, möglicherweise, eine Wirkung). Es verhielt sich ganz profan geschrieben so, dass der Blaue Kurfürst und sein Sohn Karl Albrecht, getrieben von politischen Ambitionen, ziemlich oft außer Haus waren. Sei es freiwillig – man denke an Max Emanuels Eskapaden in Belgrad oder seine lange Statthalterschaft in Brüssel –, sei es exiliert: der Blaue Kurfürst etwa zehn Jahre in Frankreich, sein Sohn Karl Albrecht, den Schein des Kaisertums dort mühsam wahrend, in Frankfurt am Main. In diese Leerstelle, hervorgerufen durch die Absenz der Fürsten, traten die Ständevertreter eben ganz zwangsläufig; einer muss die Verwaltung ja schließlich aufrecht erhalten.

Das Stadtbild hatte sich seit den Tagen Kaiser Ludwigs des Bayern, dessen Dynastie sich mit Maximilian III. dem Ende entgegen neigt, eigentlich nicht geändert. Die Stadtmauern standen seit dem 14. Jahrhundert im Wesentlichen so wie einst geplant; die Straßenverläufe entsprachen nur an jenen Stellen nicht mehr dem Mittelalter, an welchen fürstliche Großprojekte eingegriffen hatten: also vor allem in den Fällen der Maxburg und des Jesuitenkomplexes.

Es muss allerdings enger geworden sein in München. Die Stadt zählte um 1700 24.000 Einwohner. War dies schon ein Zuwachs von 6.000 Menschen im Vergleich zur vorangegangenen Jahrhundertwende gewesen, kamen bis 1750 nochmals 8.000 Einwohner hinzu; wir halten nun also bei der Zahl 32.000. Es sollte allerdings noch ein paar Jahrzehnte dauern, bis man sich zu fragen begann, ob die Stadtmauern angesichts derart beengter Verhältnisse eigentlich noch Sinn machten ...

Wir haben Karl Albrecht, den letzten Wittelsbachischen Kaiser, schon des Öfteren jammern hören. Er konnte das offenbar ganz gut. Auch am Sterbebett im Januar 1745 soll es ein Lamento gesetzt haben, des Inhalts, er bedauere sein bayerisches Erbland wie auch den Erben. Nicht ganz zu Unrecht. Die Staatskassen waren nach wie vor in ruinösem Zustand. Der hoffnungslose Krieg mit Österreich war nicht beendet. Ein Erbrecht auf seine Kaiserkrone bestand selbstverständlich nicht, nur im Kurfürstenamt konnte Maximilian III. seinem Vater automatisch nachfolgen. Und anders als andere europäische Herrscher mussten die bayerischen Kurfürsten nun wieder mehr als noch zu Zeiten Maximilians I. mit ihren Ständen und deren Vertretungen ins Geschäft kommen, wenn sie an die Sanierung ihrer Kassen gehen wollten. Ein anderer möglicher Weg bestand darin, hier den offenen Konflikt zu suchen und deren Einfluss zurückzudrängen, aber diese Option setzte einen freien Rücken voraus, den die Wittelsbacher im Jahr 1745 eben nicht hatten.

Bei seinem Regierungsantritt zu Beginn des Jahres 1745 sah sich Maximilian III. Joseph demnach mit folgenden Gegebenheiten konfrontiert: Die Hinterlassenschaft seines Vaters umfasste zwar nicht die Kaiserkrone – schon reichsrechtlich war das gar nicht möglich gewesen –, dafür aber jede Menge Staatsschulden, einen hoffnungslosen Krieg mit Maria Theresia sowie aufmüpfige Ständevertretungen. Eine dieser Erblasten trug man umgehend ab: Bereits im Frühling wurde mit den Österreichern Friede geschlossen. Die Bedingungen waren unangenehm, aber akzeptabel: Bayern verzichtete auf jegliche Ansprüche im Erzherzogtum und garantierte die wittelsbachischen Stimmen für die Kaiserwahl Franz Stephans. Das war der Gatte Maria Theresias. Damit war das bayerische Kurfürstentum aus dem Generalchaos des Österreichischen Erbfolgekrieges einigermaßen heraus. Die Zeit Maximilians III. war eine Friedensepoche, denn abgesehen von kleineren Hilfsleistungen für die kaiserliche Seite im Siebenjährigen Krieg hielt sich die kurfürstliche Regierung klug zurück. Das bayerische Volk dankte es dem bescheidenen Herrscher und bedachte ihn mit Attributen wie »der Gute« oder »der Vielgeliebte«. Dieser hat sein Regierungsprogramm an der Decke eines der berühmtesten Räume der Residenzstadt, dem Steinernen Saal im Schloss Nymphenburg, festhalten lassen. Der Raum wurde zwischen 1755 und 1757 umgestaltet und seither nicht mehr verändert. Man spricht allgemein von einem der reifsten Werke des bayerischen Rokokos. Unter den üblichen Verdächtigen, also den zahlreichen Zimmermanns, den beiden Cuvilliés', den Asams etc. wählte Maximilian III. für diesen Raum den älteren Cuvilliés für die allgemeine Raumgestaltung sowie Johann Baptist Zimmermann fürs Deckenfresko. Der hatte seine hohe Kompetenz hierfür in St. Peter bereits unter Beweis gestellt. Hier, im Steinernen Saal, sollte das Gedeihen des Staates im Frieden dargestellt werden. Die Friedensfürsten sind die höchsten antiken Götter, zu finden im Zentrum des Bildes. Dort ist auch das Friedenssymbol schlechthin, der Regenbogen. An den vier Rändern des Werks sehen wir idyllisch-friedliche Szenen, welche sinniger Weise den vier Jahreszeiten zugeordnet werden. Der Herbst gehört der Jagd, jener Adels-Passion seit Urzeiten (und bis in unsre Tage, in welchen der spanische König seinen Thron verlor, nachdem er sich beim Elefantenjagen erwischen ließ). Gegenüber sehen wir heiter-erotische Frühlingsszenen. Auch der Sommer und der Winter stehen sich gegenüber, letzterer ist naturgemäß in häuslichen Tätigkeiten wie dem Studieren oder dem Musizieren versinnbildlicht. Noch ein paar Worte zu den Himmelsrichtungen der vier Jahreszeiten. J. B. Zimmermann malte den Frühling im Süden

KAPITEL 13

(Abb. 20) J. B. Zimmermanns Deckenfresko

des Gemäldes (oder Saales, wenn man will). Das leuchtet ohne Weiteres ein. Dem Frühling gegenüber finden wir die herbstlichen Szenen, die sich damit zwangsläufig im Norden des Ensembles finden; auch das sollten wir unbeanstandet durchgehen lassen, obgleich manche im Norden vielleicht lieber den

Winter gesehen hätten; aber erstens wäre der Herbst dann nicht gegenüber dem Frühling gelegen gewesen, und zweitens fand der Künstler eine subtil-schlüssige Lösung für eine Platzierung von Winter und auch Sommer. Die Sommerszenen findet man im Westen des Deckenfreskos, die Winterszenen wieder gegenüber, also im Osten. Erneut mag mancher motzen: wieso nicht umgekehrt?! Es gibt aber auch hier eine gute Deutung: Im Sommer befinden sich die Schlossherren im Park, der sich westlich des Steinernen Saales befindet und durch seine großen Fenster auch zu sehen ist. Im Winter dagegen ziehen Wittelsbachs um, und zwar in die Stadt und die dortige Residenz; und die liegt im Osten des Schlosses Nymphenburg. Somit ist es Johann Baptist Zimmermann gelungen, alle vier Jahreszeiten mit guter Begründung platziert zu haben. Wir werfen noch einen letzten Blick auf die Jagdszenen im Norden, um ein kleines Detail würdigen zu können. Ein erlegtes Federvieh am unteren Bildrand – es wird wohl ein Fasan sein – wächst gleichsam aus dem Bild hinaus. Es ist dreidimensional gestaltet, eigentlich mehr eine Art Plastik. Sie hatten fraglos gestalterischen Humor, die Herren des bayerischen Rokokos; das können auch die nicht bestreiten, die nicht zu ihren großen Verehrern gehören.

Der Steinerne Saal ist als Repräsentationsraum entscheidend von Maximilian III. Joseph inspiriert worden. Er wollte hier seine Regierungsmaxime dargestellt wissen. Das außenpolitische Programm kulminiert in einem Wort: Friedenserhaltung. Das Gedeihen des Staatswesens, ja des Lebens an sich im Frieden ist das Thema, welches den Rokokokünstlern im Steinernen Saal zur Aufgabe gestellt war. Damit unterschied sich der letzte bayerische Wittelsbacher fundamental von seinen beiden überambitionierten Vorgängern.

Im Winter also, so informiert uns J. B. Zimmermann, wird drinnen musiziert. Musik ist ein Stichwort, das uns zu wichtigen Münchner Episoden aus der Zeit Maximilians III. führt. Da ist zunächst ein weiterer berühmter Raum, den nicht wenige als einen der gelungensten in der ganzen Stadt bezeichnen: das Cuvilliés-Theater. Auch dies geht auf die persönliche Initiative des Kurfürsten zurück. Ein »*Neues Opera Hauß*« war nötig geworden, nachdem die bisherige Spielstätte durch einen Residenzbrand im Jahr 1750 stark beschädigt worden war. Als Hoftheater hatte sich die alte Spielstätte selbstverständlich im Residenzkomplex befunden. Der ehemalige Hofzwerg und nunmehrige Stararchitekt François de Cuvilliés (d. Ä.) plante die ganze Einrichtung, und unter der Ägide seines Sohnes wurden die Ideen umgesetzt. Das prachtvolle Interieur kann leider nur selten im Rahmen von Aufführungen bewundert werden, da der Hausherr – das bayerische Finanzministerium – extrem hohe Mieten verlangt, seit das Theater im vergangenen Jahrzehnt erneut renoviert wurde. Es empfiehlt sich also dringend der Besuch im Rahmen einer Führung.

Das Cuvilliés-Theater befindet sich nicht mehr an seinem originalen Platz. Dort steht heute das Residenztheater. Man hat das Interieur auf dem Höhepunkt des Bombenkrieges ausgelagert. Gott sei Dank brachte man die Teile an zwei verschiedene Orte. Eine Hälfte lagerte man im Keller der Kehlheimer Befreiungshalle, die andere in einem Pfarrhaus in Obing, einem Dorf im Chiemgau. Dieser Teil überstand den Zweiten Weltkrieg, während die Kellerfeuchte in der Befreiungshalle die dort gelagerten Teile komplett vernichtete. In den Fünfzigerjahren gelang mit den Obinger Teilen die Rekonstruktion der Innenausstattung; man muss sich das wie ein gigantisches Puzzlespiel vorstellen. Als neuen Ort des Raumes wählte man den sog. Apothekenstock der Residenz.

Der Pracht des Theaters entspricht seine Aufführungsgeschichte, die locker mit jener der Kammerspiele oder des Bayerischen Nationaltheaters mithalten kann, obwohl beides ja nicht einfach ist! Bevor wir uns der eigentlichen Sternstunde des Theaters zuwenden, seien weitere große Momente genannt. Erich Kästner hat hier noch in den Siebzigern aus seinen Werken gelesen. Hofmannsthal-Stücke wurden in den Zwanzigern uraufgeführt. Theatergenies wie Ernst Heinrich Possart in der Prinzregentenzeit oder das kongeniale Duo Dieter Dorn und Jürgen Rose in unsren Tagen sorgten für große Momente; letztere beiden inszenierten hier im Jahr 2008 Mozarts Oper Idomeneo; und das führt uns direkt zum größten Tag des Cuvilliés-Theaters, nämlich zum 29. Januar 1781. Wir besprechen diesen Tag schon jetzt, obwohl er nicht mehr in die Epoche Maximilians III. fällt. Es regiert bereits sein Nachfolger, und zu dem hier nur so viel: Wenn wir die damals im Cuvilliés-Theater Anwesenden gleich gehörig ausschimpfen werden, ist dieser Mann ausdrücklich davon ausgenommen!

Was lag im Januar 1781 an? Nun, zunächst mal war Fasching. Den überlassen die Münchner mittlerweile generös den Rheinländern – gemäß einer stillschweigenden Übereinkunft hält man bei uns zwei Wochen Ausnahmezustand Ende September für ausreichend und nennt das Ganze dann manchmal den »Trachtenfasching«. Der eigentliche ist maustot, aber das war früher anders, woran sich die Älteren sogar noch erinnern. Und in der Rokokozeit, als es die Wiesn ja auch noch gar nicht gab, war die Karnevalssaison eine ganz große Sache. Das Hoftheater beauftragte beispielsweise jedes Jahr einen Komponisten mit einer Oper, genauer: einer Karnevalsoper. Die wurde dann im Fasching uraufgeführt. Und so war es auch im Jahr 1781. Den Auftrag erhielt in diesem Jahr Wolfgang Amadeus Mozart. Er stand an besagtem 29. Januar am Dirigentenpult und leitete die Uraufführung seiner eigens für dieses Theater komponierten Oper Idomeneo. Die ganze Arbeit war an der Isar geschrieben worden, so dass H. Schick in einem das Thema betreffenden Aufsatz zu Recht von einem »*durch und durch münchnerischem Produkt*« sprechen durfte (H. Schick: Die Uraufführung von Mozarts »Idomeneo« in München). Die Umstände der Aufführung sind sehr gut dokumentiert. Man weiß heute genau, wer sang, und zum Teil sind auch die Orchestermusiker bekannt. Dieses Ensemble muss großartig gewesen sein, denn man hatte kurz zuvor das exzellente Mannheimer Orchester mit dem fast ebenso berühmten der bayerischen Residenzstadt zusammengelegt. Mozart selbst war nachweislich von der Qualität begeistert.

Und das Münchner Opernpublikum? Hat natürlich wieder nichts gemerkt. Die einzige Kritikernotiz informierte in einer Mischung aus Journalistenborniertheit, Lokalpatriotismus und kompletter Ahnungslosigkeit vom großen Erfolg, den »*unser hiesiger Theaterarchitekt ... Quaglio*« mit seinen Bühneneffekten gehabt habe. Kein Wort über die Oper, keines über den Komponisten oder das Orchester. Dabei wäre doch folgende Kritik ganz sicher viel angemessener gewesen: »*Ein herrlicher, unvergesslicher Abend, ein einmaliges Kunsterlebnis, eine Sternstunde! Dankbar und glücklich müssen wir sein, dass wir dabei sein durften*«. Kommt Ihnen das bekannt vor? Diese Worte wurden tatsächlich mal gesprochen, allerdings etwa 200 Jahre später anlässlich einer komplett missratenen Walküren-Premiere im Nationaltheater; und zwar in der Kultserie *Monaco Franz*. Der so sprach, war ein Schwätzer namens Dr. Schönfärber, und er bekam von der Hauptfigur, eben dem Franz, zu Recht sein Fett weg, welches auch aufs Publikum vom 29. 1. 1781 vollzutreffend ist: »*Das Schlimmste ist, dass wir in München ein Publikum haben, was hint' und vorn von nix was versteht und jeden Reinfall zu einem einmaligen Erlebnis hochjubelt.*« Und eben umgekehrt, wie zu ergänzen wäre.

Die Münchner haben sich also keine Ehre gemacht und Idomeneo samt Komponisten durchfallen lassen. Jener hatte die im Cuvilliés-Theater versammelten Hauptstädter schlicht überfordert. Er beanspruchte die volle und ununterbrochene Aufmerksamkeit des Publikums für seine Kunst, seine Musik. Das war damals so nicht angebracht (und ist es das heute ...?). Man ging im

Rokoko-Zeitalter in das von über hundert Kerzen beleuchtete Theater nicht vornehmlich um der Kunst willen. Man ratschte und schaute, flirtete und bemerkte, man fächerte und nahm teil an einem gesellschaftlichen Großereignis. Die Musik war eher Rahmen für das alles, nicht etwa Mittelpunkt. Und da käme nun also so ein Salzburger Jungspund und forderte die volle Konzentration für seine Ergüsse – das wäre ja noch schöner, da könnt' ja jeder kommen!

Mozart hat die Stadt München gemocht und geschätzt. Sie ihn eher nicht. Er war sechsmal für längere Zeit hier. Der folgenreichste Aufenthalt fällt wieder in die Regierungszeit Maximilians III., nämlich ins Jahr 1777, welches das Todesjahr dieses Kurfürsten gewesen ist. Jene Episode, bei welcher sich der letzte bayerische Wittelsbacher für alle Zeiten blamierte, ist durch die Briefe Mozarts gut belegt. Der Komponist war in Salzburg durchgegangen und nun auf der Suche nach einer Festanstellung. Er antichambrierte fleißig und erreichte schließlich eine kurze Audienz für den 30. September dieses Jahres. Er begab sich nach Nymphenburg, wo alles in Jagduniform gekleidet war. Man führte ihn in ein Zimmer, welches der Kurfürst durchschreiten musste, um vor der Jagd die Messe zu hören (alle folgenden Zitate aus: L. Nohl [Hrsg.]: Die Briefe Mozarts ND Berlin 2014; S. 49ff.). *»Als der Churfürst an mich kam«*, so berichtet Mozart seinem Vater, *»sagte ich: Euer Churf. Durchlaucht erlauben, dass ich mich untertänigst zu Füßen legen und meine Dienste antragen darf.«*

Mensch Kurfürst, in dieser Zehntelsekunde hast du die einmalige Chance, deine Residenzstadt mit reichlich Ruhm für ewige Zeiten versorgen. Also bau jetzt bitte bloß keinen Mist! Der Mann macht zunächst etwas Konversation: *»Ja völlig weg von Salzburg? Warum denn? Habt's enk zerkriegt?«* Eine kitzlige Situation für den Komponisten, denn er kann ja schlecht zugeben, dass er mit dem Salzburger Fürstbischof, immerhin ein Standesgenosse des Kurfürsten, auseinander ist. Er redet sich heraus, dass Salzburg halt nichts für ihn sei. Das versteht Maximilian immerhin: *»Mein Gott, ein junger Mensch!«* Den Wunsch nach Festanstellung lehnt der Schwachkopf aber mit folgenden Worten ab: *»Ja mein liebes Kind, es ist keine Vakatur da. Mir ist es leid. Wenn nur eine Vakatur da wäre!«* Mozart unternimmt noch einen letzten Anlauf: *»Ich versichere Euer Durchlaucht, ich würde München gewiss Ehre machen.«* Wer zweifelt daran …? Leider Gottes genau der, auf den es hier ankommt: *»Ja das nutzt alles nichts, es ist keine Vakatur da.«* Mozart setzt hinzu: *»Dies sagte er gehend.«*

Verscherzt!!

Was man der Durchlaucht bei dieser Gelegenheit gerne alles hinterherplärren würde ... Es wäre übrigens höchst gefährlich, denn die Strafen auf Majestätsbeleidigung waren in Bayern drakonisch. Überhaupt war das Rechtswesen mittlerweile arg zurückgeblieben. Es gab tatsächlich noch Zaubereiparagraphen und Hexenjustiz. In anderen Belangen war die Regierung dieses Kurfürsten fortschrittlicher. Die Schulpflicht beispielsweise war unter Maximilian III. eingeführt worden, und den Einfluss der Geistlichkeit auf das öffentliche Leben versuchte man etwas einzuschränken. Ohne viel Erfolg; auf den Herrn Montgelas wartete um die Jahrhundertwende diesbezüglich noch jede Menge Arbeit.

Lassen wir die Musik, da springt weder für den Kurfürsten noch für seine Hauptstädter Erfreuliches heraus. Sprechen wir stattdessen von der Politik. Die Bayern dankten es Maximilian III., dass er ein Friedensfürst sein wollte und auch war. Was die Versorgung der ärmeren Bevölkerungsteile anbelangt, so gilt, dass gut gemeint oft das Gegenteil von gut gemacht bedeutet. Es gab Hungersnöte. Der Kurfürst opferte Teile seines Privatvermögens, um die Not zu lindern, und ließ die staatlichen Vorräte an die Bevölkerung verteilen. Eine strukturierte Ernährungspolitik gab es dagegen nicht, anders als beispielsweise in Preußen. Maximilian III. Joseph war ein Zauderer. Erst die beiden folgenden Regierungen reformierten den Staat auf diesem wie auf vielen anderen Gebieten. Er selbst und seine Berater erkannten wohl viele Probleme, angefangen mit den ewigen Sorgen um die Staatsfinanzen, aber es fehlte an fähigen Leuten, die Lösungen parat hatten und umsetzen konnten. Die wachsende Komplexität des modernen Staates war endgültig nicht mehr von einer Person im Machtzentrum zu handhaben. Der Fürst musste sich mit Experten umgeben, welchen genau umrissene Aufgabengebiete, Kompetenzen und Verantwortlichkeiten zugewiesen waren. Der Landesherr verlor an diese Personen zwangsläufig einen Teil seiner absoluten Macht, und je klüger er war, desto weniger machte ihm das aus. Die bisherigen bayerischen Regierungen waren einschließlich jener Maximilians III. nicht wesentlich von herausragenden Beratern, Ministern oder sonstigen Helfern geprägt. Das wird sich unter den beiden kommenden bayerischen Fürsten, Karl Theodor und Max IV. / I. Joseph, ändern.

Die Fairness gebietet, dass wir die Gewichte nochmals austarieren, was die Beurteilung der Regierung Maximilians III. betrifft. Wenn er hier ein Zauderer genannt wird, so ist darauf zu verweisen, dass einige Experten diesem Kurfürsten eine beachtliche Aufgeschlossenheit gegenüber modernen Ideen attestieren. M. Knedlik notiert in einer Monographie über die »Aufklärung in München« – was es nicht alles gibt –, der Kurfürst sei »*ein Glücksfall* [für] *Kurbayern*« gewesen, weil es ihm »*gelungen*« sei, »*zukunftsträchtige Grundpositionen umzusetzen.*« Vollkommen zutreffend weist Knedlik darauf hin, dass sich die Prioritäten unter Maximilian III. von der Außen- auf die Innenpolitik verschoben. Die Hasardspiele seiner beiden direkten Ahnen gehörten der Vergangenheit an.

Aber hatte es für jeden einigermaßen Vernunftbegabten auch nur die winzigste Alternative hierzu gegeben? Das war der pure Sachzwang, wenn man die Außenpolitik des Blauen Kurfürsten und seines Sohnes analysierte und bilanzierte.

Freilich, bedeutende Neuerungen im Schulwesen, die Errichtung der kurbayerischen Akademie der Wissenschaften und merkantilistische Maßnahmen wie die Nymphenburger Porzellanmanufaktur – das alles schmeckt nach Aufklärung und Moderne, aber wir bleiben im Ganzen doch dabei: Maximilians Regierung blieb auf halbem Wege stehen und es fehlte an Durchsetzungskraft. M. Knedlik erzählt enthusiasmiert, dass ein Festredner am 13. Oktober 1766, dem Namenstag des Kurfürsten, in dessen Beisein heftig gegen die Hexenjustiz polemisiert habe. Auch seien seine Rechtsberater größtenteils gegen dieses ekelhafte Relikt religiös überhitzter, vor-aufklärerischer Zeiten gewesen. Aber was hilft's? Die Hexenparagraphen wurden trotzdem nicht gestrichen, mag der Kurfürst das auch noch so sehr bedauert haben. Nochmals sei es gesagt: Eine Menge Reformbedarf wartete auf kommende Politiker wie den Grafen Rumford, Kurfürst Karl Theodor und den Grafen Montgelas.

(alle Zitate des Absatzes aus: M. Knedlik: Aufklärung in München. Regensburg 2015)

Eine große Gefahr für den bayerischen Kurstaat stellte die Kinderlosigkeit des Fürsten dar. Hier drohte wieder mal der direkte Zugriff Habsburg-Österreichs. Die Wiener Administration konstruierte ihren Anspruch auf Bayern auf zwei Gleisen: Erstens bestand aufgrund der zahlreichen Eheverbindungen beider Häuser naturgemäß stets eine enge Verwandtschaft zwischen den einzelnen Familienmitgliedern – es war also nicht völlig von der Hand zu weisen, wenn der Chef des Hauses Habsburg beanspruchte, im Falle des Ablebens der bayerischen Wittelsbacher auch an die Spitze dieser Familie zu treten. Der zweite Rechtstitel spielte zwar de facto kaum noch eine Rolle, aber de jure war an der Sache nicht leicht vorbeizukommen: Die Reichskrone war wieder in der Hand der Habsburger. Im Todesjahr Maximilians III. regierte Joseph II. als gewählter Kaiser. Nun ist das Wort *regieren* zumindest für dieses Jahr stark übertrieben, denn Joseph stand da noch völlig unter der Fuchtel seiner Mutter Maria Theresia, aber reichsrechtlich war die Sache blitzsauber. Man bedenke, dass wir uns immer noch in jenem Imperium befinden, das Karl der Große vor knapp tausend Jahren gegründet hatte. Wären die Rechtsgewohnheiten dieses Reiches jetzt noch dieselben wie im Hochmittelalter gewesen, hätte dessen Kaiser, sprich Joseph II., 1777 folgendes verkünden können: »Der bayerische Zweig der Wittelsbacher ist ausgestorben. Damit fällt das Herzogtum in die Verfügungsgewalt des Kaisers. Alles Weitere folgt per Urkunde. Mit freundlichen Grüßen an die Herren Reichsfürsten, Euer Oberhaupt«. Daraufhin hätte der Kaiser das Herzogtum entweder einem anderen Fürsten als Lehen verliehen oder im Extremfall selbst einbehalten. Auf diesem Wege, nur so als Beispiel, waren die Habsburger 1282 an Österreich gekommen.

Freilich befinden wir uns zwar noch im alten Reich, aber nicht mehr in dessen Mittelalter. Wenn Joseph II. das oben Angedeutete verkündet hätte, wären ihm die Reichsfürsten gehörig in die Parade gefahren; allen voran die preußische Nervensäge Friedrich, die immer noch lebte, den Österreichern bereits drei Kriege eingebrockt hatte und einen vierten gewiss nicht scheute. Tatsächlich war es so, dass sich der Alte in seinen letzten Lebensjahren zu einer Art Garant für die bayerische Eigenständigkeit aufspielte. Wann immer die Österreicher andeuteten, aus dem Verlöschen der altbayerischen Wittelsbacher-Linie Profit ziehen zu wollen, stänkerte der Giftzwerg aus seinem Potsdamer Schimpfbüro namens Sanssouci: »*Ihr solltet noch nicht mal dran denken!*«. Bayern selbst war dem alten Fritz dabei natürlich völlig egal. Aber ihn plagte halt die Vorstellung, dass der ewige Feind Österreich am Ende seines Lebens durch einen derart beträchtlichen Gebietszuwachs mächtiger dastehen könnte als zu dessen Beginn. Dazu kam, dass er ja schon seit 1763 nicht mehr vernehmlich herumrandaliert hatte; mittlerweile ziemlich in die Jahre gekommen, kam seiner Eitelkeit ein Zank um Bayern womöglich gar nicht so ungelegen.

Der einzige Weg zum Erhalt der bayerischen Eigenständigkeit war eine Erbfolge durch einen anderen Zweig der Wittelsbacher. In der Pfalz regierte ein solcher schon seit dem hohen Mittelalter. Mit diesen pfälzischen Verwandten schloss Maximilian III. folgenden Erbvertrag: Sollte eine Linie aussterben, war die andere berechtigt, beide Länder zu vereinigen und zu regieren. Die Residenzstadt dieses neu zu schaffenden Territoriums sollte München sein. Was da ins Auge gefasst wurde, war nichts weniger als die Gründung eines neuen Staates, nämlich Pfalz-Bayerns, Kurpfalz-Bayerns, Churpfalz-Baierns oder wie immer man es auch nennen will; recht viele Bezeichnungen für einen Staat, den es so nur gerade mal 29 Jahre lang gegeben hat.

Gemäß dieser Vereinbarung fiel Bayern 1777 an die Pfalz – in der bayerischen Sprachregelung liest man es zwar meistens genau umgekehrt, aber da der pfälzische Kurfürst Bayern erbte, hat es so schon seine Richtigkeit. Allerdings musste der Pfälzer nach München umziehen, ob es ihm gefiel oder nicht – um das vorwegzunehmen: Es gefiel ihm eher nicht.

Auch in staatsrechtlicher Hinsicht markiert der Tod Maximilians III. also eine Zäsur.

Von einem »*Glücksfall*« haben wir M. Knedlik sprechen hören, und man liest sehr häufig derartige Hymnen auf den letzten altbayerischen Wittelsbacher. »*Ein Segen für Bayern*« – das ist ein Zitat aus einer Kurzbiographie R. Reisers, und dort steht auch: Maximilian III. sei »*ein Beispiel dafür, dass es auch im ancien régime gekrönte Häupter gab, denen sehr wohl bewusst war, dass sie für die Untertanen da sind und nicht umgekehrt.*« (Zitate aus: R. Reiser, Die Wittelsbacher in Bayern, München 1980, S. 168/S. 178). Nun ja. Der Biograph ist mit diesem Urteil zumindest insoweit nahe an den Quellen, als dass wie schon erwähnt bereits die Zeitgenossen den Landesherren mit allerlei lobenden Attributen bedachten: »Max der Vielgeliebte«, »Maximilian der Gute« und was nicht alles. In seiner Sterbestunde herrschte in der Residenzstadt der absolute Trauerausnahmezustand. Es mag tatsächlich so gewesen sein, dass in diesem Kurfürsten das Verantwortungsgefühl gegenüber seinen Untertanen jene persönliche Ruhmsucht überwog, die das prägende Handlungsmotiv so vieler barock-absolutistischer Herrscher gewesen ist – keineswegs vorwiegend, aber eben auch in Bayern. Dabei wäre ihm ewig dankbares Gedenken in München sicher gewesen, wenn er am 30. September seines letzten Lebensjahres die Chance ergriffen und Mozart eingestellt hätte. H. Schick hat folgende hübsche Phantasie: »*Die Musikgeschichte wäre anders verlaufen, womöglich wäre der junge Beethoven zu Mozart nach München statt nach Wien gereist und hier geblieben. Vermutlich würde man heute ... von der Münchner Klassik reden.*« (Zitat wie oben).

Was soll's. Mit Wagner haben sie es später nicht besser gemacht, wenngleich im Fall des Dichterkomponisten den regierenden Fürsten natürlich überhaupt keine Schuld trifft. Sondern vielmehr das Münchner Bürgertum und das Opernpublikum, über dessen Urteilsvermögen wir ja dank Franz Münchinger bereits ausreichend informiert sind.

14. VON KARL THEODOR, EINEM ZU UNRECHT UNGELIEBTEN

Wann immer ein Fahrgast einem Münchner Taxler den Wunsch »*Zum Karlsplatz, bitte!*« entgegenschleudert, erntet er mindestens eine Zehntelsekunde Entgeisterung. Das liegt aber nicht etwa an Unwissenheit und kompletter Ortsunkundigkeit des Fahrers. Das ist ohnehin nur ein ebenso hartnäckig sich haltendes wie unzutreffendes Gerücht über diesen Berufsstand speziell in München! Es liegt vielmehr daran, dass der offizielle Name des gemeinten Platzes im allgemeinen städtischen Sprachgebrauch so gut wie nicht vorkommt. Mögen die Wiener ihren Karlsplatz tatsächlich auch so nennen; der hiesige ist und bleibt nun einmal der »Stachus«. Es dauert die erwähnte Zehntelsekunde, bis der Taxler das Kauderwelsch des vermutlich Auswärtigen richtig übersetzt (um dann anstandslos, prompt und auf dem idealen Weg dorthin zu fahren). Die Stadt selbst hatte schließlich ein Einsehen und setzte den inoffiziellen Namen in Klammern auf ihre offiziellen Straßenschilder unter den amtlichen Namen. »Karlsplatz (Stachus)«, so liest man es auf den weiß-blauen Schildern am ganzen Ort, ebenso wie am Bahnsteig der U4/U5.

Die inoffizielle Ersatzbezeichnung »Stachus«, die unser Taxler natürlich blitzschnell erkannt hätte, geht übrigens höchstwahrscheinlich auf einen Biergarten und dessen Wirt zurück. Das Etablissement befand sich im 18. Jahrhundert außerhalb der Stadtmauern, schräg gegenüber dem Neuhauser Tor; heute ist dort das Warenhaus »Kaufhof«. Der berühmteste Betreiber war damals ein gewisser Eustachius Föderl. »Geh'ma zum Stachus!« war also eine Umschreibung für das Projekt, sich abends für des Tages Mühen mit Minimum drei Mass Bier zu belohnen. Es macht schon Sinn, dass einer der prominentesten Plätze der Stadt sich namensmäßig auf den notorischen Bierdurst ihrer Bewohner bezieht. Aber warum lehnten und lehnen es die Münchner kategorisch ab, sich jenes ominösen Karls zu erinnern, dem der offizielle Platzname gewidmet ist?

Eigentlich hieß er übrigens Karl Theodor (noch eigentlicher wurde er damals Carl Theodor geschrieben). Er regierte und residierte als bayerischer Kurfürst in München von 1777 bis 1799. Wir werden in diesem Kapitel der Tatsache nachspüren, dass der Mann der bei Weitem unbeliebteste Wittelsbacher war, den es je in Bayern gab. Man weigerte sich folglich strikt, den Herren durch Namensgebungen zu ehren; oder irgendwie sonst. Bei seinem Tod gab es Freudenfeste. Stellt sich die Frage, was er denn Übles getan habe? Und spätestens hier wird es skurril, denn ganz speziell aus Münchner Sicht fällt die Bilanz seiner Regierung wirklich ausgesprochen positiv aus! Er war aufgeklärt; stadtplanerisch hochbegabt; von äußerst modern und menschenfreundlich denkenden Männern beraten; dabei überaus kunstsinnig: Zu Mozart sagte er nach der Uraufführung von Idomeneo: »*Ich war ganz surprenirt. Noch hat mir keine Musick den Effect gemacht – das ist eine Magnifique Musick*« (zit. nach H. Schick). Der Kurfürst war also anders als seine residenzstädtischen Untertanen in diesem Moment knallwach und hatte als einer der ganz wenigen mitgekriegt, dass am 29. Januar 1781 eine Sternstunde für München geschlagen hatte; und bei alldem war er höchstens ein wenig hoffärtig – aber das kann doch bei einem Staatsvolk, das bis heute ausgerechnet einen Ludwig II. und einen Franz Josef Strauß gottgleich verehrt, unmöglich ein Ablehnungsgrund sein.

Es gibt übrigens eine weitere Ortsbenennung in München, die ursprünglich ebenfalls an den Kurfürsten pfälzischer Provenienz erinnern sollte und sich ebenso wenig durchsetzen konnte: Das ist der Theodor-Park. Den kennt heutzutage natürlich fast kein Mensch mehr unter diesem Namen, denn er heißt jetzt »Englischer Garten«. Dabei ist es eigentlich ein bisschen vermessen, von dem Englischen Garten zu sprechen, handelt es sich hierbei doch um nichts anderes als eine Gartentypbezeichnung. Englische Gärten entstanden in der mittleren Phase der Aufklärung nicht selten und in der späteren immer häufiger. Damit ist eine Gartenmode gemeint, die ihren Ausgang eben in England genommen hatte; daher der Name. Was er speziell umreißt, werden wir noch ausführlich erörtern, an dieser Stelle nur dies: Gärten englischen Stils sind Landschaftsgärten. Sie imitieren die Natur. Sie sind das glatte Gegenteil barocker Gärten. Dabei machen sie genauso viel Arbeit wie jene. Der Unterschied zwischen beiden besteht hauptsächlich darin, dass man diese Planung und Sorge im barocken Garten sehr wohl, im englischen dagegen tunlichst gar nicht bemerken soll. Es gab in jenem Park, der auf die Initiative der Regierung Karl Theodors um 1789 herum errichtet wurde, eine Sektion, die im englischen Gartenstil angelegt war. Dieser Teil hieß von Anfang an auch *Eng-*

lischer Garten. Diese Bezeichnung bürgerte sich schließlich als pars pro toto für den ganzen Park ein. Der Name Theodor wurde aus dem Gartennamen völlig verdrängt; zu alldem unten noch wesentlich Ausführlicheres. Hier ging es einleitend nur um Folgendes: Die Münchner hassten diesen Kurfürsten und verdrängten mit seinem Namen auch sein Angedenken; da konnte er machen, was er wollte ...

(An dieser Stelle machen wir eine Riesenklammer auf, denn ein ganz Naseweiser könnte einwerfen, dass es doch sehr wohl im Norden der Stadt eine Karl-Theodor-Straße gebe; und ebenso eine gleichnamige Augenklinik in der Nymphenburger Straße. Schon richtig! Aber hiermit wird ein anderer Wittelsbacher selben Namens höchst zu Recht geehrt. Es handelt sich um einen Karl Theodor aus der in München ansässigen Seitenlinie der Familie, der sog. Herzöge in Bayern. Dieser Karl Theodor gehört ins 19. Jahrhundert. Er hatte das Adelsleben sehr bald über, absolvierte ein umfangreiches Pensum an der LMU und wurde schließlich praktizierender Arzt. Er kümmerte sich um die Krankenpflege der ärmeren Schichten der Stadt und gründete schließlich seine eigene, heute noch bestehende und nach ihm benannte Augenklinik. Nebenbei bemerkt hatte er eine Schwester namens Elisabeth, anders als er selbst eine gebürtige Münchnerin: Diese wurde als junges Ding nach Wien verheiratet und dort als Kaiserin Sisi weltberühmt. Und damit schließen wir die Riesenklammer wieder).

Zurück ins späte 18. Jahrhundert und zu unsrem Karl Theodor, der ein Pfälzer war. Und das war wohl schon sein erster Fehler.

»Jetzt sind meine glücklichen Mannheimer Tage vorbei.« So oder so ähnlich soll Karl Theodor den anstehenden Umzug aus seiner kurpfälzischen Residenzstadt nach München kommentiert haben. So kolportierte man es zumindest hier, und damit war der Auswärtige schon mal unten durch. Es wurde schon beschrieben, welchem Umstand und welchem Vertragswerk Karl Theodor seinen bayerischen Herrschaftsanspruch verdankte. Die Beziehungen zwischen ihm und seinen bayerischen und ganz speziell Münchnerischen Untertanen standen von Anfang an unter einem schlechten Stern.

KAPITEL 14

14.1. DER BAYERISCHE ERBFOLGEKRIEG

Der Bayerische Erbfolgekrieg (1778/79) hat mehr so pro forma stattgefunden, weil's halt irgendwie Sitte war nach dem Verlöschen einer Fürstendynastie im Mannesstamm. Die ganze Sache schleppte sich arg lustlos dahin, es war ein Krieglein, für welches es gar nicht leicht war, wenigstens zwei Kombattanten zusammenzubekommen; denn die neue kurpfalzbayerische Regierung erklärte sich von Anfang an für neutral und eher desinteressiert. Vielleicht wäre der ganze Quatsch sogar komplett zu vermeiden gewesen, wenn der Pfälzer Karl Theodor seine prinzipielle Unlust, Bayern fortan nicht nur regieren, sondern sogar bewohnen zu müssen, nicht von Anfang an derart demonstrativ zur Schau gestellt hätte. Es verhielt sich aber in der Tat so, dass jeder europäische Fürst, der nicht bei drei auf den Bäumen war, von Karl Theodor ein Bayern betreffendes Angebot erhielt. Das galt insbesondere dann, wenn der adressierte Fürst über ein an die kurpfälzischen Gebiete angrenzendes Land verfügte. Das tat unter anderem Kaiser Joseph II., denn er war Gebieter der Österreichischen Niederlande. Vielleicht erinnert man sich noch daran, dass diese Anfang des Jahrhunderts aus den ehemals Spanischen Niederlanden hervorgegangen waren, und zwar ebenfalls in Folge eines Erbfolgekrieges. Zur Jahreswende 1777/78 gestaltete sich die Situation folgendermaßen:

Kurfürst Maximilian III. starb im Dezember 1777, nicht ganz unverdient nach seinem diesjährigen Blackout von wegen Mozart und *Vakatur*.

Kaiser Joseph II. ließ sich von seinen Rechtsgelehrten ein Gutachten zusammenschmieren, das seine Ansprüche auf Bayern oder wenigstens auf Teile des Kurfürstentums irgendwie begründete. Daraufhin marschierte er im Frühjahr 1778 schon mal vorsichtshalber in Niederbayern ein.

Maria Theresia, des Kaisers Mutter und österreichische Erzherzogin, fürchtete einen weiteren Krieg mit Preußen und fiel ihrem Sohn eiskalt in den Rücken. Sie nahm heimlich Kontakt zu ihrem alten Erzfeind Friedrich II. auf und beschwor ihn, die ganze Angelegenheit nicht allzusehr aufzubauschen.

Kurfürst Karl Theodor von der Pfalz, der gemäß des wittelsbachischen Hausvertrags vorgesehene zukünftige Kurfürst Pfalzbayerns, signalisierte schäkernd, dass man mit ihm über alles reden könne. Für die nähere Zukunft erklärte er sich zur Herausgabe Niederbayerns gegen bestimmte Kompensationen bereit. Das Fernziel war ein größeres, ja geradezu atemberaubendes Tauschgeschäft ...

Friedrich II. von Preußen geriet von einem Tobsuchtsanfall in den nächsten, und die schlimmsten hatte er wohl, wenn er bedachte, dass ihn die ganze Angelegenheit strenggenommen ja einen feuchten Dreck anging.

Der Anlass zum Krieg war Josephs II. Einmarsch in Niederbayern, der den pfalzbayerischen Kurfürsten zwar nicht weiter störte, den preußischen König allerdings aufs äußerste ergrimmte. Er antwortete mit Kriegserklärung und Mobilmachung, beschränkte sich jedoch auf die Unterbindung der österreichischen Versorgungsmaßnahmen. Daher kommt der gerne benutzte Ausdruck »Kartoffelkrieg«. Die Armeen Österreichs und Preußens hatten offenbar keine besondere Lust auf größere Schlachten und ließen es dabei bewenden, sich gegenseitig das Essen wegzunehmen. Es gab noch ein paar weitere Personen und Personengruppen, die sich in verschiedener Weise in diesen Streit einmischten. Neben der Mutter des Kaisers waren da die Wittelsbacher aus dem Zweig Zweibrücken. Diese würden Karl Theodor beerben, falls jener, was um 1778 nicht ganz ausgeschlossen zu sein schien, ohne männliche Erben bleiben sollte. Im Kurfürstentum Bayern formierte sich eine Patriotenpartei. Im Wesentlichen handelte es sich dabei um höhere Beamte aus der Verwaltung Maximilians III. und um bayerische Wittelsbacher, die zwar nicht erbberechtigt waren, aber der vom zeugungsfreudigen Blauen Kurfürsten ausgehenden Großfamilie angehörten. Diese Patriotenpartei scharte sich in der Maxburg um Maria Anna, die Witwe des letzten bayerischen Erbprinzen (ein gewisser Clemens Franz de Paula, ein Enkel Max Emanuels, der leider schon vor Maximilian III. gestorben war). Dieser Kreis bekam Wind von jenem Tauschgeschäft, das sich zwischen Karl Theodor und Kaiser Joseph II. anzubahnen drohte und das wir oben »atemberaubend« nannten, ohne es konkreter beschrieben zu haben. Man hole also tief Luft:

Karl Theodors Gebiete in der Pfalz wären um die Österreichischen Niederlande erweitert worden. Das solcherart arrondierte Gebiet wäre obendrein mit einer Königskrone ausgestattet worden; es hätte wohl Königreich Burgund geheißen. Und sein Preis wäre Bayern gewesen, das im Tausch an Österreich gefallen wäre.

Nicht nur in der populärwissenschaftlichen Literatur, sondern auch in ernsthaften historischen Arbeiten wird die Leserschaft an dieser Stelle meist zu blankem Entsetzen animiert. Es wäre in der Tat das Ende der bayerischen Eigenständigkeit und auch das Ende der Münchner Residenzstadt-Herrlichkeit gewesen, denn es ist nicht davon auszugehen, dass die Habsburger Wien verlassen hätten, um ihr neues Riesenreich von Oberbayern aus zu regieren.

KAPITEL 14

Wir wollen uns aber in aller Ruhe ein paar Fragen rund um dieses Tauschgeschäft stellen: Erstens, war das Ganze eigentlich wirklich so doof? Man wird die Frage ausschließlich unter patriotischen, genauer: unter bayerisch-patriotischen Gesichtspunkten bejahen dürfen. Ansonsten steht zu bilanzieren, dass Karl Theodor tatsächlich vieles gewonnen hätte, nämlich ein ansehnliches und festgefügt-zusammenhängendes Territorium samt Königskrone und implizierter Vollsouveränität. Als Zuckerl hätte er endlich wieder heim in sein geliebtes Mannheim ziehen dürfen. Im Gegenzug hätte Joseph II. den uralten habsburgischen Hunger auf Bayern endlich gestillt, und Österreich hätte das bisher eher flau verlaufene 18. Jahrhundert mit einer blitzsauberen Arrondierung seines Gebietes beendet.

Die zweite Frage mögen manche unwissenschaftlich, ja sogar unzulässig nennen, aber da hier kein Beitrag zur historischen Forschung intendiert ist, wollen wir uns eine kleine Ausschweifung gönnen, indem wir sie dennoch stellen. Sie lautet: Was wäre geschehen, wenn …? Was also wäre mutmaßlich passiert, hätten die beiden Herren nicht angesichts des Widerstands der Kaiserin-Mutter, der bayerischen Patrioten und vor allem des preußischen Königs von ihren Tauschplänen Abstand genommen? Die Beantwortung einer derart spekulativen Frage wird immer vom Charakter des Antwortenden abhängen – ist man eher euphorisch-optimistisch, eher melancholisch, oder eher realistisch veranlagt? Unterteilen wir sie also in a und b. Demnach lautet die Frage 2a: Was wäre günstigsten Falles geschehen, wenn das Tauschprojekt zwischen Kaiser und Kurfürst tatsächlich zustande gekommen wäre? München hätte seinen Status als Residenzstadt verloren. Das Stadtbild sähe etwas anders aus. Die Verbindungsstraßen zu den einzugemeindenden umliegenden Dörfern Neuhausen, Schwabing, Haidhausen und Bogenhausen, die im 19. Jahrhundert wohl so oder so entstanden wären, hätten weniger repräsentativen, eher bourgeois-praktischen Charakter als die Brienner-, die Ludwigs-, die Maximilians- und die Prinzregentenstraße, welche man alle als »Fürstenstraßen« bezeichnen muss. Für die Kunststadt München, ihre Museums- und Bühnenlandschaft, wäre das Ausbleiben des wittelsbachischen Mäzenatentums katastrophal gewesen, denn tatsächlich erlebte diese alte Familientradition im 19. Jahrhundert unter den beiden Ludwigs erst ihre allerschönste Blüte. Im Bereich der Künste wäre bürgerliches Engagement kaum ein adäquater Ersatz für das gewesen, was die Wittelsbacher nach 1778 noch alles leisten konnten. Das wird aber kompensiert durch die Wahrscheinlichkeit, dass die Münchner Bürger, in dieser Konstellation mehr auf sich selbst gestellt und nicht durch die unmittelbare Nachbarschaft des Fürstenhauses geistig beengt, besser gelernt hätten, Mitverantwortung zu übernehmen und Bürgerstolz zu entwickeln. Wenn also etwa 140 Jahre später irgendwelche Politverbrecher und Mafiosi aufgetaucht wären, um ebenso absurde wie brutale Ideen in die Bierhallen der Stadt zu brüllen, wären die Bürger abwehrbereiter und immuner gegen solchen Unflat gewesen, als sie es dann tatsächlich waren. Soviel zum städtischen Aspekt. Was aber die Bande von Massenmördern und Brüllaffen betrifft, die ihre Karriere im München der 1920er- Jahre beginnen konnte, so gibt es einen noch viel verführerischeren Aspekt des Tauschgeschäftes: Österreich wäre machtpolitisch deutlich gestärkt aus dem Handel hervorgegangen. Napoleon wäre also nicht so leicht über das westliche Königreich Burgund erst nach Ulm und dann nach Wien gekommen; womöglich hätte er es gar nicht erst versucht. Das heißt also: keine Besetzung Süddeutschlands in den napoleonischen Kriegen, folglich auch keine national überhitzte Gefühlslage in diesen Gebieten. Die völkisch-nationale Deutschtümelei à la Fichte, Jahn und Konsorten, die schon das 19. Jahrhundert verstänkerte und die Grundlage für die Geistespest des folgenden werden sollte, wäre womöglich gar nicht erst entstanden. Das klingt wirklich zu schön, um wahr zu sein; und es ist ja auch gar nicht wahr. Denn nun wollen wir unter dem Stichpunkt 2b der Frage nachgehen, wie es nicht »im allergünstigsten Falle«, sondern eben höchstwahrscheinlich weitergegangen wäre, wenn der Alte Fritz die beiden Handelseinigen unbehelligt gelassen hätte.

Die revolutionären Entwicklungen in Frankreich, welche schließlich zur Grande Armée und zu Napoleons Herrschaft führten, blieben von unsren Spekulationen völlig unberührt. Und genau hier liegt die schwächste Stelle der vorangestellten Vision: Der Korse wäre mit seinen Soldaten eben doch irgendwann in Wien gewesen. Die Überlegenheit der französischen Kriegsmaschine über die habsburgische ist offensichtlich. Und es braucht nicht viel Phantasie, um sich vorzustellen, was Napoleon nach seinem Sieg über Österreich getan hätte: Mit dem Ziel einer Schwächung Habsburgs hätte er die Tauschverträge von 1778 kassiert. Als Herrscher über den damit wiederhergestellten Bayernstaat hätte er mit größter Sicherheit die wittelsbachische Linie Pfalz-Zweibrücken auserkoren. Deren Oberhaupt wäre also Anfang des Jahrhunderts Herrscher über Bayern, mutmaßlich im Range eines Königs, gewesen. Nehmen wir an, die Krönungsfeierlichkeiten für jenes Oberhaupt – sein Name war Maximilian Joseph – hätten so um den Jahresbeginn 1806 stattgefunden ... man sieht schon: Alles wie gehabt.

Es kommt halt immer, wie's eben kommen muss.

Das Bayerische Erbfolgekrieglein zwischen Preußen und Österreich endete im Mai 1779. Die Tauschpläne zwischen Joseph II. und Karl Theodor wurden danach erst einmal ad acta gelegt. Um 1785 herum haben die beiden die Brühe nochmals aufzukochen versucht, mit demselben Ergebnis – das Projekt war angesichts der vielen Widerstände nicht realisierbar. Für Karl Theodor, der den Krieg ja gar nicht mitgemacht hatte, war dessen Ergebnis dennoch einigermaßen desaströs. Statt ein burgundisches Königreich rund um sein geliebtes Mannheim regieren zu dürfen, hatte er als pfalzbayerischer Kurfürst in München zu bleiben. Die dortige Bevölkerung, inzwischen längst über ihres Fürsten Tauschpläne informiert, hasste diesen abgrundtief. Ferner wurde Bayern territorial gestutzt, denn Kaiser Joseph II. behielt das Innviertel, dessen Besetzung den Auftakt zum »Kartoffelkrieg« gebildet hatte. Zu dieser Region gehörten Schärding, Ried im Innkreis, Friedburg und Braunau. Ein Ergebnis der Auseinandersetzung bestand also darin, dass seit 1779 jeder gebürtige Braunauer ein Österreicher ist.

14.2. GEGENSEITIGE DEMÜTIGUNGEN

Für den Wahrheitsgehalt der einleitenden Anekdote aus der Zeit Karl Theodors verbürgen wir uns nicht. Rudolf Reiser berichtet sie in seiner populären Abhandlung über die *Wittelsbacher in Bayern* und schiebt die Urheberschaft dem Andechser Mönch Placidus Scharl in die Schuhe. Wahr oder nicht, die Geschichte verdeutlicht, wie es um die Beziehung zwischen der Münchner Stadtbevölkerung und ihrem Mannheimer Fürsten stand. Demnach besuchte der Kurfürst eines Tages ein Musiktheaterstück, in welchem eine Arie mit folgendem Text zum Vortrag kam: »[...] und wenn er bald stirbt, wollen wir recht fröhlich sein.« Das johlende Publikum forderte stürmisch eine Wiederholung!

Gesichert ist immerhin, dass der Todestag des Kurfürsten, der 16. Februar 1799, in Münchens Straßen tatsächlich mit obszönen Jubelfesten begangen worden ist. Insofern könnte sich auch die Szene im Theater zugetragen haben.

Im Herbst 1788 verlor der Kurfürst erstmals die Nerven. Er reiste ab, besser gesagt: nach Hause. Der Durchgegangene verkündete den Münchnern, dass fortan (und konträr zu den Bestimmungen des wittelsbachischen Hausvertrages) die Stadt Mannheim der Sitz der pfalzbayerischen Regierung sei. Seine weit über tausend Hofleute und Beamte waren angewiesen, ihm zu folgen. Das war nebst der öffentlichen Demütigung der Stadt München auch ein schwerer ökonomischer Schlag für die vielen Betriebe, die vom Riesenhofstaat Karl Theodors recht gut gelebt hatten.

War's der Föhn, der ihn vertrieben hatte? Mit Sicherheit nicht, oder jedenfalls nicht nur. Die Spannungen wuchsen beständig. Vier Jahre vor seinem demonstrativen Auszug hatte der Kurfürst den Illuminatenorden verbieten lassen. Adam Weishaupt, Professor an der Ingolstädter Universität, hatte diesen Club der Schwätzer 1776 ins Leben gerufen, dem anzugehören bald Mode unter der Geistesprominenz des Kurstaates wurde. Die Illuminaten waren so eine Art linksradikale Abspaltung des Freimaurertums. Es darf bezweifelt werden, dass sie der Regierung je wirklich gefährlich werden konnten oder auch nur wollten. Im Zeitalter der Aufklärung schossen derartige Clubs nur so aus dem Boden. Die Kirche und vor allem die Klöster hatten enorm an Bindekraft eingebüßt, und die Intellektuellen suchten nach neuen Formen der Organisation und des Austausches. Einige dieser Clubs, wie eben auch die Illuminaten, legten sich verschwörerische Rituale zu, im Wesentlichen mit der Intention, sich interessanter zu machen. Gewiss war Weishaupts Organisation auch in seinen »politischen Statuten«, wenn man es schon so nennen will, radikaler als vergleichbare andere, aber ebenso gewiss ist, das der überwiegende Teil seiner Mitglieder derartige Verlautbarungen nie völlig ernst genommen hat. Es ist wahr, dass viele spätere Regierungsbeamte, Intellektuelle und Universitätsangehörige speziell in Bayern zeitweise Illuminaten waren, aber genauso gilt festzuhalten, dass es nicht einen einzigen Beleg für irgendwelche umstürzlerischen Unternehmungen seitens des Ordens gibt. Auch Maximilian Graf Montgelas hat in frühen Jahren zum Verein gehört, um dann als Regierungschef zu Beginn des 19. Jahrhunderts selbst die Verbotsedikte aus der Zeit Karl Theodors zu erneuern – man erinnert sich an F. W. Bernsteins schönes Wort: »*Die schärfsten Kritiker der Elche/waren früher selber welche.*«

Die pfalzbayerische Regierung hat die Illuminatengefahr, wenn es so etwas überhaupt je gegeben haben sollte, bei Weitem überschätzt. Die Verbote, die ab 1784 immer wieder und in immer schärferer Form editiert wurden, sorgten allerdings für harsche Kritik. Das lag daran, dass so viele Intellektuelle dem Orden angehörten, wenn auch meist nicht für lange. Da war Lorenz

KAPITEL 14

von Westenrieder, der Kopf der Aufklärung in Bayern; da waren der Freiherr von Knigge und – wenn auch nur ganz kurz und pro forma, um halt auch irgendwie dabei gewesen zu sein – Goethe. All diese Leute wurden durch die Verbote vor den Kopf gestoßen. Dabei waren das natürlich genau diejenigen, die die öffentliche Meinung schreibend und publizierend beeinflussten. Bald galt das Bayern Karl Theodors als rückständig-reaktionär. Ewigschön brachte ein gewisser Carl I. Geiger, Reisender aus Norddeutschland genau wie der schon zitierte Friedrich Nicolai, diese allgemeine Ansicht 1790 folgendermaßen auf den Punkt: »Überhaupt ist Religionsdummheit und Aberglaube ein herrschender Zug in dem Bilde von München und ganz Bayern.« (Apropos Friedrich Nicolai – auch er war zeitweise Illuminat.) Das Illuminatenverbot wurde von einer zunehmend strenger gehandhabten Zensurpolitik seitens der Regierung begleitet. All diese Spannungen führten schließlich zum erwähnten Auszug der Regierung von 1788, der einen schweren Prestige-Schaden für München darstellte; genau das war auch intendiert.

Ungefähr ein Jahr lang blieb die beleidigte Leberwurst von Kurfürst in seinem Mannheim – dann, im brenzligen Jahr 1789, kehrte er nach München zurück. Und jetzt wurde, was das gegenseitige Verhältnis betraf, alles noch viel ärger.

Die Münchner Stadtoberen störten sich an den Projekten zur Armenfürsorge, die von der kurfürstlichen Regierung vorangetrieben wurden. Das locke doch nur weitere Bettler in die Stadt, so die Kritik, und es werde sicher nicht mehr lange dauern, bis die Regierung die Stadt mit einer Armensteuer belege – eine pure Unterstellung.

Dann war da die Sache mit den Friedhöfen. Stein des Anstoßes war jener eine, neue, welchen die Regierung aus hygienischen Gründen anvisierte. Bisher war es der Brauch, innerstädtisch bei den Kirchen oder Klöstern zu beerdigen. Dabei ging man nicht besonders sorgfältig um. Diese Beerdigungsorte, beispielsweise jener am heutigen Max-Josephs-Platz (weil sich dort, präzise am Ort der heutigen Staatsoper, damals das Franziskanerkloster befunden hatte), waren Brutstätten für Verwesungsgeruch und Keime; eben weil man eher lax beerdigte. In Zeiten der Aufklärung war dies ein absoluter Missstand, den die Regierung Karl Theodors selbstverständlich beseitigen wollte. Ein zentraler Friedhof wurde im Süden der Stadt anvisiert, auf dem Gelände eines ehemaligen Pestackers. Das ist der heutige Alte Südfriedhof, gegen den die Bevölkerung Sturm lief, ebenso wie gegen die Beseitigung der alten, innerstädtischen Friedhöfe. Die vollkommen schlüssige Argumentation der

Regierung stieß auf taube Ohren bei den mehrheitlich traditionalistischen Münchnern. Die wollten sich von den auswärtigen Regierungsleuten ihre gewohnten Beerdigungsstätten nicht nehmen lassen; hygienische und gesundheitliche Erwägungen hatten gefälligst religiösen Einwänden zu weichen. Die Administration beugte sich dem nicht, drückte die neue städtische Friedhofspolitik durch und sorgte so für einen zusätzlichen Zankapfel zwischen den Münchnern und dem Regiment des Mannheimers Karl Theodor. Heute ist der Alte Südfriedhof eine der Sehenswürdigkeiten schlechthin, zumindest für Lokalpatrioten. Die Liste der dort beerdigten (Stadt)Prominenz ist ewig lang. Ein kleiner Auszug: Klenze Gärtner Fraunhofer Liebig Pettenkofer Bürklein Maffei Hauberisser Dall'Armi Lindwurm Krenkl und die älteren zwei der drei Hanfstaengls; und Johann Conrad Develey, der zu rühmende Erfinder des süßen Senfs; und Oberstudiendirektor Joseph Gebhard Himmler, der gar nicht zu rühmende Hauptprotagonist in Alfred Andersch' Novelle *Der Vater eines Mörders*; und, und, und ...

Ein weiterer Stein des Anstoßes war die Zuwanderungspolitik: Unter Karl Theodors Schutz kamen viele Handeltreibende nach München, die an den Zunftordnungen vorbei ihren Geschäften nachgingen. Darunter waren auch jüdische Kaufleute. Die Protestnoten, welche seitens der Stadtverordneten an die Regierung geleitet wurden, gleichen teilweise den heutigen Verlautbarungen der sog. AfD, Pegida und Konsorten. Da wimmelte es nur so vor Besorgnissen von wegen der »*Hergelaufenen* [...], *Fremden* [... und ...] *Juden*.« Der Historiker Thomas Weidner bilanzierte dieses Stimmungsgebräu mit folgenden Worten: »*Sozialneid, Fremdenfeindlichkeit und Existenzangst bestimmten die Situation.*« (ders., Rumford. Rezepte für ein besseres Bayern. München 2014).

Die Münchner Lokalpolitiker sorgten 1790 für die Verbreitung eines Flugblattes, dessen psychologisch-taktische Perfidie mit dem moralischen Gehalt ihrer Vorbehalte gegen die Regierung Hand in Hand ging. Es wurde nämlich sehr eindeutig darauf hingewiesen, dass im Falle einer Nichtbeachtung der Magistrats-Einwände Zustände drohten, wie sie in anderen Nationen bereits eingetreten seien. Zwar liege solches dem Bayer an sich völlig fern, und sei die Vorstellung den Stadtoberen selbstverständlich auch ein Gräuel, aber man könne eben nie wissen ... Frankreich lasse grüßen. Die Pariser Ereignisse des Jahres 1789 dienten als Drohkulisse.

In den meisten früheren Darstellungen wird der Kurfürst für das, was nun folgte, abgekanzelt. Erst in jüngerer Zeit setzt sich eine etwas regierungs-freundlichere Lesart durch, wofür exemplarisch das schon zitierte, absolut großartige Buch von Th. Weidner steht.

Die unverhohlene Drohung mit revolutionären Zuständen evozierte seitens der Regierung eine »scharfe« Strafaktion. 36 Mitglieder des Rates wurden nach einer länger dauernden juristischen Untersuchung zu einem Bußgang verdonnert. Die Herren hatten sich am 21. Mai 1791 in der Maxburg einzufinden. Dort war auf einem Stuhl im Audienzzimmer ein Portrait des Herrschers aufgestellt worden. Im Hintergrund befanden sich einige Regierungsvertreter, die den vorgesehenen Ablauf überwachten. Die verurteilten Stadtoberen hatten nacheinander einzutreten, vor dem Bildnis Karl Theodors auf die Knie zu fallen und einen vorbereiteten Text der Reue herzusagen. Untertänigst um »Vergebung« mussten sie betteln, Treue »*bis ans Grab*« hatten sie dem erlauchten Kurfürsten zu schwören, usw., usf. Die ganze Inszenierung dauerte mehrere Stunden, denn die Unterwerfungsformel umfasste zehn Minuten, und von den 36 Verurteilten waren immerhin 31 tatsächlich erschienen.

Es wird hier die These vertreten, dass diese Inszenierung eines humoristischen Moments nicht völlig entbehrte, eines Moments also, welches eigentlich schon wieder ins Versöhnliche weist. Besonders der Einfall, nicht selbst zu erscheinen, sondern die Unbotmäßigen vor einem Portrait knien und stottern zu lassen, weist den Pfälzer doch als heimlichen Schelm aus – oder ist solches Urteil gar zu gewagt? Eine Demütigung war das Ganze ohne Zweifel, aber die knienden Herren werden die Sache doch wohl überlebt haben ...

Die restlichen paar Jahre bis zum bejubelten Tod des Kurfürsten frettete man sich halt irgendwie durch. Es hat sich, mag sein, irgendwann zumindest bei den helleren Köpfen der Stadtbewohner die Erkenntnis durchgesetzt, dass die meisten Maßnahmen dieser von Auswärtigen geführten Regierung alles andere als dumm waren; vom starken moralischen Fundament dieser Politik und ihrer Bilanz, die man in der Rückschau nicht anders als erstaunlich nennen kann, wird gleich die Rede sein. Den vorliegenden Abschnitt beschließend soll allerdings noch kurz geschildert werden, wie es Karl Theodor am Ende seines Lebens doch noch einmal hinbekam, sich völlig unmöglich, um nicht zu sagen zum Deppen zu machen.

Auch dieser Herr war hochbetagt noch erbenlos; wirklich ein erstaunliches Signum des 18. Jahrhunderts! Dabei waren es just immer die angetrauten Ehegattinnen, mit denen es nicht klappte. Söhne hatte Karl Theodor weiß Gott genug. Aber die waren allesamt von Mätressen, und es fehlte halt der legitime Nachkomme fürs pfälzisch-bayerische Erbe. Seit 1794 war er Witwer und ging daher auf Brautschau. Unterstützt wurde er dabei von der österreichischen Regierung, die noch immer nach Wegen suchte, Zugriff auf Bayern zu bekommen. Wie, wenn man den Pfälzer mit einer möglichst jungen Habsburgerin verkuppelte, die man dann als Witwe leicht unter die Wiener Fittiche nehmen könnte? Idealerweise hätte sie vielleicht schon einen kleinen Thronerben, für dessen dezidiert proösterreichische Erziehung man gegebenenfalls schon sorgen werde ...

Bei der Suche geriet man an eine gewisse Maria Leopoldine, eine Enkelin Maria Theresias von damals knapp 18 Jahren. Diese drängte man durch sanfte Gewalt zur Hochzeit mit dem pfalzbayerischen Herrscher. Und man verspekulierte sich bei ihr dermaßen, dass es kaum zu schildern ist.

Die junge Dame war von einer für damalige Verhältnisse schier unglaublichen Selbstsicherheit und Eigenständigkeit. Zwar heiratete sie den siebzigjährigen Pfälzer, allerdings nur, um ihm nach den Hochzeitsfeierlichkeiten sofort zu eröffnen, dass er bei ihr nicht das Geringste zu melden habe. Die Geburt eines Thronerben hatte sich mit dieser Ankündigung der neuen Kurfürstin endgültig erledigt – man versteht schon: Maria Leopoldine teilte das Bett nicht mit ihrem Gatten, wobei sie keineswegs grundsätzlich abgeneigt war, es zu teilen.

Der Kurfürst hätte das wissen müssen. Als alter Tattergreis lässt man sich nicht mit knapp zwanzigjährigen Damen ein, und schon gar nicht mit einer vom Schlage Maria Leopoldines. Da ist die Lächerlichkeit nicht zu vermeiden. Er war halt doch mitunter eine ziemlich taube Nuss, der Herr Karl Theodor; und in hohem Alter umso mehr.

Maria Leopoldine hatte übrigens auch eine Stinkwut auf ihre habsburgische Verwandtschaft, welche sie zur Ehe mit dem alten Ekel mehr oder weniger gezwungen hatte. Sie war von Anfang an entschlossen, deren Politik in Bezug auf Bayern gründlich zu konterkarieren. Es gab ja eine weitere wittelsbachische Linie, die Karl Theodor in Pfalzbayern beerben würde, wenn dieser kinderlos starb. Das waren jene von Pfalz-Zweibrücken. Mit dieser Sippschaft und ihrer Entourage, zu welcher damals schon Maximilian Graf Montgelas gehörte, nahm die junge Kurfürstin sofort engen, sogar nicht weiter zu definierenden, äußerst engen Kontakt auf.

Es näherte sich der spannende Moment des Todes Karl Theodors. Schon im Vorfeld hatte Maria Leopoldine den Pfalz-Zweibrückern, namentlich deren Oberhaupt Maximilian Joseph, jegliche Hilfe beim Erwerb des kurpfalzbayerischen Erbes zugesichert. Sie war entschlossen, die habsburgischen Zugriffsversuche zu blocken. Die österreichischen Gesandten bevölkerten das Vorzimmer des in Agonie Liegenden und benahmen sich wie die Aasgeier. Kaum war der Tod des Herrschers festgestellt, bestürmten sie die junge Witwe mit der Frage aller Fragen: Ob sie denn schwanger sei? Ja das sei sie wohl, gab Maria Leopoldine zu Protokoll – ein kurzer Moment der Hoffnung für die Österreicher und der Verzweiflung für die Pfalz-Zweibrücker! Letztere hätten ihr Erbe verspielt und erstere hatten die Vision einer habsburgischen Marionette als bayerischem Thronerben. Und dann ... ließ die Dame die Bombe platzen: Das zu erwartende Kind, so trompetete sie heraus, sei mit absoluter Sicherheit nicht von ihrem soeben verstorbenen Gatten gezeugt.

Den Vertretern der wittelsbachischen Linie von Pfalz-Zweibrücken fiel ein felsbrockengroßer Stein vom Herzen. Sie waren der Habsburgerin Maria Leopoldine zu ewigem Dank verpflichtet, und das wussten sie auch. In jenem kritischen Moment im Vorzimmer des sterbenden Karl Theodor waren die wittelsbachische Herrschaft über Bayern und die Eigenständigkeit des Landes in akuter Gefahr. Ein falsches Wort der Kurfürstin-Witwe, und alles wäre an Österreich verspielt gewesen. So aber waren die Ansprüche Max Josephs gesichert, und die Habsburger aus dem Spiel. Maria Leopoldine hat mit Stolz darauf gepfiffen, was die Prüderie des langsam aufkommenden bürgerlichen Moralbonzentums ihr nachrufen würde. Sie rettete mit ihrem schockierenden Statement Bayerns Souveränität. Noch tief im 19. Jahrhundert, als sie schon hochbetagt (und mittlerweile steinreich) war, lud der zweite bayerische König, Ludwig I., sie zu Staatsbanketten ein, prostete ihr dort zu und nannte sie coram publico die Retterin Bayerns.

14.3. WELCOME TO MUNICH, BENJAMIN THOMPSON!

Wenngleich Karl Theodor immer wieder mal gesonnen war, Bayern samt seiner Residenzstadt herzugeben wie einen Sack Äpfel oder Birnen, hat er sich schließlich doch in seine hiesigen Regierungspflichten ergeben, und das mit tiefgreifenden Folgen, ganz besonders, was München selbst betrifft. In seine Amtszeit fallen historische Ereignisse wie das Schleifen der Stadtmauern, erste Ansätze einer staatlich gelenkten Sozialpolitik und Armenfürsorge, die Entstehung des Karlsplatzes und weiterer Platzanlagen auf den Geländen der ehemaligen Befestigungswälle, die Planung einer ersten Stadterweiterung außerhalb der ehemaligen Stadtmauern, des sogenannten Schönfelds, und last but not least die Entstehung des Englischen Gartens.

Man kann schon sagen, dass es kaum eine andere Epoche in München gegeben hat, in welcher derart nachhaltig ins Stadtbild eingegriffen wurde, wenn wir vom 20. Jahrhundert mal absehen. Es fällt einem an Vergleichbarem eigentlich nur noch die Ära König Ludwigs I. ein.

All diese Projekte stehen in engstem Zusammenhang und wurden im Wesentlichen von einem Herren erdacht und angeregt, den es nun zu würdigen gilt: Benjamin Thompson; bei seinem Eintreffen in München hieß er bereits Sir Benjamin Thompson; und hier wurde er schließlich zum Grafen Rumford geadelt; weshalb wir es im Folgenden auch bei diesem Namen belassen wollen.

Rumford erreichte schnell eine einflussreiche Position am pfalzbayerischen Hof. Er avancierte zu Karl Theodors leitendem Mitarbeiter. Dem polyglotten Tausendsassa diese Stellung eingeräumt zu haben, dürfte die größte Tat des Kurfürsten gewesen sein.

In biographischen Schriften heißt es gerne, Rumford sei *Amerikaner* gewesen. Das ist nicht ganz korrekt. Er selbst war als Weltbürger par excellence über nationale Zuordnungen erhaben – es darf vermutet werden, dass es ihm völlig wurscht war, ob man ihn einen Engländer, einen Wahlbayern oder sonst wie nannte –, aber gerade die Zuordnung *Amerikaner* hätte er sich womöglich verbeten. Es ist zwar richtig, dass er an der Ostküste des Neuen Kontinents nahe Boston am 26. März 1753 geboren worden war. Aber das war erstens zur Zeit seiner

(Abb. 21) B. Thompson alias Graf Rumford

KAPITEL 14

Geburt tatsächlich noch englisches Gebiet, er ist also durchaus gebürtiger Engländer (wie übrigens auch George Washington). Die Vereinigten Staaten entstanden erst im Jahr 1776 (worauf Weltverschwörungstheoretiker gerne raunend verweisen, denn das ist ja auch – siehe oben – das Jahr, in welchem Adam Weishaupt den Illuminatenorden gründete). Zweitens aber und wichtiger: Rumford hatte im Sezessionskrieg an der Seite der englischen Loyalisten gekämpft, mit ihnen verloren und daraufhin die neue Welt verlassen. 1776 traf er also in London ein.

Die Schulbildung, die er erhalten hatte, wird so übel schon nicht gewesen sein, aber sie erklärt in keiner Weise die wirklich unfassbare Vielfalt und Komplexität im Denken und Handeln dieses ursprünglichen Komisskopfes. Es ist allerdings zu bemerken, dass der Ausgangspunkt seines praktischen Handelns tatsächlich oft das Gebiet des Militärischen gewesen ist. Hätten Sie gedacht, dass München seinen Englischen Garten einem militär-reformerischen Ansatz verdankt? Sie werden es gleich sehen!

Rumford verstand sich ursprünglich als Militärberater. Als solcher diente er sich erst der englischen Krone an, um dann auf dem Festland nach Arbeitsstellen zu suchen. Der Ungebundenheit seines Geistes entspricht eine völlige Freiheit von jeglichen Heimatbindungen. Geboren in Boston, in London zum Ritter geschlagen, in München während einiger Jährchen keinen Stein auf dem anderen gelassen und schließlich in den Grafenstand erhoben, zurück nach London, um die letzten Lebensjahre bei Paris in einem Schlösschen zu leben, und dort gestorben und begraben; währenddessen ausgiebige Forschungsreisen nach Italien ... Der Mann kannte keine Heimat, weil er das nicht nötig hatte.

Von London aufs Festland gelangt, begab er sich irgendwann nach Straßburg. Dort traf er auf den Pfalz-Zweibrücker Zweig der Familie Wittelsbach. Die lungerten da so herum, viel mehr taten sie eigentlich nicht. Ihre Situation war durchaus vergleichbar mit jener Alberichs und des Wanderers vor der Fafnerschen Neidhöhle in Wagners »Siegfried«. Die Pfalz-Zweibrücker hatten nichts. Sie regierten (fast) nichts. Und sie warteten. Sie warteten darauf, dass der Alte aus dem anderen Familienzweig in München endlich starb, und drückten ganz fest die Daumen, dass jener nicht doch noch im letzten Moment einen direkten Thronerben zustande brachte. Nur wenn Karl Theodor ohne Nachkommen heimgehen würde, wäre der *Hort*, sprich das Kurfürstentum Pfalzbayern, ihrer (im Unterschied zu Alberich und zu Wagners Wanderer Wotan wartete Wittelsbachs weitere Nebenlinie allerdings erfolgreich).

Oberhaupt der Pfalz-Zweibrücker war damals zwar noch nicht Max Joseph, der später mal der erste bayerische König werden sollte, sondern dessen älterer Bruder, aber gleichviel: Irgendein Familienmitglied erkannte das Potential des Engländers, oder wie man ihn schon nennen will, und vermittelte ihn der pfalzbayerischen Regierung. 1784 traf er in München ein, um 14 Jahre lang zu bleiben und hier eine beispiellose Karriere zu machen.

Anfangs stand er übrigens auch noch im Sold der englischen Krone. Er war also ganz ernsthaft Geheimdienstler im Dienste seiner Majestät. So eine Art frühklassizistischer James Bond in München? Ach woher. Als Verführer schöner und elegant gekleideter Damen hatte zwar auch Rumford einen ziemlichen Ruf, aber gegen seine Tates- und Geistesabenteuer sind die Hangeleien und Ballereien des geschniegelten Agenten 007 kalter Kaffee (welchen unser Graf übrigens täglich literweise soff, während er ganz unenglisch gegen den Tee polemisierte – man sieht: Es gibt kein Thema, zu dem er nicht irgendwie Stellung bezogen hätte). Es folgt nun noch eine spannende Zusatzinformation für all jene, die in der jüngeren Stadtgeschichte äußerst bewandert oder an ihr interessiert sind: Rumfords Undercover-Tätigkeit wurde 1928 erstmals in einer Dissertation aufgedeckt. Der Autor dieser Dissertation war Ernst Hanfstaengl – eben jener Hanfstaengl, der zu den ersten reichen Gönnern Hitlers gehört und 1923 den Putschversuch mitgemacht hatte, um später in Ungnade zu fallen und sich nach der Machtergreifung in die USA abzusetzen.

Rumfords erster Tätigkeitsbereich in pfalzbayerischen Diensten war an sich wenig spektakulär. Er widmete sich einer Militärreform, in engerem Sinn zunächst einer praktischeren Uniformierung der Soldaten. Dabei kam der Soldat selbst in sein Blickfeld, und er begann sich zu fragen, wie dieser einerseits über das doch eher stumpfe Soldatenleben hinaus gefördert werden könnte, wie er des Weiteren besser in die Gesellschaft einzugliedern und auf welche Weise schließlich ohne allzu große Staatsausgaben seine Ernährung sicherzustellen sei. Die drei Fliegen waren seiner Ansicht nach mit einer Klappe zu schlagen, und die hieß: Militärgärten. In diesen sollte sich der Soldat in der Exerzier- und kriegsfreien Zeit auf einer Parzelle als Bauer betätigen. Ein erster Militärgarten wurde nach Rumfords Planung im Frühjahr 1789 in Mannheim etabliert. Man erinnert sich vielleicht, dass der Hof zu dieser Zeit auf Geheiß Karl Theodors in die Pfalz übergesiedelt war, um den aufsässigen Münchnern eins auszuwischen. Als die Regierung im Frühsommer dieses Jahres wieder in Bayerns Hauptstadt eintraf, wurde umgehend auch hier die Einrichtung eines Militärgartens dekretiert. Die anvisierte Stelle befand sich

KAPITEL 14

östlich des Schönfeldes, also aus heutiger Perspektive östlich der Königinstraße und westlich des Schwabinger Bachs, den es damals schon gab und der in seinem nördlichen Verlauf das kurfürstliche Jagdgebiet durchfloss – Betreten damals streng verboten! Heute kennen wir dieses Areal als Eierwiese. »Eier« deswegen, weil hier gemäß Rumfords Konzeption der Nutzgarten war, in dem es eben auch eierlegende Hennen gab; nicht etwa wegen der nackerten Männer, die da heute sind.

Mitten in die Planungen dieses Münchner Militärgartens platzten nun die Nachrichten aus Paris. Revolution! Das System, das auch Rumford favorisierte, nämlich der aufgeklärte Absolutismus, war in allerhöchster Gefahr. Es galt, »*Präventivmaßnahmen*« zu treffen (Th. Weidner). Rumford hat sein Staatsideal einmal folgendermaßen umrissen: »*Mit gleicher Entfernung von* [...] *Despotism und anarchischer Volksherrschaft hat* [sich] *meine Vernunft* [...] *ganz für die gemäßigte Monarchie entschieden.*«

Es hieß also mehr denn je, nach geeigneten Wegen zu suchen, um die *gemäßigte Monarchie* zu verteidigen.

Im Rahmen solcher *Präventivmaßnahmen* ist unter anderem das Abbrechen der Münchner Stadtmauern zu sehen. 40.000 in Mauern Eingepferchte können leicht zu einer Gefahr werden. Aber auch die Planungen des Militärgartens erhielten nun eine völlig neue Dimension, in räumlicher wie politischer Hinsicht. Könnte man nicht in unmittelbarer Nähe des Militärgartens einen Raum schaffen, in welchem Soldaten wie Bürger, ja alle Stände sich zwanglos begegnen und erholen würden? Die Standesnivellierung in einem solchen Raum würde innerstädtische Spannungen abbauen, und die im selben Raum frisch erholten Kräfte könnten wieder dem Staatswohl zugutekommen.

Genau dies ist die ursprüngliche Konzeption des Englischen Gartens in München. Sie ist Rumford pur: Zweckmäßigkeit in Verbindung mit Annehmlichkeit. Revolutionsprofilaxe durch Heiterkeit; Vermehrung des Staatswohls durch erholte Untertanen; nebst Kartoffelpflanzung zur möglichst effektiven Soldaten- und Volksernährung – ein Volkspark in jedem Sinne.

Als wahrem Kind der Aufklärung ging es Rumford noch um einen weiteren Aspekt bei dieser zu schaffenden Parkanlage: nämlich um eine möglichst sublim-heitere Volksbelehrung. Diesen jedoch hat der andere Gründungsvater des Englischen Gartens, wir kommen gleich zu ihm, weitgehend herausgekürzt. Es ist aber ein Überrest jenes Gedankens der Volksbelehrung auf unsre Zeit gekommen, und nicht nur das: Es handelt sich um ein Wahrzeichen der Stadt München. Die Rede ist vom Chinesischen Turm. Auch der ist Rumford pur.

China war damals en vogue. Speziell Kurfürst Karl Theodor teilte den »goût chinois«. Die Nymphenburger Porzellanmanufaktur produzierte tanzende, lachende und sinnende Chinesen (oder was sie dafür hielt). Die Schlösser hatten chinesische Zimmer und die Schlossparks chinesische Türme, wie etwa in London. Die ganze Marotte hatte durchaus politische und soziale Dimensionen. Hören wir dazu Rumford selbst: »*Der Kaiser von China, der große Monarch dieser Welt, der den vollen dritten Theil ihrer Einwohner beherrscht, pflüget selbst jährlich einmal, ohne Zweifel um zu zeigen, wie wichtig eine Kunst seye, die zur Herbeischaffung und Erzeugung menschlicher Nahrung beyträgt.*« Landwirtschaft nebst Kochkunst bildeten in Rumfords System Eckpfeiler des Staates, und, so er selbst, »*die Chineser verstehen diese beyden Künste vielleicht besser, als alle übrigen Völker*« (beide Zitate nach Th. Weidner). Der Chinesische Turm hatte also eine pädagogische Funktion, auch wenn mans ihm heute nicht mehr ansieht. Er sollte die Lustwandelnden daran erinnern, dass *die Chineser* die beste aller Staatsverfassungen hatten, in welcher jeder dank des Kaisers satt und zufrieden war, und ferner daran, dass Kurfürst Karl Theodor und seine Regierung diesem Beispiel nacheiferten.

Freilich, das war die reine Projektion, und dürfte mit der chinesischen Wirklichkeit nicht das Geringste zu tun gehabt haben – aber was soll's?

Rumfords Konzeption ging also mehr in die Richtung eines volkspädagogischen Themenparks. Der Besucher sollte landwirtschaftliches, politologisches und ästhetisches Gedankengepäck mit heim nehmen. Die Zuständigkeit fürs Ästhetische hatte schon damals der Herr Friedrich Ludwig von Sckell; womit wir beim zweiten Gründervater des Englischen Gartens wären, der den ersten und eigentlichen im Allgemeingedächtnis der Stadt sogar etwas verdrängt hat, was nicht ganz fair ist – Sckells immenser Leistung unbeschadet sei das notiert.

Sckell gehörte schon in den *glücklichen Mannheimer Tagen* des Kurfürsten zu dessen Entourage. Karl Theodors Begabung, die richtigen Leute um sich zu scharen, kann wirklich nicht hoch genug gewürdigt werden, vergessen wir nicht, dass auch Mozart zu seinen Protegés zählte. Der Fürst schickte den jungen Gartenarchitekten auf eigene Kosten nach England. Er hatte Wind davon bekommen, dass sich dort eine völlig neue Gartenmode etablierte, und wie stets auf der Höhe des Kunstgeschmacks, wollte er diese in seine Kurländer importieren. Wieder in Mannheim, erstellte Sckell mit Rumford gemeinsam die Planungen der anvisierten Militärgärten.

KAPITEL 14

In München oblag Sckell zunächst nur die Planung eines kleinen Teils innerhalb des »Theodor-Parks«. Das war jenes Gebiet, welches tatsächlich von Anfang an »Englischer Garten« hieß und sich in der Nähe des Chinesischen Turms befand. Nun verhielt es sich so, dass Rumfords Stern schon gegen Ende der Regierungszeit Karl Theodors zu sinken begann und er unter dessen Nachfolger gar nichts mehr zu melden hatte. Er war auch gar nicht mehr im Lande (wenngleich ihm seine bayerische Pension pünktlich und bis ans Lebensende bezahlt worden ist). Sckell dagegen stand unter Maximilian IV./I., dem Nachfolger Karl Theodors, weiterhin hoch im Kurs, so hoch, dass er Anfang des neuen Jahrhunderts den Auftrag bekam, Rumfords Pläne für den Theodor-Park zu überarbeiten. Das war die Geburtsstunde des Englischen Gartens, wie wir ihn heute kennen und lieben (und auch nennen, denn bereits Sckell sprach statt vom »Theodor-Park« nur noch vom »Englischen Garten«). Unter der Regie dieses Gartenarchitekten verschwanden die volkspädagogischen Elemente, die Rumford im Sinn gehabt hatte, beinahe gänzlich zugunsten der reinen Gestaltung eines Parks im neuen, nämlich englischen Stil. Das war der Lerneffekt der Studienreisen Sckells auf die Insel. Es verschwand also auch das durchaus spätabsolutistische Gepräge, das der alten Konzeption noch angehaftet hatte. Rumfords Ideal wäre es gewesen, wenn die Besucher alle drei Minuten im Gefühl tiefster Dankbarkeit für die eigene, kluge Regierung innegehalten hätten, die ihnen dieses Geschenk bescherte. Sckell demokratisierte den Park sozusagen. Übrigens war ihm auch der Chinesische Turm mit seinem belehrenden Gestus ein Dorn im Auge. Er empfahl, den Holzbau der Verwitterung zu überlassen, um seine kläglichen Reste dann abräumen zu können. So stand es in einer Passage seines bei der Regierung eingereichten Plans B. Das ist hier nicht etwa der Versuch einer Imitation von Jugendneusprech, sondern es ist durchaus der von Sckell benutzte Begriff für seine Umbauvisionen: der »*Plan B*«. Dieser Entwurf wurde im Wesentlichen verwirklicht und entspricht dem, was wir heute sehen (allerdings mit Chinesischem Turm – hier ist man Sckells Rat ausnahmsweise nicht gefolgt).

Was sind denn nun eigentlich englische Gärten? Ganz simpel gesagt handelt sich um die Bezeichnung einer Park-Konzeption, wie oben schon erwähnt. Zur ausführlicheren Untersuchung reichen wir die Frage weiter an Arthur Schopenhauer, den Dichterphilosophen, der ganz ähnlich wie Graf Rumford so ziemlich alles weiß:

»*Wie ästhetisch ist doch die Natur! Jedes ganz unangebaute und verwilderte [...] Fleckchen [...] dekoriert sie alsbald auf die geschmackvollste Weise, bekleidet es mit Pflanzen, Blumen und Gesträuchern, deren [...] natürliche Grazie davon zeugt, daß sie nicht unter der Zuchtrute des großen Egoisten aufgewachsen sind [...]. Hierauf beruht das Prinzip der englischen Gärten, welches ist, die Kunst möglichst zu verbergen, damit es aussehe, als habe hier die Natur frei gewaltet. Denn nur dann ist sie vollkommen schön [...]. Der mächtige Unterschied zwischen den englischen Gärten und den alt-französischen beruht im letzten Grunde darauf, daß jene im objektiven, diese im subjektiven Sinne angelegt sind. In jenen nämlich wird der Wille der Natur [...] zu möglichst reinem Ausdruck seiner Ideen, also seines eigenen Wesens gebracht. In den französischen Gärten hingegen spiegelt sich nur der Wille des Besitzers, welcher die Natur unterjocht hat, so daß sie die ihr aufgezwungenen Formen als Abzeichen ihrer Sklaverei trägt: geschorene Hecken, in allerlei Gestalten geschnittene Bäume, gerade Alleen, Bogengänge usw.«* (Die Welt als Wille und Vorstellung II, 3. Buch, Kap. 33, ed. Stuttgart u. a. 1960, S. 520f.).

Dem sind nur kleine Notizen hinzuzufügen: Erstens, mit »französischen Gärten« meint Schopenhauer die barocken; zweitens übersieht der alte Nörgler die politische Dimension der Gartenanlagen, obwohl er mit Worten wie »unterjocht« und »Sklaverei« ja auf Zentimeter herangekommen ist. Der barocke Garten spiegelt nämlich die Herrscherkraft des barocken, also absoluten Fürsten, hier symbolisch über die Natur ausgedrückt – der englische dagegen spielt ins demokratische. Mit den Worten D. Lehners: »Die gestutzten Hecken und die zu geometrischen Formen beschnittenen Bäume des Barockgartens galten als Symbol fürstlicher Willkür und Unterdrückung, während umgekehrt ein sich frei entfaltender Baum in der Natur [...] des Landschaftsgartens als Sinnbild des freien Menschen angesehen wurde.« (D. Lehner, Friedrich Ludwig von Sckell. In: Der Englische Garten in München. Hrsg. v. P. v. Freyberg. München 2000). Es ist natürlich möglich, sogar wahrscheinlich, dass der Antidemokrat Schopenhauer im Zitierten durch Unterschlagung geschummelt hat. Denn sobald die demokratische Dimension der englischen Gärten zugestanden wäre, könnte er sein Loblied auf sie gleich wieder einpacken. Wozu hat man schließlich im Revolutionsjahr 1848 die Regierungssoldaten darauf aufmerksam gemacht, dass die Straßenstellungen der Revolutionäre vom eigenen Wohnzimmer aus besonders gut ins Visier genommen und beschossen werden konnten?!

Es ist zu betonen, dass der englische Garten ebenso viel Arbeit und Planung beansprucht wie sein barocker Vorgänger. Nur soll der Besucher dies eben

KAPITEL 14

nicht merken – es soll scheinen, als habe die Natur selbst alles geschaffen. So entstehen Landschaftsbilder und Stimmungssituationen. Im völligen Gegensatz hierzu drängt sich die menschliche Schöpfer- und Herrscherkraft im barocken Garten geradezu auf, und das ist auch intendiert.

Zur Verdeutlichung könnte man jedem der beiden Gartentypen ein Motto unterstellen: Das wäre für den französischen Park das alttestamentarische *Macht euch die Erde untertan!* (1. Mose 1, 28) und für den englischen das oft dem Jean Jaques Rousseau zugeschriebene *Zurück zur Natur!*

Rumford ist mit seinem Parkideal zwar längst nicht mehr der barocken Formensprache verpflichtet und kann deshalb auch sehr gut mit Gartenarchitekt Schkell zusammenarbeiten, aber in seinem pädagogischen Impetus ist er noch ein bisschen mehr Kind des aufgeklärten Absolutismus als jener. Das zeigen auch zwei Inschriften auf Statuen. Da ist zum einen der »Harmlos«, der einen Zugang zum englischen Garten flankiert, nämlich direkt beim Übergang vom Hofgarten und stehend in jener Wiese, welche heutzutage leider durch den Altstadtring vom Rest des Parks, dem sie durchaus schon angehört, getrennt ist. Auf dem Sockel des »Harmlos« heißt es: »*Harmlos wandelt hier. Dann kehret neu gestärkt zu jeder Pflicht zurück.*« Das ist zwar kein Originalzitat Rumfords, entspricht aber zu hundert Prozent seinem Ideal – das Sprüchlein hätte ihm mit Sicherheit gefallen. Die durch den Park bewirkte Rekreation des Individuums sollte eine Bündelung der Kräfte bewirken. Dieses Individuum ist bei unsrem Allroundreformer keineswegs mehr nur Untertan. Es ist aber auch noch kein Staatsbürger. Das regierte Individuum ist in Rumfords Denken ein durch die Obrigkeit potentiell zu beglückendes Wesen. Eine eigene Verantwortlichkeit für diese Volksbeglückung, oder etwa Mitsprache an ihrer Gestaltung, kommt den Regierten durchaus nicht zu, weil sie die Zusammenhänge nicht überblicken.

Auch die zweite Inschrift, nämlich jene am Parkdenkmal für Rumford selbst, hätte wohl seinen Zuspruch gefunden: »*Lustwandler steh! Dank stärket den Genuss. Ein schöpferischer Wink Carl Theodors, vom Menschenfreund Rumford ... gefasst, hat diese ehemals öde Gegend in das, was du nun um dich siehst, veredelt.*« Rumfordisch ist an diesem Spruch erstens der Hinweis auf die Obrigkeit, die dieses Werk den zu Beglückenden vermachte, und zweitens die Bezeichnung *Menschenfreund*, mit welcher er tatsächlich de eo ipso sprach.

Man hat Münchens großen Park immer wieder mit folgendem Sprüchlein etikettiert: *Der Englische Garten ist die bayerische Antwort auf die Franzö-*

(Abb. 22) Rumforddenkmal im Englischen Garten

sische Revolution. Das hat schon einiges für sich. Rein chronologisch gesehen haut die Sache zwar nicht recht hin, denn die Einrichtung der Militärgärten in den Garnisionsstädten des pfalzbayerischen Kurfürstentums wurde eindeutig schon vor dem 14. Juli 1789 angeordnet. Aber speziell in der Hauptstadt hat die Regierung unter dem schockartigen Einfluss der Revolutionsnachrichten die Konzeption sehr schnell verändert und in großem Stil erweitert. Gleichzeitig ging man nun mit viel Energie an eine Politik, welche die untersten städtischen Schichten ins Visier nahm. Man erarbeitete staatliche Maßnahmen gegen die Armut und die Bettelei.

Die Armenfürsorge steht also mit dem Parkkonzept, welches ja auch ernährungspolitische Elemente enthielt, in engem Zusammenhang. Rumford löste sie aus dem kirchlichen Bereich und dem ja mehr zufälligen privaten Engagement, um sie in fest geregelte staatliche Kompetenz zu stellen. So entstanden ein von der Regierung getragenes Armenhaus in der Au und Initiativen zur obrigkeitlich organisierten Ernährung der allerbedürftigsten Schichten. Ins Armenhaus kam man zwangsweise, wenn man beim Betteln aufgegriffen wurde. In die Speisesäle konnte man mittags aber auch freiwillig kommen. Und wen die Scham davon abhielt, der konnte sich tatsächlich beliefern lassen.

KAPITEL 14

Und was gab es im Armenhaus zu essen? Nun, um die Ernährung möglichst effektiv und dennoch schmackhaft zu gestalten, erfand unser Graf, als wenn's nicht schon genug gewesen wäre, halt auch noch eine Suppe. Die Rumford-Suppe nämlich; sie wurde binnen Kurzem auf dem ganzen Kontinent bekannt und kopiert. Sie basierte auf modernsten ernährungswissenschaftlichen Erkenntnissen. Wir haben ja schon aus des Erfinders Schreiben vernommen, was *die Chineser* so auszeichnete, nämlich u. a. ihre Kochkunst. Es hieß also, das chinesische Beispiel zu kopieren, wenn sich ein Politiker mit der Erfindung einer Suppe befasste. Die »*Zuthaten*« der Suppe waren Rumfords persönlichen Niederschrift zufolge diese: »*2 Viertel Perlgraupen, 2 Viertel Erbsen, 8 Viertel Kartoffeln, Brodschnitte* [i.e. Brotscheiben, die man ganz zum Schluss in den Brei gab, MW], *Salz, 24 Maß schwacher Bier-Weinessig oder vielmehr sauer gewordenes Bier, Wasser ungefähr 560 Maß.*« Das war und ist sie also, die berühmte Rumford-Suppe!

Ein Volksbeglückungsbrei. Eine Staatspampe. Ein Eintopf aus Optimismus, Mitleid und Verordnungswahn. Ein spätabsolutistischer Sudel; alles in allem: Das Gebräu macht satt – und darauf kommt es schließlich an.

Kochtöpfe Kamine Parkanlagen Landwirtschaft Suppen Militäruniformen Privatküchen Großküchen Kartoffeln Stadtviertelplanung Staatsökonomie Staatsziel Stadtentfestigung Volksglück – dies ist ein Ausschnitt aus dem Denken, Handeln und Schreiben Rumfords. Ein rechter Tausendsassa. Sein Treiben wurde durchaus auf dem ganzen Kontinent staunend beobachtet; in Madrid, nur so als Beispiel, erschien zu seinen Lebzeiten eine spanische Ausgabe seiner Schriften.

Was an Rumford so begeistert – das Wort passt durchaus – ist der absolute Optimismus, dieser unbedingte Glaube an die Machbarkeit so ziemlich aller Dinge und vor allem der Volksbeglückung; ferner die Vielseitigkeit des Denkens bei gleichzeitiger Einheitlichkeit des Ziels, sprich der Mehrung des Volks- und damit des Staatswohls.

»*Glücklich werde ich seyn, wenn mich der Gedanke, zu einem guten Zweck gelebt zu haben, in meine Grube begleitet.*« (zitiert nach Weidner). Dieses weitere Rumford-Wort ist schön, und weist ihn gleichzeitig als Kind seiner Zeit aus. Alle diese Aufklärer waren um ihr Andenken besorgt. Der Ruhm, den sie genau wie die absolutistischen Herrscher anstrebten, sollte im Andenken an ein sinnvoll im Dienste der Menschheit verbrachtes Leben bestehen. Von nicht wenigen ist überliefert, dass sie zu Lebzeiten an ihren Grabinschriften feilten, und selten fehlt in diesen Entwürfen der Hinweis auf die eigene Nützlichkeit und auf den persönlich geleisteten Beitrag zum Menschenglück.

Und sie waren fast alle das, was man heute »vernetzt« nennen würde. Man kannte, schrieb und besuchte sich. Und hier kommt, das Loblied auf Rumford abschließend, eine winzige Anekdote aus dem Leben Georg Christoph Lichtenbergs, also eines der zweifellos größten Genies des 18. Jahrhunderts mindestens im deutschsprachigen Raum. Lichtenberg war einer der bedeutendsten Physiker seiner Zeit und als solcher damals weltberühmt und an Königstafeln zu Gast. Im Nebenberuf war er einer der besten und tiefsten Schriftsteller, die es in unsrer Sprache je gegeben haben wird. Sein Ruhm als Autor überstrahlt bei weitem noch den des Wissenschaftlers. Und dieser Weltweise notiert in seinem Tagebuch im Herbst 1795: »*Count of Rumford bei mir. Sehr angenehm.*«

Ein Vermögen in Euros, Mark, Talern oder sonst was auf den Tisch des Hauses für eine derartige Erwähnung in den Aufzeichnungen Georg Christoph Lichtenbergs!

Diese Tagebuchnotiz ist die Erhebung Benjamin Thompsons in den Geistesadel. Sie bedeutet wahren Ruhm. Was für ein Spitzentreffen! Georg Christoph Lichtenberg und Graf Rumford »*in saufbrüderlicher und kaffeeschwesterlicher Eintracht*«, um ein Wort des Ersteren zu zitieren. Wenn man da hätte dabei sein dürfen, und sei's nur als Bediensteter und um einige der von Lichtenberg so sehr geliebten *boutillien* herbeizuschaffen!

Die residenzstädtische Oberschicht war mit der Gschaftelhuberei und der Schaffenskraft des überseeischen Protestanten in Diensten des verhassten Fürsten aus der Pfalz heillos überfordert. Der Sinn der Rumford'schen Maßnahmen erschloss sich ihnen so gut wie nie. Armenpolitik? Wäre ja noch schöner – das zieht doch nur weitere Bettler in die Stadt, und wer wird es wohl am Ende bezahlen müssen?! Riesenpark? Brauchen wir nicht, haben wir noch nie gehabt, kostet nur einen Haufen Geld! Die Stadtmauern schleifen? Sind die zwei Auswärtigen jetzt völlig übergeschnappt?! Da kann ja dann jeder völlig unkontrolliert hier herein, das ganze Gesindel, für das dann auch noch Geld ausgegeben werden muss (kommt einem alles irgendwie wahnsinnig bekannt vor …). Außerdem ist doch Krieg gegen die Revolutionsarmeen aus Frankreich! Brauchen wir denn da unsre Stadtmauern nicht als Schutz?!

Nein, werte Münchner. Ihr braucht sie nicht mehr. Sie sind nämlich wegen der modernen Artillerietechniken völlig sinnlos geworden (und bei Licht betrachtet haben sie eigentlich nie recht getaugt – selbst den armen oberbayerischen Bauern gelang kurz vor der Mordweihnacht die Überwindung eines Wehrs). Der einzige militärische Sinn der Stadtmauern könnte darin bestehen, dass sich Napoleon eventuell bei ihrem Anblick totlacht. Dagegen ist ihr Schaden immens. Die Stadtbevölkerung ist stark gewachsen. Also fort mit unnützem Gemäuer und Platz und Plätze geschaffen! Und ein neues Wohnviertel soll im Nordosten der alten Stadt wachsen (das »Schönfeld«, an welches heute noch die Schönfeldstraße erinnert)! So entstand der Stachus. So entstand übrigens auch der Promenadeplatz. Das unnütze Gemäuer, das man hier abriss, war nicht etwa der Stadtwall, sondern es waren die Salzstadel. Der heutige Promenadeplatz war bis in die Ära Karl Theodors das Zentrum des Salzhandels. Die Lagerhallen waren riesig. Sie befanden sich dort, wo heute die Statuen und die Bäume stehen. Im Stadtmodell unsres trefflichen Meisters Sandtner kann man die alten Salzhallen leicht finden.

Man wird sich an die enorme Bedeutung des Salzhandels bei der Gründung Münchens und beim Gedeihen der Stadt in ihren ersten Jahrhunderten erinnern. Am Ende des 18. Jahrhunderts hatte der Wirtschaftszweig diese Bedeutung jedoch eingebüßt. Es gab zwar noch Salzhandel, aber man musste ihn nicht mehr zwingend in der Stadt abwickeln. Man konnte ihn auslagern und tat das auch. Das neue Zentrum des Salzhandels befand sich Nähe der heutigen Arnulfstraße, in etwa beim Augustinergarten. Die Arnulfstraße ist ja Bestandteil der mittelalterlichen Salzstraße nach Augsburg. Die abgerissenen Salzhallen in der Stadt hinterließen eine Leerstelle, die nicht mehr bebaut, sondern bepflanzt wurde. Hier konnten die Städter spazieren gehen. In der damaligen Modesprache Französisch hieß das *(se) promener*. Daher kommt der Name des neu geschaffenen Platzes. Auch er ist ein Erbe Rumfords.

Wo sind übrigens die Steine unsrer Stadtmauern geblieben? Hierzu nur so ein Gedanke: Die Erhebung im Englischen Garten, auf welcher der Monopteros steht, ist auf keinen Fall natürlich, so viel ist klar. Die Entstehung des Hügels fällt mit dem Schleifen der Stadtbefestigung einigermaßen zusammen. Irgendwo musste das Gerümpel ja nun hin. Sollte es sich hier um den chronologisch ersten Schuttberg der Stadt handeln?

Fragen wird man wohl noch dürfen …

Wer wagt es nach all dem Geschilderten noch, Karl Theodor und seinem Regierungschef schlechte Zeugnisse auszustellen? Wäre es nicht an der Zeit, wenn wir es schon beim gewohnten Namen »Englischer Garten« belassen, sich wenigstens des Karlsplatzes im allgemeinen städtischen Sprachgebrauch wieder zu erinnern? Denkmal-mäßig ist Rumford erheblich besser weggekommen als sein Dienstherr, und die Rumfordstraße ist sogar äußerst sinnvoll gewählt. Sie verläuft nämlich am äußeren Rand der Stadtbefestigungen, welche der Mann einst hatte schleifen lassen.

Stolz, frei und ungeniert hatte die letzte Gattin des 1799 verschiedenen Kurfürsten bekannt, dass sich ihre aktuelle Schwangerschaft einem Seitensprung verdankte. Damit hatte Karl Theodor keinen legitimen Nachfolger hinterlassen, so dass die Pfalz-Zweibrücker Linie des Hauses Wittelsbach das pfalzbayerische Erbe relativ unbehelligt übernehmen konnte. Deren Chef war wieder einmal ein Maximilian, bereits der vierte dieses Namens im Range eines Kurfürsten und mit dem Beinamen Joseph. Der Rang eines Kurfürsten wurde jedoch bald obsolet.

15. MÜNCHEN WIRD KÖNIGLICHE RESIDENZSTADT – BAYERNS SCHRITT IN DIE MODERNE

Max Joseph war ebenso wenig wie sein Vorgänger gebürtiger Bayer. Daran hat man sich immer wieder zu erinnern, wenn man sein Staatsportrait sieht oder ihm an »seinem« Platz vor Nationaltheater und Residenz in die Augen blickt. Fleischgewordene Väterlichkeit der gemütlichen Art: Wie er da so lässig vor sich hin thront und einen sorglos anstrahlt, wirkt er durchaus landestypisch. Es handelt sich um eine behäbig-gemütliche, offensichtlich herausgesoffene bayerische Metzgersfotzen; um das Idealbild eines heutigen hiesigen Provinzpolitikers und Mitglieds der Partei; gleichsam um einen vorausgeahnten Franz Josef Strauß (von der Physiognomie her – charakterlich ist da beim ersten bayerischen König eine ordentliche Portion Walter Scheel mit dabei).

Als der Mann, der da am Max-Joseph-Platz auf seinem Königsthron vor sich hinlümmelt, im Mai des Jahres 1756 – der Wonnemonat passt irgendwie zu ihm, es wird ein Sonntag gewesen sein – in der Pfalz geboren wurde, war sein Aufstieg zu einem mitteleuropäischen und vollsouveränen Monarchen in etwa so wahrscheinlich wie eine absolute Mehrheit der bayerischen Sozialdemokraten bei der kommenden (oder irgendeiner) Landtagswahl. Damals regierte in Bayern Maximilian III., und noch stand nicht zu erwarten, dass die altbayerische Wittelsbacherlinie 1777 mit ihm enden würde. Als das schließlich geschah, war die Linie Karl Theodors, also die kurpfälzische, näher am bayerischen Erbe und nahm dieses an. Auch hier war wieder nicht vorherzusehen, dass dieser an sich ja sehr zeugungsfreudige Kurfürst keinen legitimen Nachfolger hinkriegen sollte. Das war aber noch immer nicht das letzte Hindernis auf dem Weg zu Max Josephs Thronbesteigung; er war nämlich gar nicht der Erstgeborene seiner Linie. Das war sein älterer Bruder Karl II. August. Dieser ursprüngliche Zweibrücker Anwärter aufs pfalzbayerische Erbe starb allerdings noch vor Karl Theodor – und zwar ebenfalls ohne einen legitimen Sohn.

Vier Zufälle im Zeitraum zwischen 1777 und 1799 waren also nötig, damit unser Jovialissimus kurz vor der Jahrhundertwende unter dem Jubel der Stadtbevölkerung in München einziehen konnte. Zum städtischen Anekdotenschatz gehört jene eines Braumeisters – mutmaßlich Pschorrs –, der, sich durch die enthusiasmierte Menge schubsend, den ankommenden Kurfürst begrüßte: »*Ja Maxl, dass'd nur grad da bist. Jetzt geht alles wieder gut!*« Diese Vorschusslorbeeren für den Neuen verdankten sich dem unbegründeten Hass der Bevölkerung auf seinen Vorgänger.

Und er hatte sie recht schnell wieder verspielt. Nach den euphorischen Flitterwochen folgte eine Eintrübung des Verhältnisses der Oberländer zu Max Joseph, die einige Monate anhalten sollte. Der frischgebackene Kurfürst brannte nämlich, kaum, dass er die Residenzstadt betreten hatte, schon wieder durch und überließ sie einem ungewissen Schicksal. Es herrschte Krieg im Jahr seines Amtsantritts. Weshalb denn nun schon wieder? Die Französische Revolution hatte den europäischen Potentaten mehr als nur einen gehörigen Schrecken eingejagt. Das *Ancien régime* fürchtete um seine Legitimation und seinen Bestand. Man gründete antifranzösische, oder eigentlich genauer: antirevolutionäre *Koalitionen* und überzog das neue Staatsgebilde mit einer Serie von Kriegen, den sogenannten Koalitionskriegen. Der soundsovielste Koalitionskrieg spielte sich zu Beginn der Herrschaft Max Josephs im Jahr 1799 ab. Die Österreicher bemühten sich in ihm ein weiteres Mal vergeblich um ein roll back der revolutionären französischen Ideen. Kriegsschauplatz war diesmal das bayerische Oberland – daher die Flucht des Münchner Hofes nach Franken (das damals noch nicht zum bayerischen Herrschaftsgebiet gehörte).

Kasten zur Entdeckung
Der erste bayerische König als Dynast

Erinnern Sie sich an das berühmte Gemälde Édouard Manets, das »Der Tod Kaiser Maximilians« heißt? Es zeigt die Erschießung des mexikanischen Kaisers im Jahr 1867 und variiert ein Thema des großen spanischen Malers Francisco de Goya … Nein? Aber der österreichische Kaiser Franz Joseph ist Ihnen sicher geläufig? Jener »alte Herr in Schönbrunn«, dem in den 68 langen Jahren seiner Regierung laut eigener Aussage »nichts erspart« geblieben ist – böse österreichische Zungen variierten das in »Du bliebst uns nicht erspart« ... Und seine Frau, die kennt doch nun wirklich jedes Kind! Die berühmte Sisi, die in Münchens Ludwigsstraße geboren wurde und genau wie ihr Sohn und der erwähnte Kaiser von Mexiko eines gewaltsamen Todes starb ...

Was diese drei unter anderem verbindet? Sie haben denselben Großvater. Auch daran kann man denken, wenn man vor der Oper am Denkmal des ersten bayerischen Königs steht: Seine Nachkommenschaft regierte in der halben Welt. Das gilt insbesondere für die zweite Generation der Enkel und Enkelinnen. Die regierenden Kinder Max Josephs sind noch einigermaßen überschaubar: Es gibt »nur« einen einzigen König, nämlich Ludwig I., den zweiten bayerischen König. Regierende Töchter hatte er allerdings reihenweise: Elisabeth Ludovika war Königin in Preußen, Amalie und Maria Anna wurden Königinnen in Sachsen. Auch die österreichische Kaiserin Karoline Auguste war eine Tochter Max Josephs, gleiches gilt von der italienischen Vizekönigin Auguste.

In der zweiten Generation kann man dann schon mal den Überblick verlieren. Der Satz »Mein Opa war Max Joseph, der erste König von Bayern« hätte von enorm vielen gekrönten Häuptern gesprochen werden können, und das gilt tatsächlich weltweit. Er trifft auf den unglücklichen Kaiser Maximilian von Mexiko ebenso zu wie auf eine weitere Amalie genannte Dame, die wiederum Kaiserin in Brasilien gewesen ist. Sisi konnte das sagen, ihr kaiserlicher Gatte Franz Joseph allerdings auch. Eine Königin beider Sizilien, Marie mit Namen, hätte genau wie zwei Könige von Sachsen oder König Otto von Griechenland den obigen Satz mit einem trockenen »Meiner auch!« quittieren können. Sie waren mehr-weniger alle Cousins und Cousinen, ausgehend vom gemeinsamen Opa Max Joseph.

Zurück nach Bayern: Selbst Prinzregent Luitpold, der zwischen 1886 und 1912 den regierungsunfähigen König Otto vertrat, war ein Enkel des ersten bayerischen Monarchen. Er war wirklich so eine Art Zuchtbulle des Adels im 19. Jahrhundert, der Herr Max Joseph, dem noch in unsren Tagen gehuldigt wird. Beim »Watten«, jenem weit über den Schafkopf hinaus bayerischsten aller Kartenspiele, ist der Herz-König der wichtigste Trumpf und wird nach Max Joseph der »Maxl« genannt. Die einzige oberländische Brauerei, die dem Augustiner einigermaßen das Bier reichen kann, nämlich die Herzogliche Tegernseer, etablierte im Jahr 2006 anlässlich des zweihundertjährigen Jubiläums des König-

MÜNCHEN WIRD KÖNIGLICHE RESIDENZSTADT

(Abb. 23) Gemütlicher Dynastiegründer: König Max I.

reichs Bayern eine starke helle Biersorte namens »Max I. Joseph«. Das Gebräu sei Ihnen hiermit wärmstens empfohlen, aber trinken sollten Sie es selbstverständlich kalt.

Der bayerischen Geschichtsschreibung gilt das Jahr 1799 als epochemachend, weil damals Max Joseph seine Regierung antrat. Der Rest der Welt erinnert sich eher an einen anderen, sogar sehr anderen Mann, dessen Karriere in diesem Jahr voll durchstartete. »*Am Anfang war Napoleon.*« Mit diesem Satz-Kracher eröffnete Thomas Nipperdey sein dreibändiges Lebenswerk zur deutschen Geschichte im 19. Jahrhundert. Er meinte damit, dass die Veränderungen, die Napoleons Kriege – man wird sie schon so nennen dürfen – bewirkten, aber auch die neuen Ideen, die sich durch die Eroberungen des Korsen und seiner Armeen in ganz Europa verbreiteten, speziell in Deutschland und ganz speziell in Bayern praktisch keinen Stein auf dem anderen ließen. Nach Napoleon – also im Jahr 1815 – war nichts mehr so wie vorher; weder im Inneren der einzelnen Staaten noch im europäischen Machtgefüge. Unzählige deutsche Herrschaftsgebiete waren völlig verschwunden. Alle noch bestehenden waren bis zur Unkenntlichkeit verändert, sowohl was ihre innere als auch was ihre äußere Erscheinung betraf. Das Reich selber gab es nicht mehr; man hatte es nach eintausend Jahren geräuschlos zu den Akten gelegt. Und was für das zentraleuropäische Staatenwesen allgemein gilt, trifft auf Bayern ganz besonders zu. Das beginnt schon beim Namen: Aus dem Kurfürstentum Pfalzbayern war das Königreich Bayern geworden; und aus dem spätabsolutistischen Privatspielzeug der Familie Wittelsbach eine konstitutionelle Beamtenmonarchie. All das wäre ohne Napoleon nicht in dieser Art oder vielleicht überhaupt nicht geschehen. Dieser hatte also im Jahr 1799 die alleinige Macht im postrevolutionären Frankreich an sich gerissen. Zunächst nannte er sich »Erster Konsul«. Das wurde ihm bald schon fad – ab 1804 machte er es nicht mehr unter dem Titel eines Kaisers. Er hatte sich selbst gekrönt. Eine totale Abkehr von den Ideen der Revolution bedeutete das nicht unbedingt – aber das Thema des Verhältnisses, das der Korse zur Französischen Revolution hatte, führt uns nun schon gar zu weit. Beschränken wir uns auf sein Verhältnis zu Bayern, da gibt es genug zu berichten, und schneiden wir einleitend den Satz des trefflichen Nipperdey auf die bayerischen Verhältnisse zu: »*Am Anfang des modernen Bayern waren Napoleon, Max Joseph und vor allem der Graf Montgelas.*«

Graf Montgelas war der Mann, der in den grundstürzenden Jahren zwischen dem Regierungsantritt Max Josephs (1799) und dem Wiener Kongress (1815) alle Fäden in Bayern in der Hand hielt. Das galt sowohl für die Außen- als auch für die Innen- und Rechtspolitik. Eine Zeit lang war er sogar für die Finanzen zuständig. Seine Gattin, nebenbei bemerkt eines der größten Lästermäuler in der Geschichte unsrer Stadt, kommentierte diese Ämterakkumulation mit folgenden Worten: »*Als Außenminister könnte man keinen besseren haben, als Innenminister ist er passable, als Finanzminister verdiente er, gehenkt zu werden.*« Wer eine solche Gattin hat, braucht eigentlich keine Feinde mehr. Dennoch hatte Montgelas derer stets mehr als genug. Sie beargwöhnten seine frankreichfreundliche Politik, verurteilten die Säkularisation und verdächtigten ihn des Illuminatentums. Das war damals ein verbaler Totschläger, vergleichbar dem Radikalen- oder Marxismus-Verdacht in der Nachkriegs-Bundesrepublik. Die Feinde Montgelas' gruppierten sich um Ludwig, den Thronfolger. Dieser verabscheute mit seiner ganzen jugendlichen Heftigkeit den Grafen und übrigens auch Napoleon und alles, was mit Frankreich und der Revolution zusammenhing. Damit aber wegen des gräflichen Namens kein Missverständnis entsteht: Montgelas war nicht etwa Franzose, sondern – im Gegensatz zum gebürtigen Straßburger Ludwig und zu dessen Vater – echter Münchner.

Kasten zur Entdeckung
Das Montgelas-Denkmal am Promenadeplatz

Die Süddeutsche Zeitung warnte einst, es mag schon einige Jahre her sein, in etwa sinngemäß vor der »Vermüllung Münchens durch blödsinnige Skulpturen und Denkmäler«. Im Artikel wurde das Montgelas-Denkmal am Promenadeplatz beispielhaft erwähnt. Die Mahnung mag an sich durchaus ihre Berechtigung haben, als Beispiel jedoch hätten der vornübergebeugte Mann in der Gabelsbergerstraße und sein nicht näher zu beschreibender Skulptur-Nachbar, beide vor den neuen Räumen der Ägyptischen Staatssammlung, wohl besser gedient (der Vornübergebeugte könnte mit Fug und Recht als »Kotzende Wiesnleiche« betitelt werden – am Ende ist er wirklich so gemeint …). Das Montgelas-Denkmal, 2005 von Karin Sander am Promenadeplatz errichtet, mag zwar nicht jedermanns Geschmack treffen, es hat aber objektiv gesehen einiges für sich: Zunächst einmal hat der Mann ein auffallendes Denkmal mehr als verdient. Abgesehen von seinen Großtaten wie Institutionalisierung des Beamtenwesens, geniale Bündnispolitik, Schaffung des Königreiches etc. pp. auch wegen solcher Detail-Meriten wie dem Verbot der Anwendung der Folter bei der Wahrheitsfindung im Rahmen kriminalistischer Untersuchungen. Dann, zweitens, hätte die Ortswahl nicht besser sein können: Der Promenadeplatz ist als Denkmalsort konzipiert. Neben Orlando di Lasso und dem Blauen Kurfürsten steht am stadtauswärtigen Ende des Areals Lorenz von Westenrieder, ein Zeitgenosse Montgelas' und wie jener zeitweiser Illuminat. Dazu kommt, dass der Amtssitz des Regierungschefs sich unmittelbar gegenüber dem Werk Karin Sanders befindet. Das ist das Montgelas-Palais, das heute zum Hotel Bayerischer Hof gehört, und Anfang des 19. Jahrhunderts eigens für den Grafen errichtet wurde; es diente noch in den Tagen der Weimarer Republik als Amtssitz des Ministerpräsidenten.

Einige Gedanken K. Sanders waren durchaus originell. So steht der Graf bewusst nicht auf einem Sockel, wie sich das für ein derartiges

(Abb. 24) Reformgigant Montgelas am Promenadeplatz

Denkmal ja eigentlich gehörte. Er befindet sich stattdessen auf derselben Ebene wie der betrachtende Staatsbürger, zu dem Montgelas den bisherigen Untertanen machen wollte. Seine Reformen sorgten einst für Gleichheit vor dem Gesetz und den Abbau von Standesprivilegien. Sie wiesen ins Demokratische. Daran soll mit der Ebenerdigkeit erinnert werden.

Die Riffelung der Figur weckt Assoziationen an das heutige Profiling. Die Künstlerin schuf das Denkmal unter Verwendung aller verfügbaren Portraits des Staatsministers und addierte das typische Aussehen eines süddeutschen Oberschichtlers zu Beginn des 19. Jahrhunderts. Könnte es übrigens sein, dass der moderne Staat, an dessen Anfang Graf Montgelas in Bayern stand, gar zu viel über seine Einwohner wissen möchte – ebenso wie jene zahllosen Konzerne, für die wir nicht Staatsbürger, sondern potentielle Kunden sind, über welche es möglichst viele Informationen zu sammeln gilt?

Bei Stadtführern heißt die Figur unter Bezugnahme auf Montgelas' Vornamen »Alumax«. Aluminium als Material sorgt für ein Strahlen der Figur, wenigstens im Sonnenlicht. Montgelas ist also illuminiert. Das bezieht sich auf die Jugend des Grafen, die ganz unter dem Zeichen des Illuminatenordens stand. Später hat sich das etwas relativiert. In seiner Amtszeit war Montgelas mit Sicherheit weder Mitglied noch großer Sympathisant des Ordens, der ja sowieso in den allerletzten Zügen lag. »Ich habe meine Meinung über Geheimbünde geändert … ich betrachte dieselben als überflüssig.« Dies schrieb er schon 1793 in einem Brief. Das Wörtchen »überflüssig« lässt dabei aufhorchen. Es bedeutet ja weder »gefährlich« noch »der guten Sache abträglich« oder etwas in dieser Art. Man könnte es folgendermaßen interpretieren: »Die Ziele der Geheimbünde wären ja gar nicht so ohne (es ist natürlich immer der Illuminatenorden gemeint). Aber ihr Gewese ist dumm und die angepeilte Art der Umsetzung ist falsch.«

Der Illuminatenorden ist oben als Schwätzer-Club abgetan worden, eine Beurteilung, die wir bei der Betrachtung der Ära Montgelas' doch etwas relativieren und in anderes Licht rücken müssen. Für den Ordensgründer Adam Weishaupt bleibt es zwar dabei – das war ein wichtigtuerischer Dampfplauderer, der die Radikalität seiner einstigen Ordensregeln sicher selbst nicht eine Sekunde geglaubt hatte. Die restriktiven Maßnahmen Pfalzbayerns hatten ihn mittlerweile zur Flucht nach Gotha veranlasst; ein Exil immerhin, wenn auch nicht die Rede von Gefängnis, harter Strafe, Sippenhaft oder ähnlichem die Rede sein kann. Sein Sohn stand in Diensten der bayerischen Armee. Er selbst war in Kontakt mit der Administration Montgelas'; um 1811 herum wurde sogar seine Aufnahme in den Staatsdienst kurz erwogen. Dazu kam es nicht, und nun verlegte sich der einstige Illuminatengründer mehr und mehr aufs Betteln: »Ich will und verlange nichts von [Montgelas], als dass er mich nicht verhungern lasse«, ließ er ausrichten, und wurde von der bayerischen Regierung tatsächlich alimentiert (aus einem Brief Weishaupts an Montgelas' Entourage, 7. 12. 1813; Abg. in: L. Hammermayer: Illuminaten in Bayern. Zu Geschichte, Fortwirken und Legende des Geheimbundes; dort FN 204, S. 172). Weshalb nun aber dieser neuerliche Exkurs über die Illuminaten? Weil eben beim Umbau des bayerischen Staates in der Zeit Montgelas' und Max Josephs zahlreiche Ex-Illuminaten maßgeblich beteiligt waren. Das republikanische, revolutionäre und atheistische Gepräge hatten sie abgelegt. Geblieben waren reformerischer Optimismus, der Glaube an die erzieherische Macht des modernisierten Staates, zentralistische Auffassungen sowie blinder Hass auf Mönchtum, Volksglaube und jegliche Art der geistlichen Machtausübung. Die Geschichte der Illuminaten liest sich eins zu eins wie jene der 1968er- Bewegung bis zur Regierung Schröder/Fischer. Es war ein gelungener Marsch durch die Institutionen. Dieser Weg war übrigens bei der Ordensgründung 1776 angepeilt worden – insofern kann man tatsächlich von einem Erfolg der Illuminaten sprechen; außerordentliche Karrieren inbegriffen. Montgelas, der Ex-Illuminat, der den Orden später selbst verbieten ließ und gleichzeitig zahlreiche ehemalige Mitglieder in einflussreiche Positionen hievte, war insofern der Joschka Fischer des 19. Jahrhunderts.

KAPITEL 15

Der Historiker E. Weis nannte den Grafen Montgelas den »*Architekten des modernen bayerischen Staates*«, eine Beurteilung, der sich die meisten seiner Kollegen anschlossen. M. Doeberl setzte noch einen drauf und sprach vom »*fähigsten Staatsmann*« der bayerischen Geschichte. (Es ist nicht überliefert, ob und, falls ja, wie Franz Josef Strauß diese Äußerung kommentierte.) Die Abmachung, die zwischen Max Joseph und seinem Chefstrategen Montgelas bestand, könnte kurz so beschrieben werden: Der Fürst machte den Grußonkel, fürs politische Tagesgeschäft war der Graf zuständig. Noch kürzer gesagt: »*good cop – bad cop.*« Dabei war Max Joseph gar nicht unbedingt der Mann, der sich von seinem Staatsminister widerstandslos in den Hintergrund drängen ließ. Es verhielt sich vielmehr so, dass Montgelas den Fürsten subtil zu manipulieren wusste. Er war in diesem Sinne wirklich der erste bayerische Politiker par excellence. Er bespielte seinen Kurfürsten und späteren König wie Vladimir Horowitz sein Klavier. K. H. Ritter von Lang, der in der Ära Montgelas' im gehobenen bayerischen Staatsdienst war, erzählt in seinen Memoiren folgende Anekdote, die das Verhältnis der beiden hervorragend illustriert: Montgelas war demnach stets darauf bedacht, seine eigenen Kandidaten in wichtige Staatsämter zu bringen. Deren Besetzung betrachtete Max Joseph jedoch als sein ureigenes Privileg. Er pflegte daher die Personalvorschläge seines Staatsministers abzulehnen. Montgelas antizipierte das. Lang wörtlich: »*Der Minister schlug [...] jemanden vor, von dem er wusste, dass er dem König über alles zuwider war. Indem nun der König sich mit allen Verwünschungen [...] dagegen erklärte, rückte der Minister mit einem neuen, nicht minder missfälligen Bewerber hervor, und endlich, nachdem auch dieser verworfen war, und gleichsam nach langem Besinnen mit seinem eigenen Candidaten, an dem er aber selbst tausend Einwürfe [...] machte. Dann rief der König [...] gewöhnlich aus: Nein! Nein! Den will ich gerade haben.*« (Lang, Memoiren, zweiter Band – hier zitiert nach Junkelmann, Montgelas, S. 47). An der abendlichen Tafel, so Lang, hat sich der König dann tüchtig gebrüstet: Sein Staatsminister, dieser Tölpel, habe ihm da heute zwei saubere Personalvorschläge unterbreitet, aber er, Max Joseph, habe ihm den Kopf zurechtgerückt und einen dritten durchgesetzt, worauf sich der Herr Minister getrollt habe. Derartige Angebereien sollten wohl coram publico beweisen, dass der Fürst nicht unter der Kuratel seines Grafen stand. Was er aber eben meistens doch tat.

So geht Politik. Einem Rumford wäre solches Vorgehen gegenüber seinem Karl Theodor vermutlich zu blöde gewesen. Montgelas war eine moderne, mit allen politischen Wassern gewaschene Machtqualle. Es gibt übrigens eine ganz auffällige historische Parallele zum Verhältnis zwischen Montgelas und Max Joseph. Es ist angespielt auf die Beziehung zwischen Bismarck und Wilhelm I. Letzterer verdankte seinem Staatsmann, genau wie Max Joseph, eine bedeutende Rangerhöhung – zum Kaiser des neuen Reiches. Auch Wilhelm hat oft versucht, sich den Vorschlägen Bismarcks zu widersetzen. Er soll sogar geflennt haben, wenn jener mit gar zu Ungewohntem vor ihn trat und mit ihm zu streiten begann. Gefügt hat er sich doch; nochmals: genau wie Max Joseph. Der erste Kaiser des zweiten deutschen Reiches war allerdings dankbarer als der erste bayerische König. Wilhelm hat bis zu seinem Tod an Bismarck festgehalten. König Max I. Joseph hat Montgelas im Jahr 1817 schmählich und wörtlich vom Hof gejagt. Ob es die Rache für die halt doch irgendwie gefühlte jahrelange Subordination gewesen ist?

Wer die ersten 16 Jahre der Regierung Max Joseph / Montgelas in chronologischer Reihenfolge erzählen wollte, dürfte schnell ins Schleudern geraten und seine Leserschaft verwirrt zurücklassen. Es ging einfach zu sehr drunter und drüber, reichspolitisch, außen- und innenpolitisch. Wie wollen die wichtigsten Themenkomplexe gesondert und ohne allzu viel Rücksicht auf die Chronologie besprechen; es sind folgende:

- Die territoriale Neuordnung zu Beginn des Jahrhunderts
- Das Bündnis mit Napoleon, die Königskrone und die innere Neuordnung Bayerns
- Die Säkularisation und ihre Folgen für die Residenzstadt
- Der Russlandfeldzug und der Bündniswechsel

15.1. DIE TERRITORIALE NEUORDNUNG ZU BEGINN DES JAHRHUNDERTS

Womit beginnen? ... Ach ja richtig: *Am Anfang war Napoleon.* Der erste Konsul hatte sich so um 1803 herum bereits eine mitteleuropäische Hegemonialstellung erprügelt. Die linksrheinischen Gebiete, welche ehemals von den verschiedenen deutschen Kleinstaaten verwaltet wurden, gehörten ihm mittlerweile. Auf die rechtsrheinischen schielte er hungrig. Gleichzeitig war ihm nicht unbedingt daran gelegen, sämtliche deutsche Staaten zu Feinden zu haben. Für Bayern galt sogar eher das Gegenteil. Er betrachtete das Kurfürstentum als nützliches Gegengewicht und Puffer zu Österreich, mit welchem er in Dauerfehde lag. Eine Schwächung Bayerns lag nicht in seinem Sinn. Wie bringt man das nun unter einen Hut: einerseits einigen deutschen Staaten, und eben auch Bayern, ihre rheinischen Gebiete wegzunehmen und sie im selben Atemzug andererseits einigermaßen bei der Stange zu halten?

Die Lösung bot jenes fragile Reichsgebilde, dem ein Wahlkaiser vorstand und dessen Verfasstheit eigentlich nichts mehr wert war. Scherte sich noch irgendjemand außer den allerkleinsten Reichsgliedern um des Kaisers Wort? Hatte nicht Friedrich der Große schon vor Jahrzehnten ungeniert Krieg gegen Kaiser(in) und Reich geführt, obwohl sein Brandenburg Reichsglied und er selbst Kurfürst dieses Reiches war? Hatten nicht die Bayern schon seit den Tagen Max Emanuels immer wieder von einem Königreich geträumt, was ihr Ausscheiden aus dem Reichsverband impliziert hätte? Die allerkleinsten Gebilde, wie erwähnt, gaben noch etwas auf den Kaiser, den sie als ihren Schutzherren betrachteten. Aber es war genau diese Schirmherrschaft, die von der kaiserlichen Administration nicht mehr geleistet werden konnte. Und hier lag der Schlüssel zur Lösung für Napoleons Problem. Er wies die von ihm territorial geschädigten deutschen Mittelstaaten darauf hin, dass es doch Landflecken und Länder genug gebe, an denen sie sich schadlos halten konnten. Der französische Landraub könnte damit sogar deutlich überkompensiert werden! Alle wären zufrieden – außer natürlich die aufzulösenden Zwergstaaten.

Verdeutlichen wir dieses Vorgehen am Beispiel Oberbayern: Vom Zentrum der Residenzstadt München aus war in einem bequemen Tagesmarsch die erste Landesgrenze zu erreichen. Immer die Isar abwärts, bis man ins Freisinger Gebiet kam; in der Frühe am Marienplatz aufgebrochen, konnte man die

Abendsonne auf außerbayerischem Gebiet genießen – zu Fuß, wohlgemerkt. Man befand sich dann nämlich im Gebiet des regierenden Fürstbischofs von Freising. Die herzoglich bayerische Administration hatte hier nichts zu melden. Und derlei Aufsplitterungen des bayerischen Territoriums gab es zuhauf. Hier eine Freie Reichsstadt, dort ein geistliches Fürstentum und gleich nebenan das Ländchen irgendeines Popelfreiherren, dessen Ahnen im Mittelalter die umliegenden Bauern drangsaliert hatten und der nun ein quasi-souveränes und von Kaiser und Reichrecht geschütztes Regiment ausübte.

Den anderen deutschen Mittelpotentaten ging es genauso. Aus dem Blickwinkel des modernen zentralistischen Staates war das ein Anachronismus.

Nochmals zur Verdeutlichung: Weder Bayern noch die anderen deutschen Staaten waren damals Flächenstaaten. Und genau in diesem Begriff lag die Lösung des Problems. Bayern, von Napoleon um seine rheinpfälzischen Gebiete erleichtert, konnte durch die Schaffung eines Flächenstaates den Verlust an Untertanen locker überkompensieren.

Die Idee war französisch sowohl, was ihren zentralistischen Charakter als auch was ihren Träger betrifft. Jetzt sollte wenigstens das Schlagwort, unter welchem man die angepeilte Flurbereinigung durchführte, so deutsch sein, dass es deutscher nimmer geht. Die Auflösung der deutschen Ministaaten zugunsten der Mittelstaaten wie Bayern oder Württemberg erfolgte im Jahr 1803 und unter dem Motto – man bittet um das Anlegen der Sicherheitsgurte und das Aufsetzen der Lesebrillen – »Reichsdeputationshauptschluss«.

»Reichsdeputationshauptschluss«. So und nicht anders.

Ob nicht »Kaiserreichsannullierungsdeputationshauptabschlussaktenvermerk« noch um einen Hauch brillanter gewesen wäre? Aber man soll nicht zu viel verlangen. »Reichsdeputationshauptschluss« ist schon sehr, sehr schön.

Was man da mit dem Dummdeutsch des 19. Jahrhunderts verdeckte, war schlichter Raub. Unzählige Kleinstherrschaften wurden mediatisiert (auch eine sehr hübsche Bezeichnung übrigens!), das heißt, man löste sie auf und schlug sie den deutschen Mittelstaaten zu. In Regensburg, wo seit dem 17. Jahrhundert der Reichstag beheimatet war, fand diese letzte Feilscherei des Reiches statt. Die kaiserliche Administration ließ die Kleinstaaten ohnmächtig im Stich. Bayern vergrößerte sein Staatsgebiet auf diese Weise enorm, auch dann noch, wenn man die an Napoleon verlorenen Gebiete subtrahierte.

Die Bildung des Flächenstaates war damit in vollem Gange, und es fehlte nur mehr die Säkularisation, um sie zu vervollständigen; aber auch die war bereits in Planung und wurde zeitlich nur leicht versetzt durchgeführt.

15.2. DAS BÜNDNIS MIT NAPOLEON, DIE KÖNIGSKRONE UND DIE INNERE NEUORDNUNG BAYERNS

Beim Reichsdeputationshauptschluss des Jahres 1803 hatte Bayern schon recht eng mit Napoleon zusammengearbeitet. Ein offizielles Bündnis gab es allerdings noch nicht. Da ausnahmsweise gerade kein »Koalitionskrieg« anstand, war das auch nicht nötig. Aber der nächste Krieg zwischen dem postrevolutionären Frankreich und den anderen europäischen Großmächten war eigentlich nur eine Frage der Zeit.

Das Jahr 1803 hatte gezeigt, was das Reich und die Kaiserkrone noch wert waren: nichts. Einige Monate nach dem Reichsdeputationshauptschluss zog der letzte Kaiser, Franz II., eine erste Konsequenz: Er legte sich einen österreichischen, also von der Reichsfrage unabhängigen Kaisertitel zu. Aus dem Erzherzogtum wurde ein Erbkaiserreich. Aus dem deutschen Kaiser Franz II. wurde der österreichische Kaiser Franz I. Um der Genauigkeit willen sei aber angemerkt, dass diese Maßnahme vorbeugender Natur war und noch nicht das offizielle Ende des Reiches bedeutete. Bis zu diesem, eingetreten am 6. August 1806, war Franz II./I. sozusagen Doppelkaiser zweier Reiche.

Im Jahr 1805 steuerten Österreich und Frankreich auf einen weiteren, den dritten Koalitionskrieg zu. Keiner der beiden Kombattanten duldete eine bayerische Neutralität. Der Münchner Hof war tief gespalten in eine pro-österreichische und eine profranzösische Friktion. Das verdichtete sich im Kurfürsten, der nicht so und nicht so sagte, auf dass nur jaaa niemand hätte sagen können, er habe so oder so gesagt. Montgelas war von einem dauerhaften Triumph Napoleons zwar nicht überzeugt, dafür aber umso mehr von einem französischen Sieg beim aktuell anstehenden Waffengang. Er neigte also zur Teilnahme am Krieg gegen Österreich. Noch während Wiener Diplomaten den Kurfürsten Max Joseph sekkierten, er möge sich Österreich anschließen, erarbeitete der Außenminister mit deren französischen Konkurrenten in seiner Privatvilla in Bogenhausen einen Militärvertrag. Dem Kurfürsten wurde angesichts der Pressionen beider Seiten der Münchner Boden zu heiß. Er begab sich nach Würzburg, wo er den Bogenhausener Vertrag erst lange nach seiner Formulierung unterschrieb. Sein wochenlanges Zögern und Lavieren war diesmal ein ausgesprochener Glücksfall: Die Österreicher überrissen nämlich nicht, dass Montgelas im Begriffe war, den Kurstaat ins Bündnis mit Frankreich zu führen und ließen die bayerische Armee, im Glauben, es sei eine verbündete Streitmacht, völlig unbehelligt. Diese setzte sich ungeschoren nach Franken ab und konnte so bei den Rahmengefechten zur Austerlitz-Schlacht vom 2. Dezember erfolgreich eingesetzt werden.

Die Machtqualle Montgelas hatte wie stets den richtigen Riecher gehabt. Die Schlacht von Austerlitz, geschlagen zwischen den drei Kaisern Österreichs, Russlands und Frankreichs und daher auch »Dreikaiserschlacht« genannt, endete mit einem Sieg Napoleons, dieses *pseudogroßen Mannes*, wie ihn eine Dostojewski-Figur einmal sehr hübsch nennt (Brüder Karamasoff, 4. Teil, 10. B., cap. 6, Ed. München 1985; S. 899). Nachdem er in Feldherrenart eine Adresse an seine Soldaten geschickt hatte, deren Brutalität und Gönnerhaftigkeit brechreizerregend ist – *Soldats, je suis content de vous* –, diktierte er einen Frieden, den Franz II./I. zu unterzeichnen hatte.

Dieser »Friede von Pressburg« beinhaltete zwei Pralinen für Max Joseph: zum einen wurde das Land Tirol aus dem österreichischen Staatsverband gelöst und Bayern zugeschlagen. Das Tiroler Territorium endete damals übrigens etwas südlich des Örtchens Riva del Garda. Man sieht schon: Der Gardasee ist nicht erst in unsren Tagen zu einem der Münchner Schwimmbäder geworden. Sein Nordufer gehörte ab Dezember 1805 ganz offiziell zu Bayern. Allerdings zugegebenermaßen nicht sehr lange. Die Bayern haben sich bei der Verwaltung Tirols derart dämlich angestellt, dass sie in kurzer Zeit die gesamte Bevölkerung zwischen Innsbruck und Trient gegen sich aufgebracht hatten. Ein Volksaufstand folgte dem anderen, der Gipfel war die Erschießung des Rebellenführers Andreas Hofer. Dieses Ereignis hat im Tiroler Geschichtsbewusstsein in etwa jenen Stellenwert, den hierzulande die Sendlinger Mordweihnacht beansprucht.

Mit dem Napoleonischen System endete dann auch die kurze Episode der bayerischen Herrschaft über Tirol; und den nördlichen Zipfel des Gardasees; und das Dolomitengebiet rund um den Sellastock. Man stelle sich vor: Mitte März brichst du von der bayerischen Landeshauptstadt auf, um ein paar Tage in der Gegend von Wolkenstein skizulaufen; Irgendwann wird es dort gar zu warm und der Schnee zu matschig, so dass du dich entschließt, den Urlaub mit ein paar ausgedehnten Stunden unter den Palmen des Gardasee-Nordufers ausklingen zu lassen; und wenn du wieder daheim bist, wirst du Bayern auch nicht für eine Sekunde verlassen haben – der Verlust ist ein Jammer.

Das zweite Zuckerl war die Königskrone für Max Joseph. Aus dem Kurfürsten Maximilian IV. Joseph wurde am 1. Januar 1806 König Maximilian I. Joseph. Erst mit diesem Datum erreichte Bayern auch de jure die völlige Souveränität. Zumindest für den Moment garantierte das Symbol der Krone deren Bestand. Es galt aber weiterhin, sie vor Bedrohungen zu retten. Momentan ging die Gefahr vom französischen Verbündeten aus. Der schuf im gleichen Jahr den Rheinbund und hatte ursprünglich geplant, dieser Staatenallianz eine Verfassung und eine Art obere Leitung zu geben. Wären derartige Pläne verwirklicht worden, dann hätte der Rheinbund eine stärkere Gängelung der bayerischen Souveränität bedeutet, als es das Reich in seiner langen Agonie tatsächlich dargestellt hatte.

Montgelas wusste das zu verhindern. Bayern trat dem Rheinbund zwar bei, versagte sich jedoch allen Projekten zu seiner Institutionalisierung. Er bekam keine eigene Verfassung, keine weisungsgebende Instanz und war ein reines Militärbündnis zwischen deutschen Staaten und der französischen Supermacht.

Später ging die Gefahr dann vom aufkommenden deutschen Nationalismus aus. Es ist letztlich nicht gelungen, den Bestand der bayerischen Souveränität vor dieser Bedrohung zu retten. Ab 1871 entsprach der Symbolwert der bayerischen der Form einer jeden Krone auf der Welt: Innen war sie hohl. Aber das ist ein anderes Kapitel ...

Kasten zur Entdeckung

Die Königskrone in der Schatzkammer

Heute ist die bayerische Königskrone in der Schatzkammer der Neuen Residenz zu besichtigen. Sie ist in Paris angefertigt worden. Auch das hatte Symbolcharakter, denn nur durch das Bündnis mit Napoleon kam es zum Königreich Bayern. Ihr einstmals wichtigstes Element ist allerdings perdu: der Blaue Wittelsbacher. Das ist neben dem Hope- Diamant der berühmteste Edelstein der Welt. Ursprünglich wahrscheinlich indischer Provenienz, kam er in der Barockzeit zunächst an die spanischen Habsburger. Margarita Teresia, jene Infantin, die so oft von Velazquez gemalt worden ist, hat ihn nach Wien gebracht, als sie dorthin verheiratet wurde. Nach München gelangte der Blaue Wittelsbacher über die Habsburgerin Maria Amalia, als diese 1722 den späteren Kaiser Karl VII. ehelichte. Fortan wurde er zu einem Symbol der wittelsbachi-

(Abb. 25) Die bayerische Königskrone

schen Herrschaftsansprüche, und es war nur folgerichtig, dass Maximilian I. Joseph auf der Einarbeitung des Steins in seine Krone bestand. Die Odyssee des Blauen Wittelsbachers war damit aber nicht beendet. Der blaue Stein, den Sie heute in der Schatzkammer an der Frontseite der (ansonsten originalen) Krone sehen können, ist eine Kopie. In der Wirtschaftskrise der Zwischenkriegszeit waren die inzwischen entmachteten Wittelsbacher derart klamm geworden, dass sie sich vom Freistaat die Erlaubnis erbaten, den Stein verkaufen zu dürfen. Diese wurde erteilt, und nun verlor sich die Spur des Steins eine Weile. Er macht sich seither den Spaß, immer mal wieder aufzutauchen, um dann wieder an einen anonymen Besitzer zu gehen. In den 60er- Jahren war das beispielsweise der Kaufhausbetreiber Helmut Horten. Derzeit vermutet man den Stein im Besitz eines Scheichs – genau weiß man's nicht. Seinen letzten öffentlichen Auftritt hatte der Blaue Wittelsbacher bei einer Ausstellung in Washington D. C. zu Beginn unsres Jahrzehnts.

Krönungen gab es in Bayern übrigens nie. Die Krone wurde nicht getragen, sondern nur bei bestimmten Anlässen öffentlich hergezeigt.

KAPITEL 15

Im neuen Königreich setzte Montgelas das Großreinemachen fort. Es entstanden Ministerien, klare Verantwortungen und Kompetenzen, und aus alldem ging eine kgl. Beamtenschaft hervor. Der Absolutismus war vorbei. Zwischen wittelsbachischem Hausbesitz und Staatsbesitz wurde feinsäuberlich getrennt. Der König war sozusagen der oberste Staatsbeamte. 1808 wurde er erstmals in eine Verfassung eingebunden. Eigentlich war Montgelas nicht unbedingt ein konstitutionell denkender Politiker. Napoleon drängte jedoch auf eine Rheinbundverfassung, und die war, wir sagten es, der bayerischen Souveränität eine Bedrohung. Mit dem Erlass der ersten bayerischen Verfassung kam Montgelas diesem Ansinnen seitens der Franzosen zuvor. Zehn Jahre später hat man die Verfassung überarbeitet, und in dieser Form hatte sie dann genau hundert Jahre Bestand.

Um diesen Schritt einordnen zu können, sei auf das doch ach so fortschrittliche Preußen verwiesen. Konstitutionell gesehen hockten die noch auf den Bäumen und warfen mit Kokosnüssen. Erst etwa vierzig Jahre später sollte es zu einer preußischen Verfassung kommen.

Unendlich viele Merkmale des modernen Staates wurden in der Ära Montgelas' eingeleitet: weitgehende Rechtsgleichheit; eine unabhängige Justiz; eine gleichmäßige zentralistisch festgesetzte Steuergesetzgebung; damit einhergehend die Möglichkeit exakter Budgetierung; und so weiter und so fort.

Auch München bekam den Zentralstaat zu spüren. Städtische Sonderrechte wurden kassiert. Dabei ist man nicht immer segensreich vorgegangen, eine kommunale Selbstverwaltung wurde nach der Zeit des Superministers teilweise wieder eingeführt. Die Münchner wurden zu ihrem Schrecken dazu verdonnert, Juden und Protestanten das Bürgerrecht zu gewähren! Ein bisschen Lokalkolorit bewahrten sie sich dann aber doch: Der erste Protestant, dem sie das Bürgerrecht gaben, war wenigstens ein Wirt. In den ersten Jahren der Regierung Max Joseph/Montgelas wurde in der Residenzstadt ein Munizipalrat mit vorsitzendem Polizeidirektor installiert. Beide wurden nicht von der Bürgerschaft gewählt, sondern von der Staatsregierung oktroyiert. Das war ein schon gar zu massiver Eingriff der Zentralmacht in die gewohnheitsrechtliche kommunale Mitverwaltung und wurde später revidiert. Was die Selbstverwaltung der Kommunen betrifft, waren die Preußen entschieden weiter als das arg vom zentralistisch-französischen Vorbild geprägte Bayern.

Zentralismus war ein ganz wesentlicher Begriff für Montgelas. Er sorgte mit der Zentralisierung des Staates für Kritik, die bis in unsre Tage nicht ganz verstummt ist. »München leuchtet und Bayern bezahlt«, seufzen sie noch heute, speziell im Norden. Damals war den Franken, deren Regionen teils durch die Mediatisierung der Städte, teils durch die Säkularisation der Stifte an Bayern gekommen waren, nur schwer beizubringen, dass sie fortan von München aus gegängelt werden sollten, und obendrein das Gros ihrer Kunstschätze dorthin abzuliefern hatten. Dürer-Bilder sucht man seither, außer bei temporären Ausstellungen, in Nürnberg vergeblich. In Münchens Alter Pinakothek dagegen hängen sie pfundweise und die meisten kamen tatsächlich in dieser Ära in die Residenzstadt. Die Kritik daran ist nicht ganz unberechtigt, und man wird wohl davon ausgehen dürfen, dass der stolze Nürnberger Bürger Albrecht Dürer sich den Protesten durchaus angeschlossen hätte. Die Münchner Bibliotheken und (allerdings erst etwas später errichteten) Museen profitierten freilich ganz enorm von dieser Politik. In Tirol ist Montgelas mit seinem Zentralismus und vor allem mit der Säkularisation völlig gescheitert. Das bayerisch-französische Regime war hier derart verhasst, dass es mit dem Zusammenbruch des Napoleonischen Systems wieder verschwand. Franken blieb dagegen auch nach 1815 bayerisch besetzt; manche dort oben, wie gesagt, empfinden das noch heute so.

Mittlerweile regieren ja immer wieder mal Franken in Münchens Staatskanzlei; aber so, wie sie's tun, scheint es sich eher um Rache für die damalige, noch immer nicht verdaute Besetzung zu handeln. Es wird also allmählich Zeit, dass einer von uns Oberbayern, die wir nebst der »*hadn Gonsonanndn*« auch die höhere Bierkultur unser eigen nennen (Ruhe daoben!), diesem Kolonialvolk mal gehörig die Leviten liest und es in die Schranken verweist.

Auch der staatliche Wissensdurst wuchs. Wie sah Bayern eigentlich aus? Schon 1801 hatten die Franzosen das dringende Bedürfnis nach exakter Kartographierung verspürt. Hier war wieder mal der Krieg der Vater des Dings: Das Militär verlangte Aufschluss über die örtlichen Gegebenheiten. Das ging Hand in Hand mit dem Bedürfnis des bayerischen Steuerstaates: Wer Grundsteuern erheben will, muss wissen, wie das Land aussieht und besitzrechtlich verteilt ist.

Zunächst sollten französische und bayerische Spezialisten gemeinsam arbeiten. Sie trafen sich am 25. August 1801 bei Unterföhring. Dort sollte eine Basislinie als Grundlage aller weiteren Vermessungen ermittelt werden. Diese Basislinie führte vom Nordturm der Frauenkirche – dem Ausgangspunkt der Vermessungen – über eine (noch heute vorhandene) Pyramide in Unterföhring zu einer weiteren, exakt auf derselben Linie befindlichen (und ebenfalls heute noch vorhandenen) Pyramide bei Oberding. Das ist in der Nähe des heutigen Flughafens. Bayern und Franzosen waren sich prinzipiell über die Vorgehensweise einig. Es war die Triangulation. Hier wird in der Hauptsache mit Winkeln gearbeitet. Das ist wesentlich praktischer, als das ganze Land zu vermessen. Wenn man drei Winkel hat, ergeben sich die anderen relevanten Daten mit mathematischer Logik, sofern noch eine Seitenlänge gegeben ist – eben jene Basislinie zwischen Oberding und dem Frauenkirchennordturm, die in etwa zwanzig Kilometer bemisst. Winkel sind instrumentell erheblich leichter zu ermitteln als Streckenlängen. Darauf beruht das Prinzip der Triangulation.

Dann hätte es ja losgehen können am 25. 8. 1801.

Es konnte aber nicht. Es gab da eine unvorhergesehene Diskrepanz; einen Stolperstein auf dem Weg in den modernen Staat. Beide Parteien hatten Messlatten mitgebracht, so weit, so gut. Das Problem: Die Messlatten stimmten nicht überein. Die Bayern waren mit der »bayerischen Rute« erschienen, die Franzosen dagegen mit etwas völlig Modernem, nie Gehörtem: mit »Metern«. Jede französische Messlatte bemaß genau fünf dieser albernen »Meter«. Der Streit zwischen den beiden Landvermesserparteien eskalierte dermaßen, dass sie ums Haar mit ihren unterschiedlich langen Messlatten aufeinander losgegangen wären. Natürlich petzten die Franzosen. Sie gingen zur kurfürstlichen Administration. Diese verfügte, dass das neumodische Maß tatsächlich angewandt wurde.

1815, als man die Franzosen endlich los war, haben die allein gelassenen bayerischen Landvermesser dann sofort wieder in bayerische Ruten umgerechnet und diese beim Abschluss der Arbeiten benutzt. Bayern war weltweit der erste exakt (in bayerischen Ruten) vermessene und kartographierte Staat; eine Riesenleistung. Man hat sogar Temperatur und Luftfeuchtigkeit zum Vermessungszeitpunkt eingerechnet. Beides hatte nämlich einen, wenn auch winzigen, Einfluss auf die Messlattenlänge. So kam es, dass man bei der Vermessung der Basislinie, die immerhin 21,65 Meter lang ist, um gerade mal nur winzige siebzig Zentimeter danebengehauen hat! Dieses Fehlerchen ist aber erst seit den Tagen der Satellitenmessung bekannt.

Und wem haben wir zu verdanken, dass man irgendwann doch wieder zum Meter als Einheit zurückgekommen ist? Den Preußen natürlich. Bei der Gründung des zweiten Kaiserreiches 1871 wurde der Meter als Streckenmaßeinheit endgültig etabliert; und in Bayern mussten sie also erneut umrechnen.

Die Geschichte der bayerischen Landvermessung ist im Rahmen der Sendung »Radiowissen« auf Bayern 2 wunderbar erzählt worden und kann dort

(Abb. 26) Pyramide zur Landvermessung bei Oberding

nachgehört werden. Sie zeigt exemplarisch die Methoden, die Zielsetzungen und die Schwierigkeiten bei Montgelas' Parforceritt in den modernen Staat. Krieg und Steuereintreibung waren die Eltern dieses Projekts. Das unterscheidet sich nicht gar zu sehr vom absolutistischen Staat, an dessen Beginn ebenfalls das Bedürfnis nach einem stehenden Heer und die Frage nach dessen Finanzierung gestanden hatten. Die Methoden des frühen 19. Jahrhunderts verwissenschaftlichten sowohl die Kriegsführung wie auch die Erfassung der Untertanen, aus welchen aufgrund der zunehmenden Verrechtlichung des Apparats nunmehr Staatsbürger wurden.

Die Landbevölkerung ist den Vermessern mitunter äußerst skeptisch begegnet. Einige haben genau begriffen, worauf die Flurerfassung hinauswollte, nämlich auf eine erhöhte Effizienz der Steuererhebungen. Es setzte daher nicht selten Hiebe gegen die vermessenden Herren. Diese waren mit ihren dünnen Messlatten den agrarischen Instrumenten, die dabei zum Einsatz kamen, heillos unterlegen und mussten daher in einigen Regionen staatlicherseits beschützt werden.

15.3. DIE SÄKULARISATION UND IHRE FOLGEN FÜR DIE RESIDENZSTADT

Die meisten, wenn auch nicht alle Historiker sind sich darüber einig, dass die bayerische Säkularisation mit quasi revolutionären Exzessen einherging. Stichprobenartig seien einige zitiert: Junkelmann (ders., Montgelas) benutzt die Worte »*einzigartige Rigorosität*«, »*Brutalität*« (S. 65), »*Ignoranz*« und »*Böswilligkeit*« (S. 67). Weis, ausgewiesener Kenner der Ära Montgelas', spricht immerhin vom »*besonders rücksichtslosen Vorgehen*« der bayerischen Administration (ders., Das neue Bayern ..., S. 57). Schulze moniert, dass bei den Klösteraufhebungen »*alle Hemmungen ... gefallen*« seien und der Wandel »*unhistorisch*« vollzogen worden sei (ders., Bayern und die Fr. Revolution ..., S. 259). Wie Junkelmann sprach auch ein ehemaliger Leiter des Münchner Staatsarchivs im Rahmen einer Radiosendung von »*Brutalität*« (Bayern 2, »Radiowissen« vom 25. 4. 2015, zu finden über br.de). Es ist augenfällig, dass die Säkularisation bei jenen, die speziell die Münchner Perspektive im Auge haben, besser davonkommt. Reichlmayr tadelt lediglich eine »*teils radikale Umsetzung*« (ders., Geschichte der Stadt München, S. 87), um dann sofort den kunsthistorischen Nutzen, welchen die Stadt damals zog, ausführlich darzulegen. Knedliks Beurteilung der Säkularisation erfolgt ebenfalls mit starkem München-Bezug und ist dezidiert positiv (ders., Aufklärung in M., S. 124ff.).

Bei der Säkularisation geht es um Folgendes: Im Alten Reich gab es noch zahlreiche geistlich regierte Fleckchen. Dort herrschte entweder ein Abt oder ein Bischof. Diese Regenten akzeptierten lediglich den Kaiser als ihren (Schutz)Herren, um das Wort der Landesfürsten jedoch scherten sie sich einen Deut. Darüber hinaus gab es enorm viele grundbesitzende und auch ansonsten steinreiche Klöster. In München waren zwei von hundert Einwohnern Klosterangehörige, und zwischen einem Fünftel und einem Viertel des städtischen Grundes gehörte den Kongregationen. Der Einfluss der Abteien, Pfarrer und Prediger auf das Denken und Handeln der Bevölkerung war beträchtlich. Kirchliche Feiertage, sowohl regionalen wie allgemeingültigen Charakters, bestimmten den Jahresablauf. Die Bauern hingen von den geistlichen Institutionen ab, deren Grund sie bewirtschafteten.

All diesen Zuständen sollte es mit der Säkularisation an den Kragen gehen.

Diese Revolution von oben hatte einen ideologischen und einen ganz konkret politischen Hintergrund. Zu ersterem gehörten zum Beispiel die Verbote von Wunderpredigten und Prozessionen. Selbst Feldkreuze verschwanden! Der Staat mischte sich in die Inhalte der Predigten ein. In der spätaufklärerischen Ära Montgelas war das Land wirklich weniger katholisch als heute, denn wer kann sich Bayern ohne Prozessionen und Marterln vorstellen?! Der politische Hintergrund war die Aneignung von Bischofsmacht und Klosterreichtum. Die Säkularisation ergänzte die staatliche Flurbereinigung des Reichsdeputationshauptschlusses. Der Flächenstaat Bayern war endgültig geboren und glich am Ende der napoleonischen Kriege dem heutigen aufs Haar (allerdings ist die Pfalz nach dem Zweiten Weltkrieg verloren gegangen).

Einige Klöster hat man in bilderstürmerischer Art regelrecht geplündert. Mittelalterliche Folianten wurden auf matschigen Grund gelegt, damit die mit (meist goldenem) Diebesgut beladenen Fuhrwerke besser bewegt werden konnten. Die Mönche und Nonnen der aufgelösten Institutionen brachte man in Zentralklöster, die »Aussterbeklöster« genannt wurden, was ihren Zweck ganz gut beschreibt.

Die Säkularisation war eine besitzrechtliche, machtpolitische und ideologische Revolution mit beinahe allen wüsten Begleiterscheinungen einer solchen, auch wenn sie hier wie meist in der deutschen Geschichte von oben kam. Tote gab es wohl nicht; dagegen Demütigungen, Entwurzelungen, Verleumdungen und Chaos. Die Abtransporte der Mönche aus den Bettelordensklöstern erfolgten gnadenlos und meist zu nachtschlafender Zeit. Der Prior von Fürstenfeldbruck berichtete: »*Die Versteigerung der Sessel fand statt, als die Patres bei ihrem Vespertrunke im Refektorium saßen. Was geschah? Ihnen wurden die Sessel, worauf sie saßen, abgenommen, so mussten sie stehend ihr Bier austrinken*« (zit. nach »Radiowissen«, s.o.). Die Bevölkerung nahm die Auflösung der Klöster gewaltlos hin. Zwar wurden viele Bittschriften an die Regierung verfasst, verhallten aber ungehört. Der Klostersturm machte nur vor ganz wenigen Institutionen halt. Etwas schwieriger tat sich die Administration bei der Änderung der religiösen Gebräuche wie etwa der Abschaffung der Prozessionen. In München fanden trotz Verbots weiterhin einige religiös motivierte Umzüge statt, und als die Polizei eingreifen wollte, gab es Straßenschlachten. Beliebt war die Säkularisation nur bei den intellektuellen, von den Gedanken der Aufklärung geprägten und städtischen Oberschichten. Dazu zählten, was zunächst überraschen mag, durchaus auch Geistliche. Diese sahen optimistisch, dass die Kirche durch die Säkularisation entweltlicht werden würde. Das konnte zu vertiefter Spiritualisierung führen, und dieser Effekt ist auch tatsächlich eingetreten. Hinzu kam, dass die gehobenen Hirtenämter – etwa Bischofsstühle oder Abteileitungen – sozusagen entnobilitiert wurden. Begabung und Fähigkeit traten bei der Kandidatenauswahl an die Stelle der Familienzugehörigkeit.

Kommen wir zu den Folgen der Säkularisation in München. Es ist klar, dass diese weitreichend gewesen sein müssen, da die Stadt bisher in hohem Maße klösterlich geprägt gewesen war. Der Theatinerorden gehörte zu den ersten, die aufgelöst wurden. Es folgten unter anderem das Franziskanerkloster, das Heiliggeistspital und der Augustinerorden.

Das Franziskanerkloster hatte seine goldenen Tage unter Kaiser Ludwig dem Bayern, also Mitte des 14. Jahrhunderts gehabt. Marsilius von Padua und William von Ockham hatten hier gewohnt und waren am Klosterfriedhof begraben. Es befand sich dort, wo heute das Bayerische Nationaltheater steht, welchem es zu weichen hatte. Der Nachfolgebau, unsre Oper, entstand auf der Basis von Plänen Karl v. Fischers. Es hat allerdings noch ein weiterer Herr an den Plänen herumgepinselt, wenngleich das Ausmaß seines Einwirkens auf das Opernhaus nicht mehr ganz zweifelsfrei zu ermitteln ist. Diesen wollen wir nun ganz förmlich hier willkommen heißen, denn er wird uns eine ganze Weile begleiten und hat das Gesicht der Stadt München geprägt wie kaum ein anderer Architekt: Grüß Gott im Text, Herr Leo von Klenze! Heute erinnert eigentlich nur mehr der Name der schräg gegenüberliegenden Wirtschaft an das einstige Kloster: »Zum Franziskaner«. Wer jetzt den Schluss zieht, dass die Franziskanermönche ursprünglich die heutige Brauerei gegründet hätten, liegt falsch. »Franziskaner« war zu keinem Zeitpunkt seiner Geschichte Klosterbier. Das feiste Mönchlein auf dem Logo der Firma führt einen da in die Irre. Von den heute noch existierenden sechs Münchner Brauereien – einst waren es unzählige – sind nur die Augustiner- und die Paulanerbrauerei mönchischen Ursprungs (auch letztere nennt ihre Plörre ja hartnäckig »Bier«). Der Name »Franziskaner« geht auf die Nähe zum Kloster zurück, aber die Brauerei war immer schon kommerziell. Seit dem 14. Jahrhundert wurde in der (heutigen) Residenzstraße Franziskanerbier von Privatmännern produziert und verkauft – nicht etwa von den Mönchen. Die Firma wurde in der Königszeit mit Leist zu Franziskaner-Leist vereinigt und zog von der Residenz- in die Hochstraße um. Nach der Zusammenlegung mit Spaten erfolgte ein weiterer Umzug in die Marsstraße. Die Fixierung auf Weizenbierproduktion ist eine relativ neue Firmenpolitik, denn im 19. Jahrhundert war diese Biersorte, die heute die einzige mit deutlichen Zuwachsraten darstellt, eine Zeit lang fast völlig aus München verschwunden.

Dann das Heiliggeistspital:

Im Gegensatz zum Franziskanerkloster verfügte dieses weitere innerstädtische Opfer der Säkularisation über eine Brauerei, die ihr Produkt nicht nur den Klosterbewohnern, sondern auch der Stadtbevölkerung ausschenkte. Diese Brauerei ist spurlos verschwunden. Offenbar hat sich kein Käufer gefunden, was etwas verwunderlich ist, denn angeblich »erfreute [die Brauerei] sich großer Beliebtheit.« (Assél/Huber: M. und das Bier, S. 150). Das altehrwürdige Heiliggeistspital symbolisiert mit seinem Verschwinden Licht und Schatten der Säkularisation. Einerseits gewann die Stadt durch den Abriss einer ihrer schönsten heutigen Orte, nämlich den Viktualienmarkt. Andererseits hat man ein uraltes Stück München brutal aus der Stadt entfernt. Der Abriss der Gebäude erfolgte sukzessive. Als Gründungsjahr des Viktualienmarktes gilt das Jahr 1807. Er verdankt seine Entstehung einem königlichen Diplom. Zunächst befand er sich in den Höfen der noch bestehenden Spitalsbauten. Diese verschwanden dann nach und nach, so beispielsweise in den Zwanzigerjahren des 19. Jahrhunderts die Brauerei. Einige Spitalsgebäude dienten über Jahrzehnte den verschiedensten Marktzwecken, ehe sie völlig entfernt wurden (über die einzelnen Abrissphasen informiert das Heftchen »Vom Heiliggeistspital zum Viktualienmarkt«, das F. Scholz für das Museumspädagogische Zentrum verfasst hat; vgl. dort die Skizzen auf S. 10f.).

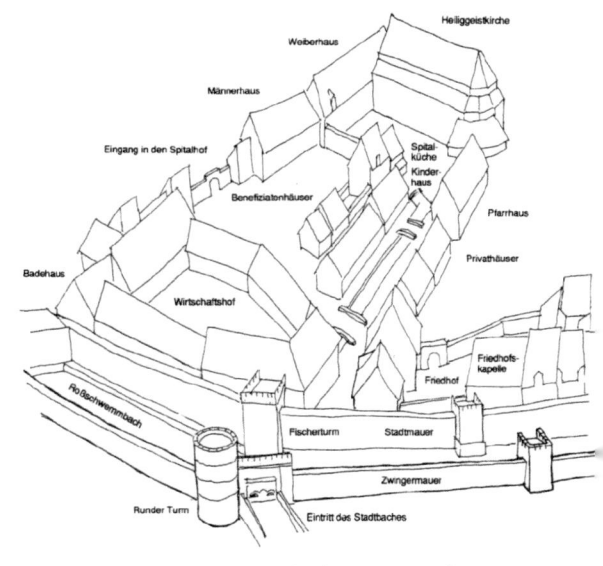

(Abb. 27) Das Spital am Ort des heutigen Markts

Versehen unter anderem mit päpstlichen Privilegien hatte das Heiliggeistspital das Stadtleben seit dem frühen 13. Jahrhundert geprägt. Die ersten etwa 100 Jahre gehörte es strenggenommen gar nicht zur Stadt, sondern lag außerhalb ihrer Mauern, sozusagen ans Heinrichs-Ei angelehnt. Erst die zweite Stadtmauer umschloss dann den Gebäudekomplex. Es war eine wohltätige Stiftung, ein Alten- und Armenhaus. Das Spital war eine Stadt in der Stadt, die sich selbst versorgte; es gab nebst der Brauerei Bäckereien und alles andere, was zur Ernährung nötig war. Es gab zahllose Krankenstationen und sogar einen eigenen Friedhof. Wenn Sie den Dreifaltigkeitsplatz hinter dem Viktualienmarkt besuchen, wird Ihnen eine erstaunliche Ruhe selbst an äußerst hektischen Tagen auffallen (außer am Faschingsdienstag): ob das daher kommt, dass sich just hier der einstige Friedhof befunden hat?

Bis zum Abriss des Heiliggeistspitals in der Säkularisation hatte sich das Marktleben Jahrhunderte lang oben am Marienplatz abgespielt. So war München ja überhaupt erst entstanden. Der Platz hieß damals folgerichtig Schrannenplatz. Das ist eine alte Bezeichnung für Marktplätze. Nach dem Klostersturm bekam er dann mehr repräsentativen Charakter und wurde »Marienplatz« getauft. Der Markt zog um. Er nutzte das durch die Auflösung des Spitals frei gewordene Gelände. Die Kirche des Spitals diente in den ersten Jahren des neuen Marktes als Lagerhalle. In den Tagen König Ludwigs I. hat man sie neu geweiht, und seither wird sie wieder als Kirche genutzt; der zweite bayerische König war nämlich schon wieder viel frömmer als sein Vater und hat einige der kirchenfresserischen Maßnahmen der Montgelas-Administration kassiert. Nun durften auch wieder Prozessionen stattfinden ...

Noch einmal sei es gesagt: Die Bewertung dieser Auflösung ist so zwiespältig wie jene der Säkularisation in Bayern generell. Auf der Haben-Seite steht mit großem Gewicht der Viktualienmarkt, der sich über das Areal des ehemaligen Spitals erstreckt und der ganz unbedingt zu den Kleinodien der Stadt zu zählen ist. Es handelt sich um einen der schönsten Märkte der Welt. Und Punktum. Derartiger gemäß stiller städtischer Übereinkunft absolut obligatorischer Euphorie im Angesicht des Viktualienmarktes verweigern sich nur sehr wenige. Im München-Buch der Süddeutschen Zeitung mokierte sich etwa W. Görl höchst originell über die hohen Preise und die ungemein vielen Semiprominenten speziell rund um den Valentin-Brunnen – eine Beobachtung, die er recht exklusiv haben dürfte –, um bilanzierend zu seufzen: »*Aber so ist halt München.*« (M., Die Stadtviertel in Gesch. u. Geg., hrsg. v. W. Görl u. a., S. 45). Das sind Ausnahmefälle, und die Nörgler mögen sich zum Elisabethmarkt, an den Wiener Platz oder gleich raus nach Pasing bequemen; an ersterem ist bezüglich der drohenden Semiprominenz allerdings tatsächlich Vorsicht geboten ... Diese drei weiteren städtischen Märkte stehen übrigens genau wie der Viktualienmarkt unter der Kuratel der »Markthallen München«, eines kommunalen Betriebes. Der Pasinger Markt heißt ebenfalls »Viktualienmarkt«, was sich aus der Tatsache erklärt, dass Pasing bei der eigenen Marktgründung Anfang des 20. Jahrhunderts noch gar nicht zu München gehörte (Pasing erhielt 1905 selbst das Stadtrecht, mit »Oberbürgermeister« und allem Drum und Dran; die Eingemeindung erfolgte in der Nazizeit).

Der Viktualienmarkt ist in sieben Abteilungen gegliedert. In der Regel finden sich an bestimmten Orten mehrere Geschäfte mit denselben Waren, so etwa beim Fisch-Eck, den Käse-Standln nahe dem Biergarten oder dem Kartoffel-Eck an der Frauenstraße. Zu den vielen Kuriosa zählt der Biergarten in der Marktmitte: Es war der Wunsch des kommunalen Aufsichtsbetriebs, dass alle sechs Münchner Biere hier zum Zuge kommen sollten. Beim Tresen-Kiosk findet man daher das Schild mit der Aufschrift »*Heute im Ausschank*«, und darunter wird dann das aktuell zum Verkauf stehende Bier angegeben. Es dauert immer ein paar Tage, bis der Ausschank wechselt. Die jeweils verkaufte Menge einer Biersorte ist stets dieselbe. Ein hartnäckig sich haltendes Stadtgerücht will wissen, dass »Augustiner« immer am schnellsten ausverkauft sei. Angesichts der ungebrochenen Spitzenbeliebtheit dieser Marke mag das so sein; wahrscheinlicher ist jedoch, dass der Bierumsatz gemeinsam mit der Außentemperatur ansteigt, und die meisten Gäste ohnehin nicht mitbekommen, dass sie sich im einzigen Biergarten der Stadt befinden, der alle sechs Münchner Biere verkauft – wenn auch sukzessive, nicht etwa am selben Tag.

Bleiben wir noch kurz bei den Gründern der beliebtesten Münchner Brauerei, denn auch deren Kloster wurde ein Opfer der Säkularisation, auch die Augustiner-Kongregation wurde durch die Maßnahmen Montgelas' aufgelöst. Auf ihrem Areal befinden sich heute unter anderem das Jagd- und Fischereimuseum und die Münchner Polizeidirektion. Man sieht schon, dass der meiste mediatisierte oder säkularisierte Besitz an den bayerischen Staat fiel und dort blieb, sofern der ihn nicht weiterverscherbelte. (An dieser Stelle machen wir wieder einmal eine Riesenklammer auf: Eine andere Polizeidienststelle der Stadt gelangte nämlich auf einem noch viel abenteuerlicheren Weg in bayerischen Staatsbesitz, und zwar kurz nach dem Zweiten Weltkrieg. Es handelt sich um die Polizeiinspektion 22/Bogenhausen am Prinzregentenplatz 16. Dieses Gebäude hat der Freistaat Bayern vom Vorbesitzer, der hier seinen Wohnsitz hatte, geerbt. Zum Erbe gehörten unter anderem auch

KAPITEL 15

die Urheberrechte am Gott sei Dank einzigen Buch, das er je geschrieben hat. Er ist dadurch steinreich geworden, obwohl dieses Buch doch angeblich niemals jemand je gelesen hat ... Ganz problemlos ist der Freistaat nicht an jenes Erbe gekommen. Neben der Schwester des größten Autors aller Zeiten meldeten irgendwann auch die engsten Verwandten Eva Brauns Erbansprüche an. Diese wurden allerdings mit dem Hinweis abgeschmettert, dass Frau Hitler, vormals Braun, etwa drei Minuten vor ihrem Gatten gestorben und somit niemals in den Rechtsstand einer Witwe, resp. Erbin getreten sei. Der Freistaat Bayern hat also das besitzrechtliche Erbe Adolf Hitlers angetreten, und dazu gehörte eben auch jenes besagte Haus am Prinzregentenplatz; Riesenklammer zu ...).

Die Polizeidirektion auf dem ehemaligen Augustiner-Areal hat Fernsehgeschichte geschrieben. Dazu ein paar Worte; zunächst kennt angeblich jeder Chinese das Eingangsportal in der Ettstraße. Das komme, so ein weiteres städtisches Gerücht, vom großen Erfolg der Serie »Derrick« im bevölkerungsreichsten Land der Welt. Richtig ist, dass man für »Derrick« die Büros der Direktion in der Bavaria-Filmstadt eins zu eins nachgebaut und die Außenszenen, wie etwa das Losrasen zum Tatort, am Originalschauplatz gedreht hat. Den Satz »*Und du holst schon mal den Wagen, Harry!*« hat Inspektor Derrick allerdings wohl kein einziges Mal in den gefühlt etwa dreieinhalb Millionen Folgen gesprochen. Insofern ist die Geschichte mit den »*Chinesern*« (Graf Rumford) etwas zweifelhaft. Fest steht, dass ein anderes Serien-Auto direkt vor dem Portal parkte: der weiße Sportwagen vom Monaco Franze. Auch eine der vielen berühmten Szenen in Helmut Dietls größtem Werk spielte exakt an dieser Stelle, nämlich die Pistolenübergabe durch die Elly in der Folge »Eine italienische Angelegenheit« (»*nein, erst gibst mir die Pistole*« – »*nein, erst gibst mir a Busserl*«). Die Serie »Löwengrube« des Regisseurs Rainer Wolffhardt spielt ebenfalls in den Räumen der Polizeidirektion auf dem ehemaligen Augustinergelände. Sie erzählt großartig das Schicksal des Polizeibeamten Grandauer, gespielt von Jörg Hube, und seiner Familie im frühen und mittleren 20. Jahrhundert.

Die Augustinermönche wurden wie so viele andere zum »*Aussterben*« in Zentralklöster verbracht. Und was geschah mit ihrer Brauerei? Die Mönche hatten als ihren ersten Brauereibetrieb jenen des Heiliggeistspitals unterhalten. Später, als das Klosterareal rund um die heutige Ettstraße und die Löwengrube entstanden war, befand sich ihre Brauerei in der Neuhauser Straße (heute Nr. 27), also in unmittelbarer Nähe des eigentlichen Klosters, wenn auch nicht direkt auf dessen Grund. An der Stelle der einstigen Brauerei steht heute die Großgastronomie. Bei der Auflösung der Münchner Augustinerkongregation im Jahr 1803 gelangte die Brauerei zunächst an zwei Berufsfischer. Die beiden wussten jedoch nichts Rechtes mit ihr anzufangen, so dass 1829 ein Brauerehepaar namens Wagner in den Besitz gelangte. Die legendäre Dame des Hauses, Therese Wagner, führte den Betrieb nach dem Tod ihres Mannes mit beachtlicher Energie weiter, kaufte unter anderem das große Gelände in der Landsberger Straße und übergab den florierenden Betrieb 1858 an ihren Sohn Josef. Dieser baute schließlich die Fabrik auf jenem Areal, welches damals noch nicht zur Stadt gehörte, und die jeder Biertrinker als schönste Fabrik der Stadt bezeichnen wird. Josef Wagners Initialen finden sich noch heute nebst der (bereits diskutierten) Jahreszahl 1328 im Firmenschild der Brauerei. Edith Haberland-Wagner, gestorben 1996, war die letzte Mehrheitshalterin aus der alten Wagner-Familie; seitdem, auch dies haben wir schon erörtert, gehören 51 % der Brauerei der nach ihr benannten Stiftung.

Insgesamt besteht kein Zweifel darüber, dass die antikirchliche Revolution von oben für die Residenzstadt ein Segen gewesen ist. Die, nun ja, »*eingezogenen*« Kunst- und Kulturschätze füllten Münchens Museen und Bibliotheken. Für den Staat Bayern dürfte die Bilanz dagegen nicht allzu rosig ausfallen. Die Bevölkerung verfolgte die Säkularisation argwöhnisch. Montgelas wurde für ihre Maßnahmen verantwortlich gemacht und war entsprechend unbeliebt, im Gegensatz zu seinem Dienstherren, den die öffentliche Meinung freizusprechen pflegte. Der finanzielle Gewinn wird sich wohl in Grenzen gehalten haben. Der Staat wollte ja viele der anektierten Güter weiterverkaufen, aber das zog nicht recht: Die Preise für Grund, Gebäude, Kunstgegenstände und aufwändig gestaltete alte Bücher fielen ins Bodenlose. Die Ursache hierfür war das Überangebot als Folge der Säkularisation. Man bedenke, dass etwa 400 bayerische Klöster und deren Schätze gleichzeitig verhökert worden sind. Welcher Preis konnte für ein barockes vergoldetes Engelchen noch erzielt werden, wenn deren Hunderte den Markt fluteten? Dem standen neue und schwer zu finanzierende Aufgaben gegenüber. Wer ein Institut wie das Heiliggeistspital schließt, muss sich künftig selber um die vormals hier versorgten Kranken und Alten kümmern. Das kostet. Ein echter Gewinn, spürbar bis auf den heutigen Tag, war das Anwachsen des Staatsforstes um etwa 30%. Über Nutzen und Schaden der Säkularisation in Bezug auf die bayerische Staatskasse zanken die Experten noch heute. Exakte verlässliche Zahlen als Basis einer historischen Bilanz konnten bisher nicht ermittelt werden.

Die Sicherstellung der klösterlichen Bibliotheksbestände besorgte Freiherr Christoph von Aretin, ein begeisterter Säkularisierer. Er verfrachtete tonnenweise Material nach München. Der Freiherr hat auch unbestrittene Verdienste. Die Klöster waren nämlich nicht immer sehr sorgsam mit ihren Schätzen umgegangen. Die Sichtung durch v. Aretin brachte längst Vergessenes ans Tageslicht. In einer Seitenkammer des Klosters Benediktbeuern stieß er beispielsweise auf ein umfassendes lateinisches Werk aus dem 13. Jahrhundert. Das ist die größte mittelalterliche Liedersammlung, die wir heute kennen. Mittlerweile sind jene Texte, die da vor sich hingammelten, unter dem Titel »Carmina Burana« weltberühmt, was hauptsächlich an Carl Orffs Vertonung resp. Verlärmung liegt. Man kann sagen, dass sie durch die Säkularisation gerettet und entdeckt wurden.

15.4. RUSSLANDFELDZUG UND BÜNDNISWECHSEL

»Denke von [Napoleon], was Du willst; nur bitte ich, nicht zu vergessen, dass dieser Mann allein uns vergrößert hat und dass [...] er uns viel Nutzen verschaffen kann. Wir müssen trachten, einst selbständig zu werden. Ich bitte Dich also auf den Knien, nie das geringste von Deiner Abneigung merken zu lassen, sonst ist alles verloren.« Diese Zeilen schrieb der Königsfrischling Maximilian I. Joseph im Sommer 1807 an seinen Sohn und späteren Nachfolger Ludwig (zit. nach Junkelmann, Montgelas, S. 83). Sie erhellen dreierlei. Erstens, der erste bayerische König war wirklich ein Mann erstaunlicher Langmut – dass er seinen Sohn »*auf Knien*« bittet, anstatt die Dinge einfach anzuordnen, ist ein Beweis dafür ebenso wie seine Anhänglichkeit an den Erzwiderling Napoleon, der übrigens auch mit ihm selbst ekelhaft brüsk umzugehen pflegte: »*Schweigen Sie, König von Bayern!*«, fauchte der Kaiser der Franzosen in Erfurt vor versammelter europäischer Fürstenprominenz. Diese Demütigung ereignete sich zwar erst ein Jahr nach den zitierten Zeilen Maximilians I. an seinen Sohn, aber Kostproben derartiger Hoffart hat es sicher auch schon früher gegeben.

Zweitens, es ging ein Riss durch die bayerische Administration und durch die ganze Bevölkerung. Es gab eine profranzösische und eine antinapoleonische Partei. Die erstere war eher pragmatisch-machtpolitisch eingestellt. Eine Herzensangelegenheit war die Allianz mit Frankreich niemandem so richtig, auch nicht deren Architekten. Die Gegenpartei ließ sich von Emotionen leiten, worunter Hass auf den Franzosenkaiser die hervorstechende war. Diese Partei wurde vom Kronprinzen repräsentiert, der seine »*Abneigung*«, wie sein Vater euphemistisch formulierte, auch auf den Regierungschef und Außenminister Montgelas übertrug.

Drittens beweisen die Worte »*wir müssen trachten, einst selbständig zu werden*«, dass die profranzösische Partei die Gefahr einer tödlichen Umarmung durch Napoleon erkannte und nach Wegen suchte, ihr zu entkommen. Für die Ewigkeit war dieses Bündnis gewiss nicht geschmiedet, und als es schließlich beendet wurde, war es einzig die notorische Loyalität des Königs, die den Wechsel eine Weile hinauszögerte. Der Mann hatte Skrupel, den Kaiser, mit dem er so lange verbündet gewesen, in der Not zu verlassen. Daran, dass Napoleon in umgekehrter Lage nicht eine Sekunde mit einem Verrat gezögert hätte, dachte Max I. Joseph nicht.

Die ersten sechs Jahre seiner Existenz verbrachte das neue Königreich im Rheinbund Napoleons nicht schlecht. Die Preußen bezogen fürchterliche Prügel in Jena und Auerstedt, auch die Österreicher kassierten Niederlage um Niederlage beim Versuch, die französische Vorherrschaft in Kontinentaleuropa zu brechen, während man in Bayern die durch die Allianz garantierte Ruhe nutzen konnte, den Flächenstaat zu etablieren und die Reformen weiterzutreiben. Es blieb noch, zu hoffen, dass sich Napoleon auf keine allzu gewagten Militärexpeditionen begeben würde, denn dann würde der Bündnisfall greifen. Da war man beim Korsen jedoch an den falschen Mann geraten. Die Hintergründe des sich um 1811 abzeichnenden Krieges Frankreichs mit Russlands werden wir nicht erörtern, aber es war klar, dass das Königreich Bayern in dieser Situation zur Hilfe gezwungen war. Das war insofern schon politisch gesehen tragisch, als dass bedeutende Teile der maßgeblichen Kreise nicht die geringste Lust verspürten, dem verhassten Bündnispartner nach Russland zu folgen.

Am Morgen des 24. Juni 1812 waren die Soldaten Napoleons, zusammengefasst aus den verschiedensten europäischen Regionen, in russisches Territorium eingefallen, »[...] *und der Krieg begann, das heißt, es vollzog sich ein Geschehnis, das aller menschlichen Vernunft und aller Menschennatur ins Gesicht schlägt*«, wie Leo N. Tolstoi im ersten Kapitel des zweiten Teils von

»Krieg und Frieden« die Beschreibung der ganzen Tragödie einleitet (wundern Sie sich, falls Sie es nachlesen möchten, nicht über Tolstois Datumsangabe »*12. Juni 1812*« – er schreibt noch im Julianischen Kalender, der in Russland bis zur bolschewistischen Revolution galt).

Obgleich politisch betrachtet erstaunlich folgenlos, war doch das, was nun im russischen Herbst und Winter des Jahres 1812 wartete, nichts Geringeres als die bis dato größte Katastrophe der bayerischen Geschichte. Die Berichte der wenigen Soldaten, welchen die Heimkehr vergönnt war, ergeben ein Bild des Jammers und des Grauens. Weit über 30.000 seiner Seelen steuerte das neue Königreich zur knappen halben Million an Menschen bei, die der Franzosenkaiser Richtung Moskau hetzte. Nur wenige überlebten; der Rest war gefallen, erfroren, verhungert, am Fleckfieber in den grauenvollen Lazaretten oder an Erschöpfung gestorben. Die wenigsten gingen übrigens in Gefechten zu Grunde. Das lag an der russischen Kriegsführung, die darauf angelegt war, dem Kaiser und seiner Armee Schlachten tunlichst zu verweigern. Das einzige große Aufeinandertreffen war jenes von Borodino Anfang September. Auch dieses Ereignis hat Tolstoi in »Krieg und Frieden« eingehend geschildert. Ist es zulässig, das Grauen anhand von Zahlen zu beschreiben? Allein der Chefchirurg der Franzosen, Dominique Jean Larrey, amputierte in und nach den Tagen der Schlacht von Borodino etwa 200 Arme und Beine.

Nur ein Bruchteil der im Sommer an Russlands Westgrenze zusammengezogenen Europäer erreichte Moskau eine Woche nach jener Schlacht. Dort stellte sich heraus, dass ihr Oberbefehlshaber nicht recht wusste, was hier eigentlich zu unternehmen sei, und wie es denn nun weitergehen sollte. Spätestens jetzt wurde allen klar, dass sie sich auf einem Himmelfahrtskommando befanden. Nach ein paar Tagen stand die Stadt in Flammen, und schließlich blieb nur mehr der Rückzug. Die russische Streitmacht erzwang durch Scharmützel, dass dieser exakt auf demselben Weg wie der Einmarsch durchgeführt werden musste. Und das war das Ende. An eine zureichende Ernährung und Versorgung in den zuvor bereits geplünderten Weiten, die schon beim sommerlichen und herbstlichen Hinweg kaum funktioniert hatte, war jetzt, im Winter, überhaupt nicht mehr zu denken. Es war ein zerlumptes, ausgehungertes und völlig demoralisiertes Häuflein, das sich da in Richtung Westen schleppte. Die etwa 450.000 Mann starke Grande Armée war aufgerieben – auch von den 30.000 bayerischen Soldaten hatte kaum einer überlebt.

Das war der fürchterliche Preis für Bayerns enge Bindung an Napoleon. Preußen und Österreich waren zwar ebenfalls vom Kaiser zur Beteiligung

MÜNCHEN WIRD KÖNIGLICHE RESIDENZSTADT

(Abb. 28) Napoleon und das brennende Moskau

am Russlandfeldzug gezwungen worden, aber die Franzosen trauten diesen Zwangs-Alliierten nicht recht. Dies hatte zur Folge, dass die Kontingente jener beiden Staaten in besserem Zustand und größerer Zahlenstärke aus Russland heimkehrten, denn sie hatten sich hinten halten können.

An der Jahreswende 1812/13 hatte sich die europäische Machtkonstellation völlig gedreht. Noch Ende 1812 waren in Preußen Schritte unternommen worden, die sich deutlich gegen die französische Besatzungsmacht richteten. Bald darauf waren Preußen und Österreich erst offiziell neutral und dann sehr schnell mit Russlands Zaren gegen Napoleon verbündet. Vor allem das Königreich Preußen war ja ohnehin eher von der französischen Armee »besetzt« denn irgendwie freiwillig mit ihr »verbündet« gewesen. Außerdem war

KAPITEL 15

die Stimmung in Preußens Bevölkerung derart aggressiv antinapoleonisch (und zum Teil leider auch schon deutschnational), dass ein Festhalten König Friedrich Wilhelms III. am französischen Zwangsbündnis ausgesprochen gefährlich gewesen wäre. (Auch hierzu sei eine Empfehlung aus der Belletristik gegeben, nämlich Theodor Fontanes »Vor dem Sturm«. Der Roman gibt die Stimmung des ostmärkischen Adels zu jener Zeit wieder, als die ersten Zerlumpten der Grande Armée nach dem Russlandfeldzug die Region erreichten.)

Mit dem Fortschreiten des Jahres 1813 wurde offensichtlich, dass es zu einer Entscheidungsschlacht der neuen Verbündeten gegen den angeschlagenen Napoleon kommen würde.

Erinnert man sich an das Geeiere der bayerischen Politik in den Tagen vor der Schlacht von Austerlitz im Jahr 1805? Während die Österreicher damals lange geglaubt hatten, die Bayern seien mindestens neutral, wenn nicht gar als Verbündete zu betrachten, waren sie in Wahrheit längst Alliierte Napoleons. 1813 wiederholte Montgelas dieses Schauspiel – vermutlich wegen des großen Erfolgs acht Jahre zuvor. Trotz der Verluste im Russlandfeldzug gab es noch eine nennenswerte bayerische Armee, und ihre Unterstützung wurde von beiden Seiten begehrt. Offiziell war Bayern Mitglied des Rheinbundes und eo ipso enger Verbündeter Napoleons. Inoffiziell wurde zwischen München und Wien sondiert. Und täglich fragten sich Graf Montgelas und seine Mitarbeiter, wer denn wohl der Sieger der anstehenden Auseinandersetzung sein werde. Würde die neue Formation aus Österreichern, Russen und Preußen siegen, die von einer ersten Welle deutschnationaler Begeisterung in der Öffentlichkeit getragen wurde? Oder würde der Franzosenkaiser die russische Pleite wegstecken und sich in Zentraleuropa behaupten können?

Denn eins war klar: Man musste, egal wie er hieß, auf Seiten des Siegers stehen. Andernfalls wäre es mit der bayerischen Kronenherrlichkeit samt Souveränität nach nur acht Jahren wieder vorbei gewesen.

Montgelas erwog die jeweiligen Siegeschancen. Die Öffentlichkeit und der Kreis um den Kronprinzen drängten zum Bündniswechsel. Der König verharrte in Skrupeln vor einem Verrat an Napoleon. Und das Jahr schritt voran. Es erreichte den Oktober. In etwa 14 Tagen würde die Völkerschlacht beginnen – und Bayern war noch immer Rheinbundmitglied. Da endlich, am 8. Oktober 1813, unterschrieben bayerische Diplomaten mit ihren österreichischen Kollegen in Ried einen Vertrag, der den Austritt des Königreiches aus dem napoleonischen Bündnissystem bedeutete.

Das war knapp! Am 16. dieses Monats begann die Schlacht bei Leipzig, die Napoleons Untergang besiegelte. Erst am Morgen dieses Tages hatte der Kaiser der Franzosen von Bayerns Abfall erfahren. Er brüllte naturgemäß herum und kündigte an, er werde sich rächen und München in Schutt und Asche legen. Dazu kam es nicht, denn nach der Leipziger Schlacht hatte der Mann ganz andere Sorgen.

Gemäß des Vertrages von Ried hatten die Bayern ein etwa ebenso starkes Kontingent zum Krieg gegen Frankreich beizutragen wie ein Jahr zuvor gegen Russland. Es haute zeitlich nicht mehr hin, diese Truppen für die Völkerschlacht bereitzustellen. Bayern gehörte also praktischerweise zu den Siegern von Leipzig, ohne überhaupt teilgenommen zu haben. Saubere Leistung, Herr Graf Montgelas! Das muss man schon so festhalten. Die Sachsen waren wesentlich dümmer. Sie blieben Napoleon bis in die Katastrophe von Leipzig treu.

In den folgenden Wochen bis zur Einnahme von Paris wurden die bayerischen Truppen auf jener Welle mitgetragen, die Jahrzehnte später auch die eigene Souveränität untergraben sollte: auf der des Nationalismus. Die Bevölkerungen der verschiedenen deutschen Staaten waren national berauscht. Der Feldzug gegen Napoleon trägt den pompösen Namen »Befreiungskrieg« (oft auch im Plural, als wenn nicht einer schon mehr als genug wäre). Die Bayern wirkten bei drei bedeutenden Siegen gegen ihren ehemaligen Alliierten mit, nämlich bei Brienne-sur-Aube, Bar-sur-Aube und Arcis-sur-Aube.

Es geschah um dieselbe Zeit, als man die erste bedeutende Stadterweiterung auf dem Reißbrett entwarf. Das sollte einst die Maxvorstadt werden, deren Verwirklichung erst in die Zeit Ludwigs I. fiel, auch wenn sie nach dessen Vater Max I. Joseph benannt ist. Man kann am Stadtplan heute sehr schön erkennen, dass dem Viertel ein Entwurf zugrunde liegt. Die Straßen im Bereich westlich der Ludwigsstraße und nördlich des alten Weges Richtung Schloss Nymphenburg sind fast durchwegs parallel und rechtwinklig angelegt. Das ähnelt stark den Stadtplänen amerikanischer Siedlungen, die ja ebenfalls größtenteils auf derartige Planungen zurückgehen. Die Namen der Brienner-, der Barer- und der Arcisstraße erinnern an die erfolgreiche Teilnahme der bayerischen Truppen bei den oben erwähnten Schlachten. Dort, wo die Brienner Straße sich mit der Barer Straße kreuzt, wurde der Karolinenplatz errichtet. Er verdankt seinen Namen Bayerns erster Königin. In seiner Mitte steht ein Trauerdenkmal in Form eines Obelisks, das Leo von Klenze konzipierte; auf dessen Sockel heißt es: »*Den dreyssigtausend Bayern, die im russischen Kriege den Tod fanden / Errichtet von Ludwig I.* [...]« Der

Subtext, den der königliche Denkmalsinitiator hier mitschickt, lautet in etwa: »Daran tragen der Herr Papa, der Napoleon und der Montgelas die Schuld. Ich war von Anfang an dagegen!«

Kasten zur Entdeckung
Die Wiesn

Man könnte bei Volksfesten, ähnlich wie bei Kriegen, zwischen Anlass und Ursache unterscheiden. Der Anlass für die Entstehung der Wiesn gehört dermaßen zum Münchner Grundwissen, dass sich die Erwähnung fast schon erübrigt: Am 12. Oktober 1810 heiratete Kronprinz Ludwig seine Verlobte, Therese von Sachsen-Hildburghausen. Die Festlichkeiten zogen sich tagelang hin. Das Königshaus trachtete danach, die Bevölkerung einzubinden. Die Stadt war illuminiert, es wurde gegessen und getrunken – 1810 war es übrigens im Wesentlichen der Adel, der wirklich soff. Die Exzesse um die Residenzgegend herum sind legendär. Der Höhepunkt der öffentlichen Veranstaltungen war ein Pferderennen, das, organisiert von den Armeeangehörigen Andreas Dall'Armi und Franz Baumgartner, am 17. Oktober weit außerhalb der Stadt veranstaltet wurde, und das als der eigentliche Ursprung der Wiesn gesehen werden kann – schon wegen des Veranstaltungsortes. Dieser wurde bald darauf zu Ehren der Braut »Theresienwiese« getauft; viel später erhielt dann auch der Renn-Initiator Baumgartner eine Ehrung, als eine Straße in unmittelbarer Wiesnnähe nach ihm benannt wurde. Baumgartner hat übrigens das Rennen vom 17. Oktober 1810 gewonnen und den späteren Seriensieger, die Lokalberühmtheit Franz Xaver Krenkl, auf die Plätze verwiesen.

Soviel zum Anlass. Gerne wird heute in München erzählt, die Gaudi sei halt eine gar so große gewesen, dass die Bürgerschaft untertänigst bei Familie Wittelsbach habe nachfragen lassen, ob man sie denn nicht jahrs darauf wiederholen dürfe; was der König großmütig gewährt habe; so dass aus all dem unsre Intersuff entstanden sei. Es dürfte aber sehr viel mehr politisches Kalkül hinter der Etablierung des Festes gesteckt haben, als es diese Erzählung vermuten lässt. Dazu zunächst zwei Feststellungen: Erstens, in ihrem ersten Jahrhundert war die Wiesn ein dezidiert monarchisches Fest. Folgerichtig und nicht nur wegen der Inflation geriet sie nach dem Ersten Weltkrieg und der Abschaffung der Monarchie in eine Identitätskrise, von der sie sich erst in den ersten Erfolgsjahren der jungen Bundesrepublik wieder erholte. Das Königszelt stand im 19. Jahrhundert in der Mitte, und man hat es dem menschenscheuen Ludwig II. stets verübelt, dass er sich so selten dort blicken ließ.

Zweitens schossen in den Anfangszeiten der Monarchie derartige Volksfeste, die immer irgendwie »Bayerische Nationalfeste« oder ähnlich hießen, geradezu aus dem Boden. Schon kurze Zeit später folgte der Ursprung des heutigen Straubinger Gäubodenfests (1812). Auch diese Veranstaltung, heute das zweitgrößte Volksfest des Freistaats, wurde genau wie die Wiesn mit einer Art bayerischer Leistungsschau verbunden – in München war es das Zentrallandwirtschaftsfest, in Straubing eine ähnliche Messe. Ganz gezielt auf königliche Initiative folgte das Bayerische Nationalfest in Nürnberg (1826). Gerade letzteres zeigt, wie stark das junge Königshaus auf Volksfeste als Integrationsmittel setzte. Die Nürnberger waren ja damals kollektiv dabei, sich die Augen zu reiben und zu murmeln »Was bitte sollen wir sein? Bayern?! Seit wann und warum das denn?!« (Nicht wenige tun das heute noch ...). Die ehemals freien Reichsstädter waren infolge der geschilderten Grenzverschiebungen und Mediatisierungen am Anfang des Jahrhunderts zu bayerischen Bürgern geworden, aber sie wussten es noch nicht. Nun sollten sie es spielerisch, feiernd, fressend und saufend lernen.

Eine zugegebenermaßen viel später geschriebene, heute nicht mehr offiziell verwendete Strophe der Bayerischen Nationalhymne bringt die Problematik, vor die sich das junge Königshaus gestellt sah, schön auf den Punkt: »[...] *Gott mit uns, dem Bayernvolke* / [...] / *Dass vom Alpenland zum Maine* (!) / *Jeder Stamm sich fest vertrau'* / *Und die Herzen freudig eine* / *unser Banner, weiß und blau.*« Das war's eben: Von einem »Bayernvolke«, gar »freudig geeint«, konnte 1810 noch keine Rede sein und auch im Jahr 1826, dem Entstehungsjahr des Bayerischen Nationalfests in Nürnberg, nicht. Gerade am »Maine«, sprich in Franken, gab es da gehörigen Lernbedarf. In einer weiteren Strophe derselben Version der Hymne heißt es in Zeile vier übrigens: »*Frohe Arbeit, frohes Feiern* [!], [...]«.

Das neue bayerische Königreich und seine Regierung schufen also fröhliche Anlässe, bei welchen die neuen Reichsmitglieder ihr Bayerntum einstudieren und die alten noch enger ans Königshaus herange-

> führt werden konnten. Denn die Pfalz-Zweibrücker Wittelsbacher, die sich da neuerdings als Könige gerierten, waren ja auch in Altbayern alles andere als fest verwurzelt. Die Hochzeit Ludwigs I. als monarchische Kundgebung war die Initialzündung. Ihr voller Erfolg wird einige kluge Köpfe in der Administration Max' I. auf den Trichter gebracht haben: Das ist ein toller Werbegag für unser Herrscherhaus, das sollten wir auf die Zentren des Königreiches ausdehnen.

15.5. DIE BIERGARTENVERORDNUNG VON 1812

Biergärten – sie gehören zu München wie ... ja, wie was sonst eigentlich?! Auch sie gehen auf Bayerns ersten König und seine Administration zurück. Man vernehme:

»*Seine Majestät [...] bewilligen, dass die hiesigen Bierbrauer auf ihren eigenen Märzenkellern in den Monaten Juni [bis] September selbst gebrautes Märzenbier in minuto verschleißen und ihre Gäste mit Bier und Brot bedienen. Das Abreichen von Speisen und anderen Getränken bleibt ihnen aber ausdrücklich verboten.*«

Dieses Gesetz war ein klassischer Kompromiss. Zwischen wem, klären wir gleich; zunächst seien einige Begriffe des Originaltextes erläutert:

Verschleißen heißt »verkaufen«. *In minuto* meint »in kleinen Mengen«, genauer: massweis. In dieser Formulierung ist implizit enthalten, dass nun nicht mehr nur Gewerbetreibende, sprich Gastronomiebetriebe, sondern auch Privatkunden, oder anders: akut vom Durst bedrohte Individuen mit Bier bedient werden konnten. Bisher durfte aus den unterirdisch gelegenen Bierlagern das (Märzen)bier nur an Großkunden, und zwar fassweis, verkauft werden. »*Märzenkeller*« sind unterirdische Bierlagerstätten, über welchen in 99,8 % der Fälle Kastanienbäume gepflanzt wurden, welche zu ebenso großem Prozentsatz von Kieselsteinen umgeben waren und sind. Diese Bedeckungen der Märzenkeller wurden in Verbindung mit Max Josephs Gesetz von 1812 zu den ersten Biergärten.

Der Kompromiss, der hier fixiert wurde, sollte folgende Parteien zufrieden stellen: auf der einen Seite die gerade eben erst entstandenen Großbrauereien, die durchwegs Besitzer eines oder mehrerer Märzenkeller gewesen sind, und auf der anderen Seite die innerstädtischen Wirtsbetriebe, welche Sommer für Sommer dadurch in Bedrängnis geraten waren, dass sich über den großen Bierkellern rege Konkurrenzbetriebe etabliert hatten. Kurfürst Maximilian III. hatte sich noch ganz auf die Seite der Letzteren geschlagen, als er 1773 verfügte: Der Verkauf von Bier »*in minuto*« sei den Kellerbesitzern verboten, sie dürften ausschließlich an Wirte und fassweis ihre Ware abschlagen. Mit anderen Worten, die Gastronomiebetriebe über den Lagerstätten waren illegal.

Die Brauereien verfuhren nach dem Motto »gar nicht ignorieren«. Sie schenkten weiter *in minuto* aus und verkauften ganz offensichtlich auch Speisen und andere Getränke. Die Kunden kamen. Die Innenstadtwirte murrten und führten Beschwerde: »*Bitte sehr, hier mal nachlesen, Dekret Kurfürst Max' des Vielgeliebten, 1773, da steht es doch drin: verboten, illegal!!*« Es nutzte alles nichts, je heißer der Sommertag, desto voller die Kastaniengärten über den Lagerstätten. Das neue Edikt des Königs von 1812 respektierte die normative Kraft des Faktischen, gestattete den Bierverkauf an Privatdurstige und versuchte darüber hinaus, die Innenstadtwirte durch das Verbot des Speisenverkaufs vor allzu großer Konkurrenz zu schützen (»*und anderer Getränke*«, wie es im Verordnungstext hieß, aber mal ehrlich, wer will die schon?!); ein Kompromiss; typisch für Maximilian I., die Maßnahme entspricht seinem Charakter im Grunde wohl mehr als alle Brutalitäten, die seine Regierung im Verlauf der Säkularisation begangen hat.

Wie kam es denn nun eigentlich zu den besagten Lagerstätten, den »*Märzenkellern*«? Wir müssen bei der Entstehungsgeschichte der Biergärten tatsächlich zu zwei Ereignissen des 16. Jahrhunderts zurück.

Der bayerische Herzog Albrecht V. verfügte 1553 das sommerliche Brauverbot. Das hatte zum einen feuerpolizeiliche Gründe, zum anderen konnte nur im Winter eine gewisse Qualität des damals untergärig gebrauten Bieres sichergestellt werden. Wenn die Außentemperaturen während des Brauvorgangs die 15-Grad-Marke überschritten, schmeckte das Zeug einfach nicht mehr. Braubeginn war nach diesem Gesetz Michaeli, und an Georgi war der Betrieb einzustellen. Damals nannte man die Tage nach dem Heiligen, den sie jeweils ehren – nicht so profan wie heute: 23. April und 29. September. Um zu vermeiden, dass eine Stadt wie beispielsweise München den ganzen Sommer über ohne Bier auskommen musste – wirklich ein schauderhafter

Gedanke –, braute man im März große Mengen eines besonders haltbaren, und das heißt nichts anderes als starken Bieres: eben das sogenannte Märzen. Dieses Märzen musste nun gelagert werden, was bei den vergleichsweise winzigen Brauereien der frühen Neuzeit weiter kein Problem darstellte; je größer jedoch die Brauereien und eo ipso die von ihnen produzierten Märzenmengen werden, desto dringender stellt sich das Lagerproblem. Das gehört aber schon ins 18. Jahrhundert; bleiben wir noch einen Moment im 16., weil in diesem eine schöne Türkin die nordeuropäischen Herzen eroberte: die Kastanie.

Carolus Clusius, geboren 1526, war ein bedeutender Botaniker. Eine Zeit lang arbeitete er, obwohl Protestant, am habsburgischen Hof in Wien. 1576 pflanzte er in kaiserlichem Auftrag die erste Kastanie auf Reichsboden. Das war der Beginn ihres Siegeszuges im an sich nicht heimischen Nordmitteleuropa. Sollten Sie also im Biergarten sitzend am Nachbarstisch jemanden über die vielen Zugewanderten und Landfremden greinen hören, machen Sie ihn doch darauf aufmerksam, dass ihm der Schatten von einer Türkin gespendet wird – helfen wird es allerdings erfahrungsgemäß nichts.

Die Kastanie ist eine Flachwurzlerin. Sie eignet sich deshalb hervorragend zur Anpflanzung über den Bierkellern. Diese wiederum haben ihre Entstehungszeit mit dem Wachsen der Braukapazitäten, einsetzend im 18. Jahrhundert. 1728 wird der erste Münchner Bierkeller erwähnt. Wie so viele seiner Nachfolger befand er sich außerhalb des damaligen Stadtbezirkes. Die in München entstandenen Großbrauereien hackten sich im Laufe der Zeit in den Boden des Vorstadtraums. Insbesondere das Dorf Haidhausen war irgendwann nur mehr noch ein einziger Bierkeller. Verlässliche Quellen behaupten, es sei sehr wohl möglich, unterirdisch von der Einsteinstraße in die Rosenheimer Straße zu gelangen – nahezu der ganze Bereich sei unterkellert. Die Jazzkneipe »Unterfahrt« befindet sich ebenso in einem historischen Bierkeller wie das »Nektar« in der Stubenvollstraße, die ihren Namen von einer nicht mehr existierenden Brauerei hat. Die dichteste Konzentration der Bierkeller gab es dort, wo heute der Gasteig und das Motorama stehen. Übrigens hat man noch vor nicht allzu langer Zeit Verabredungen im Biergarten mit den Worten »*gehen wir auf den Keller*« getroffen.

Das unten eingelagerte Bier ist frisch und wird mit Stangeneis kühl gehalten. Die Kastanien oben sorgen für angenehmen Schatten. Was tun die Münchner also mit derart paradiesähnlichen Orten? Sie frequentieren sie. Daraus erwachsen großgastronomische Betriebe und mit ihnen der oben beschriebene sommerliche Grant der innerstädtischen Wirte. Sie haben keine

Gäste mehr, weil ganz München bei den Haidhausern hockt. Diese Vorstädter sind zwar übelst beleumundet, aber selbst diese Sorge kann man sich kleintrinken.

In diesen Zwist versuchte Kurfürst Maximilian III. mit seinem Edikt von 1773 einzugreifen, indem er den Privatausschank verbot. Das war Politik vom grünen Tisch und völlig an Münchner Lebenslust und dem notorischen Bierdurst der Stadtbevölkerung vorbeiregiert. Der erste König machte es mit seiner eingangs zitierten Verordnung besser. Sie erlaubte den Bierausschank *in minuto* und verbot alles Darüberhinausgehende, insbesondere den Speisenverkauf. Und sie ist der Grund dafür, dass noch heute in jedem Biergarten, der diesen Namen zurecht trägt, das Mitbringen des eigenen Essens ohne Weiteres gestattet ist. Das Verbot des Verkaufs von Speisen ist zwar mittlerweile gefallen, es begründete aber jene Tradition, die dessen ungeachtet weiterlebt.

Abschließend sei bemerkt, dass das Gesetz fürs ganze Königreich galt, und auch der Situation in vielen anderen bayerischen Städten gerecht wurde. Das betraf insbesondere jene, die gerade erst bayerisch geworden waren: Auch in Erlangen, Bamberg, Nürnberg und Regensburg gab und gibt es Bierkeller mit Gärten oben drauf; von einer Münchner Tradition zu sprechen, wäre insofern also nicht ganz korrekt.

Irgendwann wird das sommerliche Brauverbot dank des technischen Fortschritts natürlich obsolet. In den Tagen König Ludwig I. war es aber noch nicht so weit. Dieser Monarch sah sich gezwungen, in den Sommermonaten jenen Teil der bayerischen Armee, der in der Residenzstadt stationiert war, in präventive Alarmbereitschaft zu versetzen. Er tat das insbesondere in lange andauernden Wärmeperioden. Denn in diesen drohte immer wieder zunächst Rohstoffmittelknappheit samt der damit verbundenen Preissteigerung, und im schlimmsten denkbaren Fall schloss ein Biergarten nach dem anderen die Pforten, weil das Produkt nicht mehr verfügbar war. München war dann Ende des Sommers eine Weile ohne kühlendes und beruhigendes Bier. Die Stadt kochte in diesen Fällen regelmäßig über. Die prognostizierbare Folge waren die sogenannten Bierunruhen. Sie waren kein Kinderspiel: Bei nicht wenigen dieser riots starben mehr Menschen als bei der politischen Revolution des Jahres 1918. Floss das Bier dann wieder, pflegte sich die Situation schnell zu beruhigen.

15.6. AUSKLANG

Die wenigsten bei uns kennen die englische Schriftstellerin Merry Shelly, aber fast alle kennen ihr berühmtestes Phantasieprodukt: Frankensteins Monster. Frau Shelly hat im Jahr 1816 einen wahren Horrorurlaub verbracht. Sie besuchte den Schriftstellerkollegen Lord Byron am Genfer See. Eine illustre und äußerst anregende Gesellschaft war da beieinander, wunderbare Landschaft, mildes Klima – beste Aussichten also für eine gelungene Sommerfrische.

Ja Pfeifendeckel. Das Wetter war mit »hundsmiserabel« nicht annähernd charakterisiert. Über Wochen konnte man das Haus nicht verlassen. Es goss, es war stockdunkel und saukalt.

Die Gesellschaft beschloss, sich die Zeit mit dem Erfinden von Gruselgeschichten, die zur düsteren, ja unerklärlichen Situation passten, zu vertreiben. So erfand Shelly ihr Monster – und John Polidori, Lord Byrons Arzt und ebenfalls Mitglied der Urlaubsgesellschaft, den Vorläufer des Grafen Dracula.

Zwei weltberühmte Gruselgestalten im selben Haus und im selben »Sommer« erfunden – was in aller Welt war da passiert?! Die Frage nach der ganzen Welt ist durchaus berechtigt. Wir müssen nämlich bis nach Indonesien, um auf die Ursache des ausgebliebenen Sommers 1816 zu kommen, und werden dort gleichzeitig auf eine wichtige Ursache für des Grafen Montgelas' Entlassung am 2. Februar 1817 stoßen. Diese besteht in Folgendem: Im April 1815 brach in jenem Erdteil der Vulkan Tambora aus.

Nein, diese Sätze, so absurd ihr Zusammenhang auch scheinen mag, wurden nicht in einem der oben besprochenen Biergärten geschrieben; sie sind gewiss etwas zugespitzt, aber falsch ist ihr Inhalt nicht.

Der Vulkanausbruch von 1815 war derart heftig, dass sich ein Schleier aus Staub und Asche in der Atmosphäre verbreitete. Die wirkte sich in der ganzen Welt aus, in einigen Regionen besonders arg, in anderen nicht gar so schlimm. Der Nordosten Amerikas und der Alpenraum gehörten zu den Gebieten, die es am schlimmsten traf. Im Folgejahr 1816 fiel der Sommer hier praktisch aus. Natürlich wussten die Zeitgenossen nicht das Geringste über die Ursache dieser Klimakatastrophe. Diese hat man erst viele Jahrzehnte später diagnostiziert. Auch Frau Shelly, Lord Byron und deren Clique hatten keinen blassen Schimmer davon, dass ein längst stattgefundener Vulkanausbruch am anderen Ende der Welt hinter ihren vermiesten Ferien steckte.

MÜNCHEN WIRD KÖNIGLICHE RESIDENZSTADT

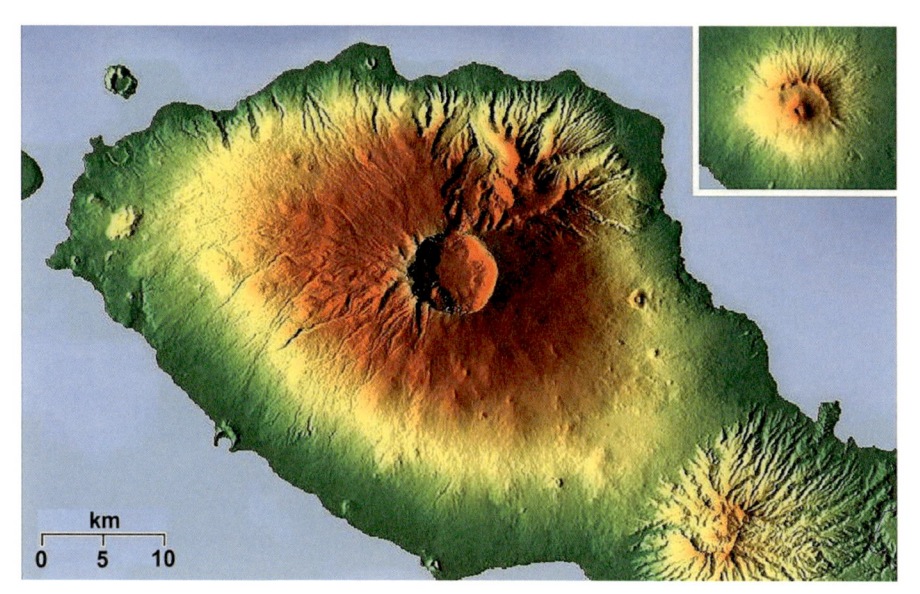

(Abb. 29) Weit weg und doch so nah: Vulkan Tambora. Rechts oben im Vergleich das Vesuvlein.

Und es handelt nicht etwa darum, dass man schon das dritte Wochenende hintereinander nicht an den Tegernsee zum Baden fahren kann, worüber einige sich derart grämen, dass eine regierungsfeindliche Stimmung entsteht. Die Sache ist weit dramatischer. Ernten fielen komplett aus, was zunächst zu Preissteigerungen und schließlich zu massiven Hungersnöten führte. Bayern erlebte eine Auswanderungswelle. Zu Tausenden sahen die Menschen sich gezwungen, das Land zu verlassen. Und das alles wegen dieser Dreckschleuder in Indonesien! Dazu kamen administrative Fehler. So versäumte man es, am Beginn der Krise die teilweise Ausfuhr des wenigen hier noch produzierten Getreides zu verhindern. Schließlich organisierte die Regierung öffentliche Speisungen; diese wurden von PR-Maßnahmen flankiert, um die Kritik irgendwie in den Griff zu kriegen: Man ließ den königlichen Schmuser coram publico Rumfordsuppe in sich hineinlöffeln, und er verkündete öffentlichkeitswirksam etwas in der Art von »*Mmmmh, schmeckt prima und gibt Kraft!*«; ganz so wie 150 Jahre später der Beckenbauer in der Knorr-Instantbrühenwerbung: – aber es war alles längst zu spät.

Montgelas war bald als der Sündenbock für diese zweite Katastrophe nach dem Russlandfeldzug ausgemacht (samt seiner Frau, der man zu Unrecht vorwarf, sich an den Getreidespekulationen bereichert zu haben).

Zu dieser Krise gesellten sich im Jahr 1816 noch andere, eher hausinterne und dezidiert politischer Art. Der Hass des Kronprinzen Ludwig und seiner Entourage auf den Superminister bestand fort; um den Militärhaushalt und dessen Unterordnung unter das Finanzministerium wurde heftig gestritten; und anderes mehr. Im Winter 1817 fiel Montgelas schließlich einer klassischen Hausintrige zum Opfer. Vor dem König erschien Carl Philipp von Wrede, ein enger Vertrauter des Kronprinzen, und überschüttete ihn mit Klagen über den bis dahin allgewaltigen Regierungschef. Flankierend hatte er ein Schreiben Ludwigs dabei, in welchem dieser – weiß Gott nichts Neues, aber diesmal geschickt komprimiert – das ganze Füllhorn seines Widerwillens über Montgelas ausschüttete. Das langte. Es gab das übliche Lamento seitens des Königs, er jammerte, er zierte sich; und dann fiel er um.

Ergebnis: Dem damals an schwerer Grippe erkrankten Montgelas wurde in einem Brief des Königs mitgeteilt, er sei zur Schonung seiner Gesundheit aller Staatsämter enthoben. Eine Gelegenheit, hierzu und zu den Vorwürfen seiner Feinde Stellung zu nehmen, räumte man ihm nicht ein. Der Brief des Königs trug das Datum des 2. Februars, also Mariä Lichtmess. Das war seit jeher der Tag der Dienstboten. An diesem und an keinem anderen Tag konnten sie ihre Arbeitsverhältnisse ändern und eine neue Stelle antreten, resp. aus der alten entlassen werden; Montgelas als Dienstboten hinzustellen war eine ganz besondere Perfidie, von der wir jetzt einfach mal annehmen wollen, dass sie dem König, anders als den eigentlichen Betreibern der Entlassung, entgangen ist. Das ganze intrigante Procedere will nicht recht zu Max I. Joseph passen.

Kronprinz Ludwig hat in jenem schon erwähnten Brief an seinen Vater, der maßgeblich zu dessen Entschluss beigetragen hat, Montgelas zu entlassen, vielleicht mehr unbewusst einen der Gründe benannt, der sehr zur Unbeliebtheit des Regierungschefs beigetragen haben wird. »*Wäre* [sein] *Herz ... nur dem Verstande ähnlich*«, stand da (an)klagend. Montgelas' Politik wurde als herzlos empfunden, ganz besonders seine kirchenpolitischen Maßnahmen. Wozu dem Volk die Prozessionen und Bußgänge verbieten, wenn sie auch vielen Vernunftkriterien widersprechen? Als im Sommer 1817 die Hungerkrise nicht beendet, aber der Staatsminister entlassen war, wurden die alten Bräuche sofort wieder aufgenommen. Montgelas dachte unhistorisch, und darin war er vielleicht wirklich revolutionär. Ein kleines Beispiel aus Münchens Innenstadt, mit Sicherheit nicht von Montgelas selbst angeordnet, aber völlig in seiner Art gedacht, verdeutlicht dies: der Abriss des Schönen Turms in der Ost-Westachse der Stadt im Jahr 1807. Er war zu nichts nutze. Er stand im Weg; also fort damit. Hätte der Turm sich erst über Montgelas' unhistorisches Denken in die Zeit des Historismus gerettet und dann mit sehr viel Glück über der Zweiten Weltkrieg, er zählte heute zweifelsohne zu den Attraktionen der Stadt.

Neben dem Kronprinzen war der Höfling Carl Philipp von Wrede der entscheidende Protagonist bei der Intrige gegen Montgelas. Er hatte den König so lange sekkiert, bis dieser nachgebend den schmählichen Wisch vom 2. Februar an seinen ersten Minister sandte. Ist es nicht ein liebenswertes kleines Detail, dass Tassilo Graf von Montgelas, der heute lebende Ururenkel des Staatsmanns, mit einer Urururenkelin des Intriganten v. Wrede verheiratet ist?

Nun, nach der Entlassung des Allround-Politikers, wurde der eingeschlagene Weg des Konstitutionalismus konsequent weiterverfolgt. Montgelas selbst war bei aller Modernität kein konstitutionell denkender Mann. Sein Verfassungsdekret von 1808 war mehr ein Kind der Not gewesen, denn in diesem Jahr drohte der Erlass einer Rheinbundverfassung, was eine Gefahr für die bayerische Eigenständigkeit bedeutet hätte. Dieser Bedrohung begegnete er mit einer eigenen bayerischen Konstitution. Das war der erste zögerliche Schritt in Richtung Verfassungsstaat. Beim Denkmal am Max-Joseph-Platz sehen Sie im östlichen Teil des Sockels, also jenem, der dem Opernhaus genau gegenüberliegt, folgende Szene gestaltet: Das königliche Dickerchen, sitzend auf einem Thron, überreicht einer sich deutlich unter ihm befindenden Männergruppe eine Schriftrolle. Auf dieser steht das Wort »*Constitutio*«. Das bezieht sich auf ein Ereignis im Jahr 1818. Damals übergab der Monarch seinem Volk eine überarbeitete Version der Verfassung von 1808. Es war durchaus eine oktroyierte, also von oben ohne jede parlamentarische oder ständische Mitwirkung erlassene Konstitution. »*Baiern! Dies sind die Grundzüge der aus Unsrem freyen Entschlusse euch gegebenen Verfassung*«, hieß es da (»Baiern« natürlich noch mit i, bis zum y wird es noch ein paar wenige Jährchen dauern, denn das war so eine Idee Ludwigs I.). Sie hatte trotzdem einen hochmodernen Charakter, schon weil sie eine der ersten war. Eine Art Grundrechtskatalog mit Meinungsfreiheit, Gewissensfreiheit und der Gleichheit vor dem Gesetz bildete ihren Auftakt. Die Rolle einer gesetzgebenden und zu wählenden Ständevertretung war fixiert, und der neue König hatte beim Amtsantritt zu schwören, »*nach der Verfassung und den Gesetzen des Reichs zu regieren.*« Der Monarch war also an die Verfassung gebunden, er stand in gewissem Sinne unter ihr.

Es gab auch einen Paragraphen, der, wenn auch etwas nach Gummi schmeckend, über eine mögliche Absetzung des Königs bei Amtsunfähigkeit referierte. Das sollte noch wichtig werden. Dass allerdings zwei Männer gleichzeitig den Königstitel führen könnten, wie es erst zwischen 1848 und 1868 und dann nochmals in den vorletzten Tagen der Monarchie tatsächlich der Fall war, wird an keiner Stelle erwähnt.

15.7. ABSCHLUSS DES ERSTEN TEILES

In der Ära des ersten bayerischen Königs wurde in Bayern der große Schritt in die Moderne gemacht. Die Königskrone rundete diesen Prozess ab und symbolisierte ihn. Viel bedeutender waren jedoch folgende Maßnahmen:

a) Die Abschüttelung jeglicher Form von Oberhoheit über der bayerischen Regierung. Das war die unbedingte Voraussetzung für die Erlangung der vollen Souveränität. Seit den Tagen Karls des Großen war das bayerische Herzog- und spätere Kurfürstentum Bestandteil des Kaiserreiches gewesen. Wie wenig der Kaiser und seine Reichsregierung de facto auch immer zu melden hatten, de jure zumindest war der Bayernherzog als Reichglied nicht absolut souverän und nicht zu hundert Prozent Herr im eigenen Haus. Schon der Blaue Kurfürst hatte dieses Problem erkannt, und es hat ihn derart gewurmt, dass er halb verrückt darüber wurde und sich entsprechend benahm. Außer Max dem Guten hat jeder nach dem Blauen Kurfürsten kommende Wittelsbacher nach einem Weg in die Vollsouveränität gesucht. Die Administration Max' IV. Joseph hat ihn schließlich gefunden; die Königskrone war die logische Konsequenz und der sichtbare Ausdruck dieses Erfolges.

b) Die Regierung musste aber nicht nur jede Oberherrschaft abschütteln, sondern, und das ist mindestens genauso wichtig, die Souveränität nach unten durchpauken. Die endgültige Beseitigung aller rivalisierenden Mächte auf dem Staatsgebiet, welches dadurch recht eigentlich erst entsteht, ist hier der entscheidende Schritt. Seit den Reformen des Grafen Montgelas gibt es ein einheitliches Territorium unter einer Regierung, die das Gewaltmonopol erfolgreich für sich beansprucht. Alle Kleinterritorien, seien sie kirchlicher oder weltlicher Art, verschwinden, um diesen Verdrängungsprozess euphemistisch zu beschreiben. Nun erst kann man von Souveränität im vollen Wortsinn sprechen.

c) Die Neuordnung der souveränen Regierung, die Trennung zwischen bayerischem Staats- und wittelsbachischem Hausbesitz sowie die Verfassung komplettierten die Reformen und wiesen ebenfalls in die Moderne. Da bestand freilich noch viel Übungsbedarf. Die Verfassung musste interpretiert werden. Darüber hinaus hatten die bayerischen Verfassungsväter den Anfängerfehler aller konstitutionellen Monarchisten gemacht: Alle diese frühen Konstitutionen litten unter der Leerstelle, die an jenem Punkt gelassen wurde, an welchem es zum Konflikt zwischen den Parlamenten und den monarchischen Regierungen kommen würde. Weder die sehr frühe bayerische noch die ziemlich späte preußische noch irgendeine andere deutsche Verfassung der ersten Hälfte des 19. Jahrhunderts hatte eine Antwort auf die Frage parat, was denn eigentlich zu geschehen habe, wenn die Regierung dem Parlament einen Etat vorlegte und jenes die Zustimmung verweigerte. In Bayern sollte dieses Problem schon unter dem ersten der beiden bauwütigen Ludwige akut werden, denn nicht alle Parlamentarier waren von der Notwendigkeit überzeugt, die Residenzstadt mit einem Netz aus Museen, Prachtstraßen und antikisierenden Monsterstadttoren zu überziehen.

Womit wir ein letztes kurzes Mal in diesem ersten Band den Blick auf München richten. Die ehemalige kurfürstliche Residenzstadt war nun eine königliche Hauptstadt. Das schrie geradezu nach einer entsprechenden Veränderung im Stadtbild, mit anderen Worten: nach anderen und deutlicheren Formen der Repräsentation. Das Bedürfnis danach war enorm gestiegen, und mit Ludwig, ihrem ersten Thronfolger, hatte die neue Monarchie den geeigneten Mann, ihm Rechnung zu tragen. Der folgende Band wird diesen Aufstieg der Stadt zu einer königlichen »capital« (Charles de Gaulle) nachzuzeichnen haben, ebenso wie den etwa hundert Jahre später einsetzenden, weltweit einzigartigen moralischen Sturz; und noch vieles andere mehr. Mit der geäußerten Hoffnung, dass auch für diesen zweiten Abschnitt unsres Spaziergangs durch die Stadt und ihre Geschichte geneigte Begleitung sich einfinden wird, ist der oder die Lesende für jetzt und in Ehren sonst wohin, ins Kaffeehaus oder in den Biergarten entlassen, sofern man sich nicht sowieso schon an einem dieser Orte befindet.

VERZEICHNIS EINIGER ERWÄHNTER ODER ZITIERTER SCHRIFTEN

Assél, A. und Huber, C.: München und das Bier. Auf großer Biertour durch 850 Jahre Braugeschichte. München 2009

Bernstein, M., Görl, W. u. Käppner, J.: München. Die Stadtviertel in Geschichte und Gegenwart. München 2011

v. Doderer, H.: Die Dämonen. Ausgabe München 2005 [= dtv 10476]

Feuchtwanger, L.: Der Erfolg. Erstausgabe o. O. 1930

Fischer, O.: Was der »Alte Peter« erzählt. Geschichte und Geschichten um die älteste Kirche Münchens. München 1987

Fontane, T.: Vor dem Sturm. Erstausgabe o. O. 1878

v. Freyberg, P., (Hrsg.): Der Englische Garten in München. München 2000

Friedrich Wilhelm v. Brandenburg, Kurfürst: Väterliche Ermahnung. Köln an der Spree 1667. WA in: Dietrich, R., (Hrsg.): Die politischen Testamente der Hohenzollern. Köln 1986

Görl, W.: Vom Bürgerspital zur Trüffelparade. Viktualienmarkt. In: München. Die Stadtviertel in Geschichte und Gegenwart. Hrsgg. v. M. Bernstein u. a. München 2011; S. 41ff.

Graf, O. M.: Das Leben meiner Mutter. EA engl. O. O. 1940, deutsch o. O. 1946

Hammermayer, L.: Illuminaten in Bayern. Zu Geschichte, Fortwirken und Legenden des Geheimbundes. In: Krone und Verfassung. König Max. I. Joseph und der neue Staat. Hrsgg. v. H. Glaser. München 1992 [= Beiträge zur Bayerischen Geschichte und Kunst 1799–1825]; S. 146ff.

Hanfstaengl, E.: Europa und das belgisch-bairische Tauschgeschäft im 18. Jahrhundert. München, diss. phil. 1929

Junkelmann, M.: 25. Dezember 1705. Die Sendlinger Mordweihnacht. In: Bayern nach Jahr und Tag. Hrsgg. v. A. Schmid u. a. München 2007; S. 263ff.
ders.: Montgelas. Der fähigste Staatsmann, der jemals bayerische Geschichte geleitet hat. Regensburg o. J. [= Kleine bayerische Biographien]

Kaiser, A.: Theatinerkirche St. Kajetan. O. O. 2007

Knedlik, M.: Aufklärung in München. Regensburg 2015 [= Kleine Münchner Geschichten. Hrsgg. v. T. Goetz]

Lehner, D.: Friedrich Ludwig von Schkell. In: Der Englische Garten in München. Hrsgg. v. P. v. Freyberg. München 2000

Lichtenberg, G. C.: Schriften und Briefe. Hrsgg. v. W. Promiers. 2. Bd. Frankfurt a. M. 1994

Luh, J.: Der Große. Friedrich II. von Preußen. München, 2. Aufl. 2011

Luther, M.: Wider den neuen Abgott und alten Teufel, der zu Meißen soll erhoben werden. Erstdruck o. O. 1524

Mann, T.: Okkulte Erlebnisse. Erstveröffentlichung o. O. 1923. WA in: Thomas Mann. Gesammelte Werke, Ausgabe Berlin 1956; 11. Bd., Altes und Neues. Kleine Prosa aus 5 Jahrzehnten. S. 127ff.
Ferner wurden folgende Werke erwähnt, die hier ohne Ausgabeninformation aufgelistet werden:
- Gladius dei
- Buddenbrooks
- Tod in Venedig

Nicolai, F.: Beschreibung einer Reise durch Deutschland und die Schweiz im Jahr 1781. EA Berlin 1783, auszugsweise WA in: München meine Liebe. Hrsgg. v. F. Fenzl. München 1988

Nipperdey, T.: Deutsche Geschichte 1800–1866. Bürgerwelt und starker Staat. München, 6. Aufl. 1993

Nohl, L., (Hrsg.): Die Briefe Mozarts. ND Berlin 2014

Ohlers, N.: Reisen im Mittelalter. München, 4. Aufl. 2004

Reichlmayr, G.: Geschichte der Stadt München. Erfurt 2013

Reiser, R.: Die Wittelsbacher in Bayern. München 1980

Schick, H.: 29. Januar 1781. Die Uraufführung von Mozarts »Idomeneo« in München. In: Bayern nach Jahr und Tag. Hrsgg. v. A. Schmid u. a. München 2007; S. 318ff.

Schilling, H.: Martin Luther. Rebell in einer Zeit des Umbruchs. München 2012

Schleich, E.: Die zweite Zerstörung Münchens. Stuttgart 1987 [= Neue Schriftenreihe des Stadtarchivs München; Bd. 100]

Scholz, F.: Die Gründung der Stadt München. Eine spektakuläre Geschichte auf dem Prüfstand. München, 2. Aufl. 2008

    ders.: Schloss Nymphenburg entdecken. München 1994

    ders.: Vom Heiliggeistspital zum Viktualienmarkt. München 1992

Schopenhauer, A.: Die Welt als Wille und Vorstellung II. Zitierte Edition: Gesammelte Werke Frankfurt u. a. 1960; Bd. 2

Schulze, W.: Bayern und die Französische Revolution. Machterweiterung und innere Reform. In: Bayern mitten in Europa. Hrsgg. v. A. Schmid u. a. München 2005; S. 242ff.

Tolstoi, L. N.: Krieg und Frieden. Zitierte Edition: München, 2. Aufl. 1993 [= dtv 59009]

Wagner, R.: Das Rheingold. Erste Textveröffentlichung o. O. 1853

    ders.: Siegfried. Erste Textveröffentlichung o. O. 1853

Weidner, T., (Hrsg.): Rumford. Rezepte für ein besseres Bayern. München 1980

Weis, E.: Montgelas. Der Architekt des modernen bayerischen Staates 1799–1838. München 2005

    ders.: Die Begründung des modernen bayerischen Staates unter König Max I. Joseph (1799–1825). In: Bayerische Geschichte im 19. und 20. Jahrhundert. Hrsgg. v. M. Spindler. Unv. ND 1978 von: Handbuch der bayerischen Geschichte; Bd. 4; Das neue Bayern. 1800–1970. München 1974

BILDNACHWEISE

Coverfoto © Ludwig Hübl

Abb. 1, 2, 3, 6, 7, 9, 10, 11, 13, 15, 16, 18, 19, 22, 23, 24, 26, © Ludwig Hübl

Abb. 4, 12, © Bayerisches Nationalmuseum, Dank an Frau Karin Schnell

Abb. 5, 21 © Münchner Stadtmuseum, Sammlung Graphik/Gemälde, Dank an Frau Elisabeth Stürmer

Abb. 8, 14 © Interfoto München

Abb. 17, © Wittelsbacher Ausgleichsfonds München, Dank an Frau Brigitte Schuhbauer

Abb. 20, 25 © Bayerische Schlösser-, Gärten- und Seenverwaltung, Dank an Herrn Luca Pes

Abb. 27 © Museumspädagogisches Zentrum München/Dr. Freimut Scholz, Dank an Frau Wormer

Abb. 28 © akg images, Dank an Frau Katrin Hiller